정통
카메라

완벽한 해설 !
최신판 카메라 촬영기술 지침서 !

太乙出版社

⇩ 유년(幼年)의 숲

나무가 있고 못이 있고 이끼낀 다리가 있고 … 어린 시절을 생각나게 하는 풍경이다. 사진은 이처럼 작가가 보는 관점에 따라 분위기를 다르게 할 수가 있다. 렌즈를 어떻게 이동하느냐에 따라 산뜻한 맛을 줄 수도 있고 고풍스런 분위기를 자아낼 수도 있다. 이 작품에서는 나무로 받쳐진 이끼낀 다리가 눈길을 끈다. 아늑하고 조용한 분위기를 나타내줌으로써 유년의 꿈을 되새기게 하는 작품이다.

⇐ 기상(氣像)

인간의 성정이 아닌 산의 용자를 부분적으로 담은 모습이다. 렌즈 앞을 가로 막은 듯한 소나무 두 그루의 줄기가 약간 먼 산의 정취와 맞물려 산의 위용을 한 눈에 파악하게 한다. 낡은 철조망이 신성한 산의 분위기를 보조해주고 있다.

⇓ 정물

맑고 신선하고 깨끗한 분위기가 이색적이다. 바구니와 꽃이 잘 조화되고 있다.

⇩ 군상 (群像)

　　나무 숲 울타리를 배경으로 한 해바라기밭의 풍경이 아름다운 한 폭의 그림처럼 카메라 렌즈에
크로즈 업 되었다. 무질서 속의 정렬, 군상의 고요함, 원근감이 잘 살아있다. 초점을 어느 부위

에다 맞추느냐에 따라 사진 작품의 분위기가 달라진다. 똑같은 배경이라도 렌즈를 맞추는 각도, 시간, 위치 등에 따라 작품은 판이하게 달라질 수가 있으므로 사진 작가는 특히 이 점을 주의해야 한다.

⇩ 돌출

　물풀꽃을 이용하여 이만큼 작품을 살려낼 수 있다는 것은 사진작가의 역량을 말해주는 단적인 증거이다. 뒤의 배경을 흐리게 하면서 꽃송이만을 클로즈 업 시킴으로써 밖으로 튀어나오려는 사물의 본성을 적나라하게 드러내 보여주고 있다. 옆 페이지의 2 컷의 사진도 마찬가지이다.

⇧ 파도

출렁이는 바닷물결을 흥미있게 추적한 작품이다. 먼 바다와 가까운 곳의 일렁이는 파도가 색상의 차이를 드러내며 선명하게 부각되고 있다. 초점 밖에서 퍼득이는 두 마리의 갈매기의 자취도 파도와 하나가 된 느낌이다.

⇩ 만개

활짝 핀 꽃을 카메라에 담았다. 푸른 잎사귀와 조화를 이루고 있는 하얀 꽃잎과 노란 꽃술, 그리고 한 쪽켠에서 분위기를 무르익게 해주는 붉은 꽃잎과 노란 꽃술의 배치가 싱그러운 계절의 하머니를 이루고 있다.

⇐ **고독**

   바위에 홀로 앉은 새의
모습을 소재로 한 작품이다.

↙ **추억** (왼쪽 아래)

⇓ **무희** (오른쪽 중앙)

⇓ **불춤** (오른쪽 맨 아래)

⇧ **새벽**

　동이 터오르는 하늘의 설레이는 자태와 아직은 고요와 적막 속에 잠겨있는 지상의 모습을 묵시적으로 대변해주고 있는 지붕의 용자가 어우러져 새벽의 이미지를 강렬하게 나타내주고 있다.

⇐ 고독한 시야

    바다를 낀 목장 풍경이다. 특이한 것은 풀을 뜯는 말이나 마부가 한 명도 보이지 않는다는 점이다. 바다에서 용자를 드러내고 있는 바위의 기상이 사진의 분위기를 돋구어 준다.

⇒ 쓸쓸한 강변

    분위기는 위의 사진과 다를 바 없다. 그러나 몇 척의 보트와 서성거리는 몇 사람의 한가한 모습이 시골 강변의 쓸쓸한 분위기를 더해주고 있다. 포인트가 되고 있는 보트와 사람을 약간 먼 거리에 두고 초점을 맞춘 것도 쓸쓸함의 극치를 한결 드높여 주고자한 사진작가의 의도일 것이다.

⇩ 확대경으로 들여다 본 세상

상당히 재미있는 사진이다. 꽃 한 송이를 놓고 우주의 삼라만상과 비교하고 있는 사진 작가의 대담한 배짱도 그렇거니와 아래를 향한 꽃 송이의 자태와 화사함 속에 감추어진 이미지도 또한 이색적이다.

⇐ 공원

　맑은 하늘과 거목을 가득 채운 만개한 꽃송이, 그리고 약간 쓸쓸한 듯이 보이는 공원의 한나절을 그려내고 있는 작품이다. 공원 뜰을 뒹굴고 있는 나무 토막이 약간 한적한 분위기를 자아내주고 있다.

⇨ 백야 (白夜)

　불빛에 반사된 나무의 꽃송이가 현란한 빛을 뿜어내고 있다. 작가의 눈은 밤을 수놓고 있는 나무의 불빛에서 백야 (白夜) 의 이미지를 끌어내고 있다.

⇧ 행복

　새끼 새를 바라보고 있는 어미새의 모습은 '행복' 그 자체의 상징인 것만 같다. 둥지가 다소 성긴 듯하지만 그래도 어머니의 품에 안긴 새끼들은 그것이 무슨 문제랴. 나무 가지 사이에 솔잎을 챙겨서 둥지를 만든 어미새와 그 새끼들——. 한 가족의 단란함은 역시 '행복'이라는 단어로 표현하는 것이 가장 적절할 것이다.

⇦ 결실과정

하나의 나무에 세가지 이상의 색상을 띤 열매를 극적으로 촬영하였다. 그리하여 단순히 '결실'이라는 제목만을 붙이지 않고 '결실과정'이라는 제목을 붙여서 하나의 열매가 익어가는 과정을 동시에 추정할 수 있도록 하였다. 사진 작품의 소재는 우리의 주위에 많지만 이처럼 극적인 장면을 포착하려면 날카로운 관찰력과 평소 관심있는 주의력이 필요하다.

⇨ 늦가을 (단풍)

만추의 분위기를 한눈에 만끽할 수 있는 작품이다. 단순히 '단풍'이라고만 제목을 붙이지 않고 '늦가을'이라고 붙인 데는 작가 나름대로의 의도가 숨어 있다. 작가는 이 풍경을 카메라에 담으면서 다만 '단풍'만을 바라본 것이 아니라 '늦가을의 고요'를 머금고 있는 개울의 정한을 가깝게 느낀 것이다. 이것이 바로 사진의 묘미이고 재미이자 기술인 것이다. 작은 것에도 소홀하지 않는 세심함을 갖는다면 누구나 다 사진작가가 될 수 있을 것이다.

정통 카메라

— 현대레저연구회 편 —

太乙出版社

머 리 말

사진. 우리들은 일상 생활에서 여러 가지 사진을 접하고 있다. 정보가 사진으로 전달되며, 사진에서 과거의 사실을 알아내기도 한다. 또한 사진에서 무엇인가를 발견하기도 하고, 사진을 관상(觀賞)도 한다. 그리고 사진을 찍고 있다.

대부분 많은 사람들이 가족 사진이나 여행 기념 사진 등을 찍고 있을 것이다. 취미로 사진 콘테스트 등에 응모하기도 하는 작품파 사람들도 많다. 타는 것을 좋아해서 전차나 자동차, 비행기나 배를 찍는 사람, 산을 좋아해서 산을 찍는 사람, 식물을 찍는 사람, 동물이나 들새를 찍는 전문파들도 있다.

한 마디로 사진이라고 하면 상당히 폭이 넓으며, 더욱이 오늘날에는 어떤 일부의 애호가만이 사진을 찍고 그것을 즐기는 것이 아니라 여러 가지 목적을 위해 사진을 찍고 있는 것이다. 그러한 목적에 따를 수 있도록 포켓 카메라에서부터 포라로이드 카메라, 35밀리 콤펙트 카메라(EE카메라), 일안(一眼) 레프렉스 카메라(35밀리판, 6×6판, 6×7판), 대형 4×5인치판 카메라 등 여러 종류가 있다.

그러므로 카메라를 살 때에는 무엇을 찍기 위해 필요한가를 먼저 생각해서 골라야 한다.

카메라는 해마다 개량되고 있어서 보다 자연스럽고, 정확하게 찍을 수 있다. 컴퓨터 시대라고 해서 이렇게까지 하지 않으면 안되는 것인가 하는 일이 조금 마음에 걸리지만 우리나라 사람들의 메카니즘 기호에는 이러한 불만이 통용될 것 같지가 않다.

일안(一眼) 레프렉스 카메라. 이 카메라의 기능은 카메라 메카니즘의 매력을 충분히 갖추고 있다. 무엇보다도 광각 렌즈나 망원 렌즈를 자유롭게 교환할 수 있다는 점이 일안(一眼) 레프렉스 카메라를 선호하는 요인일 것이다. 그러나 그것만으로 훌륭한 기능을 제대로 활용하기는 매우 힘들다. 셔터 누르는 것만으로 누구나 간단히 찍을 수 있다고 해도 내용까지는 원터치로 될 수 없기 때문이다. 찍는 것만이라면 가벼워서 보다 쉽게 찍히는 EE카메라 쪽이 훨씬 좋을 것이다. 일안(一眼) 레프렉스 카메라를 사용하려면 우선 카메라나 렌즈의 기능을 확실히 파악해 둘 필요가 있다. 그래서 이 책에서는 일안(一眼) 레프렉스 카메라로 보다 풍부한 표현이 될 수 있도록 주로 그 기본을 구성해 보았다.

차 례

〈1편〉 기본편

〈2편〉 촬영편

—전차, 자동차, 스포츠 등을 찍는다—

〈3편〉 암실편

Ⅳ   자료편

〈제5편〉 잠수와 수중 촬영편

서장──훌륭한 잠수의 세계

제1장──잠수 입문

제2장—수중 촬영의 기재의 기초 지식

제3장—쉬운 수중 사진의 이론과 실제

제4장—수중 촬영의 실천적 테크닉

제 I 편 기본편

카메라에 필름을 넣고 노출과
핀트를 맞추고 셔터를 누른다.
그것만으로 OK. 사진은 참으로 간단히
찍는 것이다. 카메라나 렌즈의
성능보다 더 정확하고, 보다 샤프한
사진을 찍을 수 있도록 발달해 왔다.
오늘날에는 모든 것을 사진으로 찍을
수 있다. 그러나 찍힌 사진은 어딘가
흐릿하거나 무엇을 찍은 것인지
확실하지 않은 경우가 많다. 어째서
그렇게 된 것일까. 그것은 카메라나
렌즈의 구조, 찍는 방향, 묘사의
기능을 잘 이해하고 있지 않기
때문이다. 어쨌든 찍기 전에
메카니즘의 구조를 알아두자.

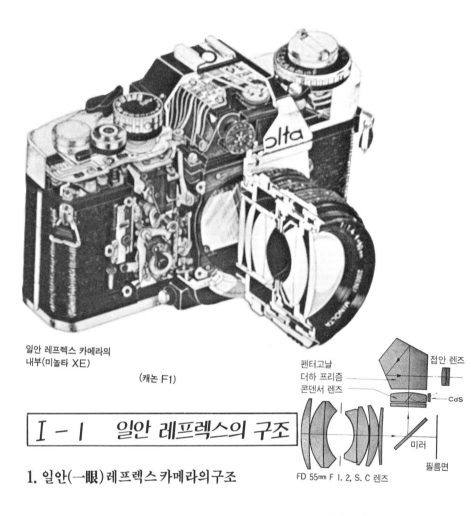

일안 레프렉스 카메라의
내부(미놀타 XE)

(캐논 F1)

펜타고날
더하 프리즘
콘덴서 렌즈

접안 렌즈

CdS

미러

필름면

FD 55mm F 1. 2, S. C 렌즈

$I-I$ 일안 레프렉스의 구조

1. 일안(一眼) 레프렉스 카메라의 구조

일안(一眼) 레프렉스 카메라는 렌즈로부터 들어온 빛을 미러
(mirror)로 받아 카메라 몸통 윗부분에 있는 펜타프리즘으로 반사해
서 필름면에 투영된 상(像)과 같은 상(像)을 볼 수가 있다. 즉, 촬영
렌즈로부터 들어온 빛이 미러에 의해 파인더와 필름면에 각각 나뉘어
진다고 하는 메카니즘이다.

EE카메라에서는 파인더와 촬영 렌즈가 따로따로 구분되어 있어서
핀트가 연동(連動)하는 구조로 되어 있기 때문에 실제로 찍는 화면과
파인더에서 보이는 화면과는 패럴랙스(시차 ; 視差)가 일어난다.

촬영은 셔터 보턴을 누르면 미러가 윗쪽으로 튀어 오르고, 셔터가

① 핀트를 맞춘다. 세트한
조리개는 8로 한다.

조리개는 F2로 개방되어 있다.
이것은 보다 밝은 상태에서
핀트를 맞추기 위한 것이다.

② 셔터 보턴을 누르면
미러(거울)가 올라가고
조리개는 F8로 닫혀진다.
그리고 셔터막이 달려서
노광시킨다.

③ 미러가 내려간다.
조리개는 개방으로 되돌아간다.
F2.

작동해서 필름면에 상이 찍히는 것이다. 그리고 미러는 본래대로
돌아가는 것이다. 이들의 움직임은 일순간에 이루어진다.

노출 측정은 TTL(슬루자 렌즈) 구성에 의해서 촬영 렌즈를 통해
얻어지는 화면의 밝기를 측정하는 방식으로 되어 있고, 거기에다
셔터와 조리개를 자동적으로 정하는 구조로 되어 있다.(→TTL · AE)

셔터는 미러의 뒤쪽, 필름면의 바로 앞에 놓여 있고, 셔터를
누르지 않은 상태에서는 필름면이 차단되어 있다.

수십개의 렌즈와 모든 촬영을 가능하게 하는 부속품들로 완전 시스
템화(化)한 일안(一眼) 레프렉스의 기능은 오늘날 카메라의 주류가
되고 있다. 그리고 전자공학 기술이 첨가되어 더욱 정밀도가 높아지
고 있다.

2. 카메라 각부의 명칭과 사용법

① 매다는 금속 기구
네크스트럽을 다는 곳.

② 셀프 타이머
작동 시간을 조정할 수
있다.

③ 허트록 보턴
자동 노출 다이알을
고정한다.

④ 셀프 타이머 지표
셀프 작동의 수가

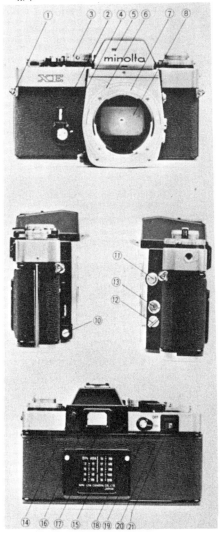

표시되는 알림이 붙어
있다.

⑥ 메타 카플러
렌즈의 손톱 모양 부분과
합쳐져 자동 노출 기구에
연동한다.

⑦ 마운트
렌즈를 장치한다.

⑧ 미러
렌즈로부터의 빛을
파인더로 반사시킨다.

⑩ 프레유 보턴
조리개를 조인 상태를 본다.

⑪ 렌즈 교환용 보턴
이 보턴을 계속 누르고
렌즈를 돌려고 떼어낸다.

⑫ X · FP 가르는 다이얼
X→스트로보 FP→ FP급
플래시 밸브.

⑬ 싱크로 터미널
스트로보 주입구.

⑭ 아이피스 셔터 개폐 레버
눈을 붙여서
찍지 않는(셀프 타이머
촬영이나 장시간 노광 때
등), 접안 테두리로부터
빛이 들어오지 않도록
아이피스를 달기 위한 레버.

⑮ 필름 감도 환산판
ASA와 DIN의 감도 조견표

⑯ 아이피스
파인더를 들여다 보기
위한 렌즈

⑰ 접안 테두리
파인더의 테두리를
들여다보는 눈이 닿는 부분.

⑱ 메모 호울더
필름의 종류를 알 수
있도록 필름의 외관을
잘라 삽입한다.

⑲ 메인 스위치
ON에서 전자 기구가
움직인다.

⑳ 필름 시그널
필름이 들어가면 램프가 켜진다.

㉑ 필름 카운터
촬영 장수로 안다.

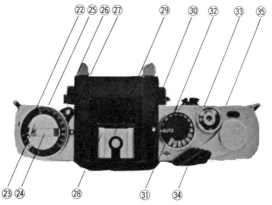

㉒ 노출 보정링
노출을 조작할 때 사용한다.
㉓ 되감기 크랭크 레버
필름을 되감을 때 이 레버를
돌린다.
㉔ 되감기 겸 안 뚜껑 개폐 노브
되감을 때 돌린다.
㉕ 필름 감도 다이얼
사용 필름 감도를 세트한다.
㉖ 필름 감도 다이얼 록 보턴
세트한 필름 감도 숫자가
움직이지 않도록 한다.
㉗ 필름 감도 지표
사용 필름 감도를 알도록 숫자가
나온다.
㉘ 액세사리슈
스트로보를 장치하는 곳.
㉙ 다이렉트 접점
코드레스 스트로보가 여기에서
동조하는 접점.
㉚ 셔터 스피드 지표
사용하는 셔터 스피드를 이
마크에 맞춘다.
㉛ 필름 위치 마크
한 선의 위치에 필름이 있다.
㉜ 셔터 스피드 다이얼
사용 셔터 스피드를 이것으로
맞춘다.
㉝ 셔터 보턴
셔터를 누른다.
㉞ 감아올리기 레버
필름을 진전시킨다.

㉟ 다중노광 레버
이 레버를 오른쪽으로 바꾸고
감아올리면 필름 카운터는
진전되지 않고 셔터가 눌려지게
된다.
㊱ 필름 되감기겸 다중 노광 보턴
이 보턴을 누르고 필름을
되감는다.
㊲ 삼각 장치 나사 구멍
삼각이나 그립 등을 결합하는
나사 구멍. 큰 나사를 억지로
넣으면 몸통(카메라의)이
부서진다.
㊳ 밧데리 챔버 커버
전지를 이 안에 넣는다. +-를
틀리지 않도록 주의한다.

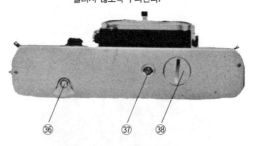

※ 미놀타 XE를 예로 설명했는데 세밀한 부분
으로 다른 종류와는 다른 곳이 있으므로 하나의
카메라를 예로 보기 바란다.
다 찍기까지의 기구는 대체로 같은 스타일이다.

일안 레프렉스 카메라의 완전 시스템(니콘)

3. 일안(一眼) 레프렉스 카메라의 시스템

일안 레프렉스 카메라를 모든 용도에 사용하기 위한 기능체를 시스템(system)이라고 부르고 있다. 한 대의 카메라에서 수 많은 움직임이 있는 구조이다.

- 교환 렌즈군(群) : 40종류 이상의 렌즈가 갖추어져 있고 일반 촬영에서부터 천체(天體), 의학, 건축, 여러 가지 학술 연구용 분야까지 모든 용도에 사용된다. 이들 렌즈에 각종 필터가 갖추어져 있다.
- 파인더 시스템 : 낮은 위치에서 찍을 때 필요한 앵글 파인더나, 근시나 원시인 사람들을 위한 보조 렌즈 등 각종의 파인더가 있고, 핀트 맞추기에는 자유로운 파인더 스크린(필터) 등 여러 종류가 있다.
- 접사(接寫 ; 근접 촬영) 시스템 : 접사의 폭이 넓고 렌즈의 장치가 완비되어 있다.
- 특수 촬영 시스템 : 천체, 현미경 촬영을 위한 어댑터(adapter) 등이 완비.
- 모터드라이브 시스템 : 원격(遠隔) 촬영이나 무인(無人) 촬영에서 연속 촬영이 가능하다.
- 프래시 시스템 : 프래시 벨브, 스트로보(stroboscope ; 광도 높은 방전관) 등의 인공광(人工光) 조명이 갖추어져 있다.

포우컬 플레인 셔터의 구조
앞막과 뒷막 2개의 셔터막으로 되어 있다. 틈(슬릿)에서 셔터 속도가 정해진다 넓은 만큼 느린 셔터, 좁은 만큼 빠른 셔터로, 예를 들면 1 / 1000초에서는 약 1밀리이다. 포우컬 플레인 셔터는 슬릿의 순간적인 이동에 의해 노광된다.

포컬프렌 셔터는 슬릿의 순간적인 이동에 의해 노광된다.

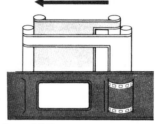

렌즈 셔터의 구조
5개의 셔터 날개가 왕복 운동처럼 개폐한다.

4. 셔터의 구조

일안 레프 카메라의 셔터 기능은 거의 포우컬 플레인(focal plane) 셔터이다. EE카메라라고 하는 컴퓨터 카메라 등은 렌즈에 셔터가 부착된 렌즈 셔터이다. 렌즈 셔터는 3~5장의 날개의 열고 닫음에 의해 움직이는데 비해 포우컬 플레인 셔터는 필름면 앞에 있어서 틈 사이(슬릿이라고 하는)에 열린 얇은 막(직물 혹은 금속제로 되어 있다.)이 좌우 또는 상하로 빨리 움직여서 필름에 빛을 내는 구조로 되어 있다. 일안 레프렉스 이외에는 라이트 미놀타 CL, 라이카 M5 등에서 포우컬 플레인 셔터가 사용되고 있다.

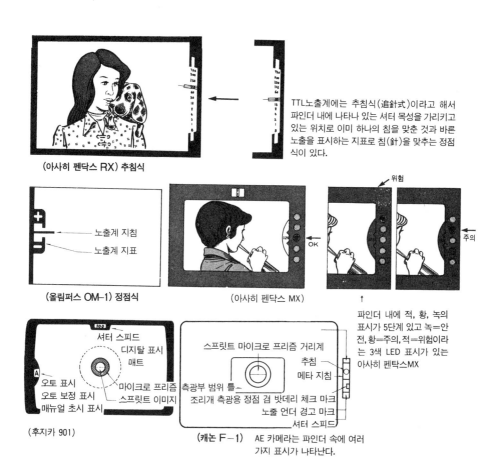

(아사히 펜닥스 RX) 추침식

TTL노출계에는 추침식(追針式)이라고 해서 파인더 내에 나타나 있는 셔터 목성을 가리키고 있는 위치로 이미 하나의 침을 맞춘 것과 바른 노출을 표시하는 지표로 침(針)을 맞추는 정점식이 있다.

노출계 지침
노출계 지표

(올림퍼스 OM-1) 정점식

(아사히 펜닥스 MX)

위험

주의

↑

파인더 내에 적, 황, 녹의 표시가 5단계 있고 녹=안전, 황=주의, 적=위험이라는 3색 LED 표시가 있는 아사히 펜탁스MX

셔터 스피드
디지탈 표시
매트
마이크로 프리즘
스프릿트 이미지
오토 표시
오토 보정 표시
매뉴얼 초시 표시

(후지카 901)

스프릿트 마이크로 프리즘 거리계
추침
메타 지침
측광부 범위 틀
조리개 측광용 정점 겸 밧데리 체크 마크
노출 언더 경고 마크
셔터 스피드

(캐논 F-1) AE 카메라는 파인더 속에 여러 가지 표시가 나타난다.

5. TTL · AE라는 것은 무엇인가?

오늘날의 일안 레프 카메라의 노출 측광 방식은 거의가 AE (Autmatic Exposure) 즉, 자동 노출 기구로 되어 있다. 그리하여 셔터 스피드, 조리개 수치의 조작을 거의 카메라에 맡겨 버리기 때문에 자신도 모르는 사이에 슬로우 셔터가 눌러지기도 해서 카메라가 움직일 염려가 생길 수 있는 것이다. 그래서 파인더 속의 셔터 스피드나 조리개 수치를 읽을 수 있도록 되어 있다. 이 표시는 지침(指針) 표시, 점등 표시, 디지탈 표시 등으로 되어 있다.

전자 셔터 기구에 의해서 단계 없이 셔터 스피드를 컨트롤할 수 있기 때문에 1 / 125초와 1 / 250초 사이에 셔터가 눌러지게 된다.

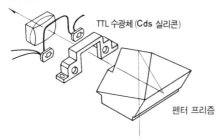

아이피스

TTL 수광체(Cds 실리콘)

펜터 프리즘

파인더 접안부속
양쪽 2개의 **Cds** 수광체로
측정한다.

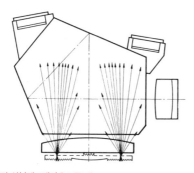

펜터 상부에 2개의 **Cds**를 대고
측정한다.
(미놀타 CLC 분할 측광)

셔터 우선식 카메라
캐논   F-1, A-1, AE-1
코니카 FS-1, ACOM-1,
오토데트마미야 NC 1000S.

조리개 우선식 카메라
펜탁스 LX, ME, MESUPER   후지카 AX-5, AX-3, AX-1
MV-1 올림퍼스 New OM-Z,   미놀타 XG-S, X -7, X-1
OM-10   콘탁스 RTS, 137 MD 코츠
캐논   AV-1   리코   XR-2S, XR 1000S
니콘   FS, FE, EM   로라이 SL 35E

또 1초 이상의 초슬로우도 조절된다. 즉, 조리개를 결정하면 자동적으로 그것에 접한 셔터 스피드에서 눌러지는 것이다. 이 방식을 조리개 우선 방식이라고 한다. 반대로 셔터 스피드가 결정되면 조리개 수치가 자동적으로 조절된다고 하는 셔터 우선 방식이 있다. 이것은 카메라에 따라서 틀리다. 이들을 측정하는 수광부(受光部)에는 거의 CdS(황화카드뮴·셀)가 사용되고 있다. 그리고 소형에서는 고성능의 CPS(리콘·마호드셀)나 GPD(가륨비소링·포토다이오드)가 사용되고 있다. 측광 방식도 메이커, 카메라의 기종에 따라 다르다. 다만 보다 정확하고 간단하게 노출이 측정될 수 있는 것은 좋은 일이지만 전지가 없어지면 1개의 셔터 스피드가 되어 버리므로 주의하지 않으면 안된다.

34

6. 필름 넣는 방법

들어 올려 파트로네를 넣는다.

셔터 덮개에는 절대로 손을 대지 말 것.

먼지를 털어 둔다

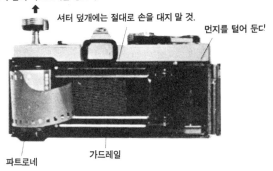

파트로네

가드레일

빠지지 않도록 끼운다.

필름의 진행 상태를 검토한다

뒷 뚜껑을 닫고서 필름 1~2 컷을 진행시켜 본다. 이때, 돌려 감은 크랭크를 감은 방향으로 회전시키고, 파트로네(Patrone) 필름이 풀어지지 않도록 해두고서 필름을 진행시켜 감은 크랭크가 돌고 있으면 세트 O.K이다.

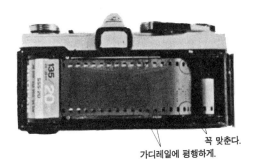

꼭 맞춘다.
가디레일에 평행하게.

-3	-2	-1	적정노출	$+1$	$+2$	$+3$
	1/250초, F22	1/250초, F16	1/250초, F11	1/250초, F8	1/250초, F5·6	1/250초, F4

빛이 비치고 있는 곳은 건지지만
어두운 곳은 망쳐버린다.

플러스, 마이너스 1조리개 정도의
오차를 구제할 수 있으면 생각해 두는
편이 좋다.
※ 3장을 3호 인화지로 같은 조건에서
프린트한다.

쾌청한 날은 2조리개 가깝게
노출 오버 되어서는 실패이다.

어두운 곳의 언더는 좋지 않은
적정 노출과 +1, +2 정도로
찍어두면 좋다.
다만, 셔터로 조절하면 흔들림의
걱정이 생기므로 주의한다.

7. 테스트 촬영의 권장

　　카메라를 사면 가슴이 두근두근하고 마음이 들떠서 곧 사진을
찍으러 나가고 싶어진다. 그러나 이때 마음을 좀 가라앉히고 카메라
가 생각대로 움직여 주는지 테스트 촬영을 해두면 좋다. 이 데이타
를 만드는 것은 노출의 표준 뿐만 아니라 나중에까지 도움이 되기
때문이다. 필름에는 래치라고 하는 노출의 폭이 있기 때문에 흑백
필름에서는 조리개 2개 정도의 오차까지는 건질 수가 있다. 또 플러
스, 마이너스로 노출을 조절해서 찍는 감을 파악하게 된다. 피사체
(被寫體)는 어떤 것이라도 좋다. 플러스, 마이너스 각 1단, 2단 정도
씩 찍어 보도록 한다. 그리고 여러 가지 조건에서도 찍어 본다.

1 / 125초, F11
SSS

왼쪽 사진은 지침 그대 적정 노출로 찍고, 오른쪽 사진은 1조리개 열어서 찍었다. 이와 같은 역광 상태 때는 조금 많은 듯이 노출을 시켜둔다.

1 / 125초, F8
SSS

방의 자연광에서 어느 정도 찍을까. 조리개는 개방 F1.8이지만 어느 정도의 핀트가 나오는 가를 알아두자.

입체적인 것은 어느 정도의 핀트로 찍는가 조리개를 바꾸어 찍어두면 좋다. 초슬로우 셔터는 삼각을 사용해 테스트 촬영한다.

1 / 15초, F1.8
SSS

이 2개의 사진은 지침대로써 좋은가, 어떤가 하는 것은 물론, 카메라 흔들림 테스트도 된다. 또 배경의 흐릿함 상태도 확실히 해 둔다.

1 / 30초, F1.8
SSS

8. 일안 레프렉스 카메라의 종류

펜닥스 LX   펜닥스 ME SUPER   펜닥스 ME

펜닥스 MV-1   펜닥스 MX   올림퍼스 New OM-1

올림퍼스 OM-10   캐논 F-1   캐논 AE-1

캐논 A-1   캐논 AV-1   코니카 FS-1

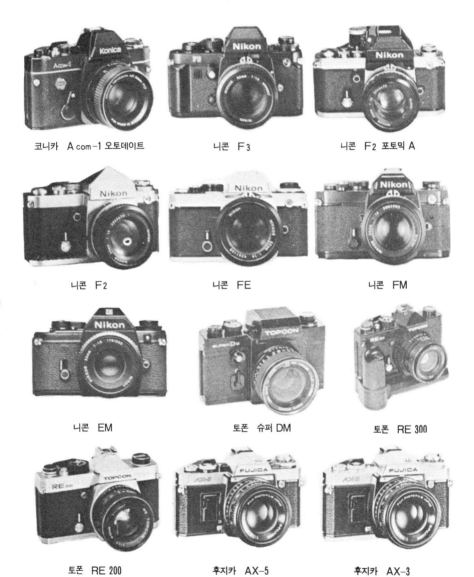

코니카 A com-1 오토데이트   니콘 F3   니콘 F2 포토믹 A

니콘 F2   니콘 FE   니콘 FM

니콘 EM   토폰 슈퍼 DM   토폰 RE 300

토폰 RE 200   후지카 AX-5   후지카 AX-3

후지카 AX-1

미놀타 X-1

미놀타 XD-S

미놀타 XD

미놀타 XG-S

미놀타 X-7

마미야 NC 1000S

콘탁스 RTS

콘탁스 137 MD 코츠

콘탁스 139 코츠

야시카 FR-I

야시카 FR-II

리코 XR 500

리코 XR 1000S

리코 XR 1S

리코 XR-2S

로라이 SL 35E

라이카 R 3 MOT

9. 중형(中型) 일안 레프렉스 카메라

브로니 필름〈6 × 6〉을 사용

〈6×6 센티 사이즈〉젠쟈
프로니카 EC. TL

코와 슈퍼 6×6

〈6×4.5 센티 사이즈〉젠쟈
브로니카 ETR

〈6×4.5 센티 사이즈〉
마미야 645 1000S

〈6×7 센티 사이즈〉 아사히6×7
펜닥스

〈6×7 센티 사이즈〉 마미야
RR 67

10. 일안 레프렉스 카메라 이외의 카메라

● 35밀리 컴팩트 카메라

가장 일반적인 EE 카메라
올림퍼스 35DC

스트로보가 내장된 EE 카메라
코니카 C35 EF

광각, 망원 컴버죤 렌즈를
사용하는 EE 카메라 **야시카 일렉트 DGX**

포컬 프렌 셔터식 렌즈 교환 가능
라이츠 미놀타 CL

포켓 카메라
미놀타 110 줌 SLR 사진은 오토 업을 만드는 카메라

● 6 × 6 필름을 사용하는 카메라

이안 렌즈
야시카 매트 124G

렌즈 교환이 가능한 이안
레프렉스 카메라
마미야 프로서널 C330
화면 사이즈 6×9cm

후지카 GL 690
프로젝셔널

I-2 셔터

11. 셔터는 시간을 조절한다

사진 용어로 '적정 노출'이라고 하는 말이 있다. '노출'을 영어로 표시하면 익스포저(exposure)라고 한다. 사용 필름의 감광도(ASA 어디에라도 표시되어 있다)에 맞는 빛을 주는 것을 적정 노출이라고 한다.

그 빛의 양을 어느 정도로 할 것인가를 조절하는 임무는 조리개와 셔터가 맡고 있다. 그러나 셔터는 그 임무 이외에 움직임의 묘사를 바꾸는 성질도 갖고 있다. 빠른 셔터 스피드에서 찍히면 움직임은 정지하고, 저속(슬로우) 셔터에서 찍히면 움직임이 흔들린다. 이것은 목적이나 표적에 따라서 구별되는 것이다. 그래서 우선 셔터의 기능에 대해서 이해해 두는 것이 중요하다.

왼쪽 사진은 35밀리판의 밀착 프린트이다. 촬영 데이타는 조리개 F8, 셔터 스피드 $\frac{1}{125}$ 초의 손에서의 촬영이다. 아래의 사진은 이것을 확대한 것으로 굉장히 샤프하다. 손에서의 촬영에서는 카메라 흔들림에 가장 주의할 것.

베타 ↑   ↓ 확대

12. 셔터를 빠르게 누르자

카메라를 손에 들고 먼저 기억해 두어야 할 것은 샤프한 화면을 만드는 것이다. 샤프니스(sharpness 선예도 ; 鮮銳度)는 사진의 첫번째 요건이다. 그리고 셔터 스피드 1 / 250초를 상용 셔터로 하는 것을 권장할 만하다. 그리고 일반적으로 그다지 사용되지 않는 1/ 500초나 1/1000초를 적극적으로 사용하는 것이다. 그것만으로도 사진에서는 눈을 크게 뜨는 정도가 되는 것이다. 다음 페이지는 각 단계의 셔터 스피드에서 촬영한 사진의 부분을 확대한 것인데 카메라 흔들림의 정도를 한 눈에 알 수 있을 것이다. 이 확대 부분은 35밀리판의 화면을 전지 사이즈(457㎜×560㎜)로 확대한 것이다.

13. 카메라는 어디로 작동하는가

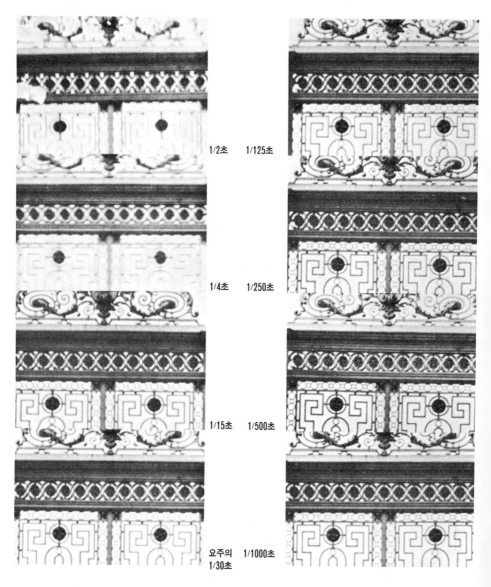

1/2초   1/125초

1/4초   1/250초

1/15초   1/500초

요주의   1/1000초
1/30초

14. 카메라의 바른 구성 방법

두 발은 다소 L자형으로

세운 위치(카메라를)
의 구성 방법
팔꿈치를 확실히 딱
붙이는 것이 포인트.
어느 쪽에서도 하기
쉬운 쪽이 좋다.

누운 위치의 자세
→

15. 셔터 포즈 누르는

○ ×

가볍게 누른다.　이래서는 흔들려 버린다.

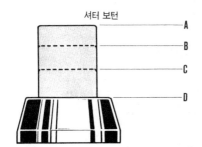

셔터 보턴

A
B
C
D

셔터 보턴은 A~B, C~D의 사이에 의해 효력없는 힘을 흡수하는 구조로 되어있다. 그러나 손가락의 힘이 너무 세어서 C~D를 있는 힘껏 눌러 버리면 카메라 몸통이 움직여 카메라 흔들림을 일으킨다. 셔터는 가볍게 B~C를 누르는 최소의 힘으로 누를 것.

$\frac{1}{30}$ 초 이하의 슬로우 셔터를 누를 때는 뭔가에 기대거나 팔꿈치를 붙박아 놓으면 카메라 흔들림을 방지할 수 있다. 빈틈없이 찍으려면 삼각다리를 사용할 것.

16. 셔터 스피드와 혼들림의 차이

빠른 셔터는 움직임을 멎게 하고 느린 셔터는 움직임이 혼들린다.

1/1000초 ↓   ↓ 1/50초

1/250초 ↓   ↓ 1/15초

1/125초 ↓   ↓ 1초

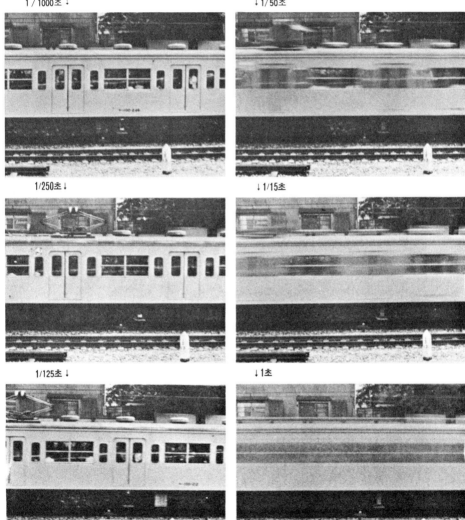

셔터 스피드를 일정하게 하고 멀리 떨어진 움직임과 가까운 움직임을 찍어보면 가까운 움직임이 흔들린다.

1/1000초

1/250초

1/15초

17. 카메라에 평행한 움직임보다 직진하는 움직임이
흔들림이 적다

셔터 스피드는 노출을 컨트롤할 뿐만 아니라 위 사진과 같이 움직임의 묘사를 컨트롤한다. 렌즈 앞에서 움직이는 것의 진동 정도는 움직이는 것의 스피드와 셔터 스피드에 따라서 결정된다. 또 같은 셔터 스피드에서도 필름면에 평행하게 움직이는 것보다 필름면에 대해 수직 방향으로 움직이는 쪽이 흔들림이 적다. 위의 사진은 달리고 있는 오토바이를 측면과 앞쪽에서 촬영한 것이다. 예를 들면 1 / 15초의 경우, 측면으로부터의 사진은 극단으로 흔들려 버리지만 앞쪽에서 찍은 사진은 흔들림이 거의 눈에 띄지 않음을 알 수 있다.

1/1000초   1/250초   1/15초

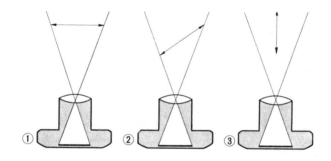

① ② ③

①은 필름면에 평행하게 대상이 움직이고 있으므로 흔들림의
정도가 크다.
②는 필름면에 대해 경사지게 움직이고 있으므로 ①에 비해
흔들림의 정도가 적다.
③ 필름면에 맞서서 움직이고 있으므로 흔들림의 정도가 가장
적다.

경기용 자동차나 스포츠 등 일순간의 박력감이나 표정을 고속
셔터로 찍고, 슬로우 셔터로 흔들림의 효과를 최대한으로 살린 다이
나믹한 박력을 표현할 수도 있다. 응용 방법으로써 사진의 세계는
한층 풍부해질 것이다. 조리개 우선식 카메라의 경우, 메뉴얼 노출로
바꾸고 표적을 살린 셔터 스피드를 선택하면 좋다. '움직이는 세계'
에 도전해 보자.

52

24밀리, 조리개 F4
1/15초, 트라이 X

오른쪽 사진은 차의 헤드라이트의 흐름을
장시간 노광으로 찍은 것이다. 셔터를 B
(밸브) 또는 T(타임)로 하고 셔터막을
열어 두고서 찍는다. 이 사진의 경우는
조리개 F16에서 60초 노광했다.

B(밸브)
셔터 보턴을 누른 채로 두면 셔터는 열린
채로 있다. 손을 떼면 닫힌다.
T(타임)
셔터를 누르면 열린 채로 된다. 닫을 때는
셔터 다이알을 바꾼다.
주 : 요즈음의 카메라는 T는 거의 붙어
있지 않다.

18. 움직임을 흔들리게 찍는다

사진은 핀트를 샤프하게 맞추고 흔들림이 없도록 움직이는 것을
정지시키는 것이 기본이지만, '움직이고 있다'라고 하는 느낌을 표현
하기 위해 의식적으로 움직이는 것을 흔들리게 찍는 방법이 있다.
즉, 슬로우 셔터로 찍으면 움직이는 것을 흔들리게 찍을 수 있다.
이 경우, 움직이는 것의 성질에 따라 어느 정도의 셔터 스피드로
할 것인가를 생각할 필요가 있다. 왜냐하면 흔들림의 형태에 따라
느낌이 변하기 때문이다. 그러므로 1/15초에서는 어떤 흔들림으로
되는지, 또 움직이는 것의 성질에 따라 어떤 흔들림으로 찍을 것인
지를 감으로 파악하도록 하지 않으면 안된다.

50밀리, 조리개 F8, 1/8초, SSS
역의 개찰구. 멈추어 있는 사람은 흔들리지 않고(혹
은 조금 흔들림), 움직이고 있는 사람이 흔들려 있
다. 셔터 스피드에 따라 흔들림의 형태가 변한다.

19. 움직임의 정(靜)과 동(動)을 맞추어 찍는다

대상이 움직이는 것일 때 정지시켜 찍으려면 당연히 고속 셔터를
사용하게 되지만 움직이는 것이 정지되어 있으면 슬로우 셔터로도
정지시킨 모습을 찍을 수가 있다.

'슬로우 셔터로 동체(動體)를 흔들리게 찍는다'라는 방법에다
슬로우 셔터로도 동체가 정지한다는 요소를 더해서, '동체의 분위기
를 포착한다'라고 하는 방법이 있다. 즉, 동체 안에서 정(靜)과 동
(動)을 하나의 화면에 포착하는 방법이다.

이 방법으로 찍힌 사진은 움직이는 느낌과 함께 그 장소의 분위기
가 표현되는 것이다.

54

긴촛점 렌즈 · 망원 렌즈를 사용해서 찍을 때는 삼각(삼각다리)을 사용해서 대를 빙빙 움직이게 해서 카메라를 돌려 찍는다.
105밀리. 조리개 F16, 1 / 30초

20. 추사(追寫)의 테크닉

자동차가 달리는 것을 쭉 눈으로 따라가 보자. 그러면 자동차는 확실히 계속 보이지만 그 주위의 풍경은 흐르는 것 같이 흔들리게 보인다. 바로 그런 느낌에서 찍는 방법이 추사(追寫 ; 스냅)이다.

동체를 눈으로 좇는 것과 같이 카메라로 좇으면서 카메라를 움직이고 있는 사이에 셔터를 누르는 것이다. 동체는 샤프하게 찍히고, 주위는 흔들림으로 깨끗한 흐름이 되어 찍힌다. 이럴 경우 동체의 성질이나 촬영 거리에 따라서 다소 차이가 생기지만, 1 / 30초~1 / 125초의 셔터 스피드가 적당하다. 카메라를 움직이면서 셔터를 누르는 것이기 때문에 카메라 상하의 흔들림에 특히 주의하지 않으면 안된다.

I - 3 조리개

21. 조리개는 빛의 양을 조절한다

노출을 결정한 상태에서 셔터와 함께 눌러도 눌러지지 않는 관계에 있는 조리개는 첫번째의 임무가 빛의 양(렌즈를 통한 빛의 강도)을 조절하는 것이다.

셔터 스피드가 1 / 125초일 때 조리개 F11에서 '적정 노출'이라고 한다. 조리개가 F16에서는 빛의 양이 적어지고, F5,6에서는 빛의 양이 많아져 각각 '노출 부족', '노출 과다'의 상태가 되는 경우도 있다.

조리개는 셔터와 조합해서 빛의 양을 조절하기 때문에 F16에서 셔터가 1 / 60초, F5,6에서 1 / 500초로 하면 F11에서는 1 / 125초와 같은 결과가 얻어지는 것이다. 그러나 노출은 같아도 찍는 상태는 변화한다. 조리개에는 화면의 핀트 깊이를 조절하는 역할이 있기 때문이다.

56

《조리개의 선택과 셔터 스피드의 변화》(50밀리 렌즈 사용)

셔터 스피드	¹⁄₁₅	¹⁄₃₀	¹⁄₆₀	¹⁄₁₂₅	¹⁄₂₅₀	¹⁄₅₀₀	¹⁄₁₀₀₀
조리개 수치	16	11	8	5.6	4	2.8	2

조리개를 움직이면
셔터 스피드가 변한다.

F2 1/1000

맨 앞의 여성은 선명하지만
뒤는 흐릿하게 찍힌다.

22. 조리개에서 변하는 핀트의 깊이

셔터 스피드의 선택이 동체의 표현을 컨트롤하는 것에 대해, 표현 의도에 들어맞는 조리개를 선택하면 맞춘 핀트의 안쪽 방향(=앞쪽에서 뒤 끝까지의 길이)의 깊이의 범위가 변해 화면의 공간적인 분위기를 컨트롤할 수 있다. 조리개의 수치가 적을수록 핀트를 맞춘 범위가 좁고 수치가 클수록 그 범위가 깊다. 따라서 효과적인 조리개 수치의 선택으로 자신의 앞쪽이나 뒤쪽을 다르게 하기도 하고 반대로 앞쪽부터 무한대까지 핀트를 샤프하게 커버하는 것도 자유롭게 컨트롤할 수 있다.

그러면 조리개 수치의 변화에 의한 핀트 깊이의 움직임을 사진으로 설명해 보자. 여기에서 표시하고 있는 샘플은 조리개 수치를 단계적으로 변화시키고 있지만 노출된 빛의 양은 모두 같다. 핀트는 제일 앞쪽의 여성에게 맞추어져 있다.

F2.8, 1/500

남성 2명이 간신히 구제되었다.   F4, 1/250

58

F5.6, 1/125

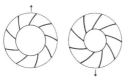

뒤의 3명은 초조한 모습.
아직 핀트가 생기지 않았다.　　　　　　F8, 1/60

F11, 1/30

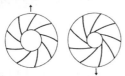

겨우 뒤까지 샤프하게 찍었다.
선두의 여성도 후유하고 한숨.

F16, 1/15

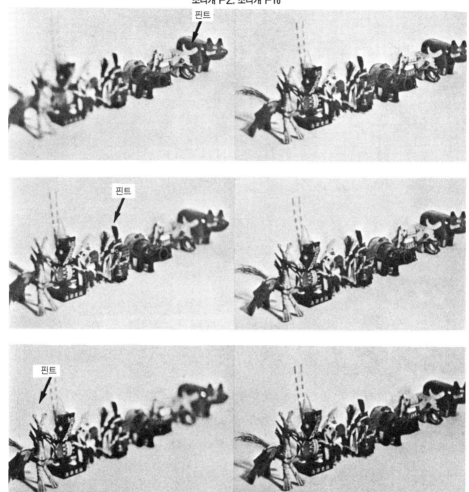

23. 핀트를 맞추는 범위는 앞쪽보다 뒤쪽으로 깊게 한다

위의 사진은 똑같은 피사체(被寫體)를 놓고 핀트 맞추는 위치만
변경시켜서 각각 최소 조리개와 개방 조리개로 찍은 것이다. 핀트의
깊이는 앞쪽보다 뒤쪽으로 깊어지는 성질이 있다.

조리개를 연다.   조리개를 조인다.

배경을 어떻게 할까, 핀트를 끌게 할 것인가, 흔들리게 해서 목표를 강조할 것인가를 생각해 본다.

뒤의 흐린 상태를 생각해 본다(표준 렌즈)   화면 전체를 샤프한 핀트로 찍는다(광각 렌즈)

24. 피사계(被寫界 ; 사진에 찍혀지는 범위) 심도를 이용해서 찍는다

조리개가 단순히 노광량(露光量)만을 결정하는 것이라고 생각하면 잘못이다. AE카메라에서는 노출 걱정이 없기 때문에 그다지 조리개의 조작을 염두에 두지 않는 경우가 많다. 일안 레프렉스 카메라에는 어디까지 핀트를 맞출 것인가의 상태를 확실하게 하기 위한 장치 (카메라의 몸통 또는 렌즈에 부착된 보턴을 누르면 셔터가 눌려지는 순간에 조리개를 조여 찍는 상태가 보인다)가 부착되어 있기 때문에 그것으로 판단할 수 있다. 예를 들면 뒤(배경)가 너저분해서 번거로울 때는 조리개를 여는 정도에 따라 흔들림을 주는 방법을 쓸 수도 있다. 또 배경의 한 가지 요소까지 핀트를 맞추고 싶을 때는 조리개를 밀어넣는 것도 생각할 수 있다.

62

같은 위치에서 렌즈를 바꾸어 찍어 본 것.
조리개 수치는 F 5.6.

↓ 배경이 흔들려 모델의 표정이
강조되었다.

28밀리
모델 주위까지 확실히 찍고 있다.

50밀리

105밀리

25. 촛점 거리와 피사계 심도

　피사계 심도라는 것은 화면에 찍히는 범위의 깊이 방향에 대하여
핀트를 맞추는 깊이의 정도를 말하지만, 같은 촛점 거리의 렌즈일
경우에는 조리개 수치가 큰 쪽이 심도가 깊다. 그러면 촛점 거리가
다른 렌즈의 경우는 어떻게 될까? 위의 사진은 조리개 수치 F5.6에서
같은 촬영 거리로 촬영한 것이다. 각각의 사진이 갖는 맛이 다르지만
피사계 심도를 비교해 보면 렌즈의 촛점 거리가 길면 길수록 핀트를
맞춘 깊이, 즉 피사계 심도가 낮다는 것을 알 수 있다. 렌즈에 들어오
는 범위(畵角)와 함께 피사계 심도의 정도는 각각의 촛점 거리 렌즈
의 묘사 효과나 그것이 가지고 있는 맛의 기본적인 포인트가 된다.

표준 렌즈 50밀리로 촬영 거리를
바꿔 찍어 보면

가까우면 배경은 흔들린다. 1.5m

떨어지면 주위가 분명해진다.
5m

26. 촬영 거리와 피사계 심도

　피사계 심도는 촬영 거리가 짧을수록 즉, 피사체에 가까우면 가까
울수록 피사계 심도는 낮아진다. 핀트를 맞출 때 범위가 좁아진다.
따라서 피사체에 가깝게 촬영할 경우에는 F11이나 F16에 조리개를
맞추어서 핀트를 신중하게 맞출 것. 반대로 광범위한 풍경을 찍을
때에는 촬영 거리가 무한대로 되기 때문에 F2.8이나 F4라는 조리개
수치로도 피사계 심도가 깊다. 그때의 밝기가 1 / 125초, F8이라고
하면 1 / 500초, F4의 촬영시 고속 셔터에서의 핀트가 맞지 않아 화
상이 흐려지는 것을 방지할 수 있어 보다 샤프한 사진이 된다.

① 이것은 심하다, 어쨌든 원인을 추적해 보자

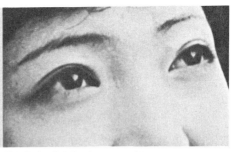

② 눈을 집중해서 화상의 떨떠름함을 본다. 떨떠름함
이 바래져 있으면
확대의 핀트가 맞지 않은 것.

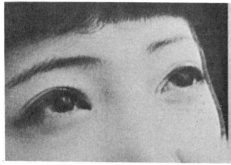

③ 은립자의 떨떠름함은 어쩐지 확실히 있지만 뭔가 이상하다. 하나하나의 입자가 이중으로 된 것처럼 보인다. 이것은 확대 사진 흔들림으로 확대의 노광 중에 확대기가 움직였기 때문이다. 카메라 흔들림과 틀리기 쉽다.

④ 확대 핀트가 맞지 않음이나 확대 사진 흔들림도 없다. 일반적으로 말하는 핀트 흔들림의 원인은 확대 과정에도 잠재해 있다. 또 확대 핀트가 맞지 않음이나 확대사진 흔들림이 섞여 있는 심한 경우도 있다.

27. 핀트가 맞지 않아 화상이 흐려지는 원인은 무엇인가?

지금 한 장의 사진을 계속 주시하고 있다. 정열을 다해서 셔터를 누르고, 확대한 작품이다. 그러나 어떻게 된 것인지 화상이 흐려져 있다. 원인은 무엇인가……? 이러한 때를 위해서 감정안(鑑定眼)을 익혀보자. 화면이 선명하지 못하게 되는 원인은 촬영에서 확대까지 4개의 포인트로 거의 집약된다. 그 원인을 판정하는 것으로 우선 확대 과정부터 체크해 가고, 그것이 통과되면 다음에 촬영 과정을 체크해 간다. 4개의 포인트는 확대 사진의 핀트가 맞지 않음, 확대 사진 흔들림, 카메라 흔들림, 핀트가 맞지 않아 화상이 흐려지는 경우이다.

28. 촛점 조절이 나쁘다

　화면이 선명하지 않지만 그렇다고 확대 사진의 핀트가 맞지 않음이
나 확대사진 흔들림은 아니다. 그렇다면 다음에 촬영 과정에서의
핀트가 맞지 않아 화상이 흐려지는 경우와 카메라 흔들림을 체크해
보자. 위의 큰 화면은 눈동자에 핀트를 맞추려 했던 의도가 실제로는
훨씬 뒤쪽에 맞추어져 있다. 이와 같은 경우는 촬영시 촛점 조절이
불량한 것이다. 자신이 핀트를 맞추려고 했던 곳에 맞추어지지 않고
그 후나 앞에 맞추어져 있는 경우도 마찬가지이다. 피사체 가까이
를 촬영할 경우는 핀트 맞춤을 확실히 하지 않으면 안된다. 또 105
밀리, 200밀리 렌즈와 같이 촛점 거리가 긴 렌즈를 사용할 경우에는
핀트를 특별히 신중하게 확인해야 한다.

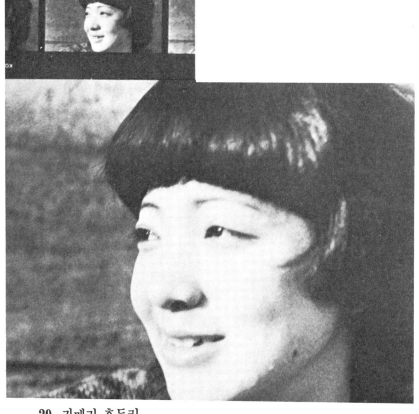

29. 카메라 흔들림

선명하지 않은 화면의 원인 4번째 체크 포인트로서 카메라 흔들림
이 있다. 이것은 촬영 때 무슨 이유인가로 카메라가 움직인 것이다.
특수 촬영시의 손의 흔들림만이 아니라, 예를 들면 삼각다리에 카메
라를 세트해 놓아도 주위의 진동이 지면에 전해져서 삼각다리째로
흔들리거나 바람을 받아 카메라가 움직일 수도 있으므로 주의해야
한다. 카메라 흔들림의 사진 화면을 잘 보면 은립자(銀粒子) 하나
하나는 확실하지만 어딘지 샤프한 곳이 없는 것이 특이한 점이다.
또 확대 사진 흔들림과의 구별은 은립자(銀粒子)나 화면의상(像)이
이중으로 되어 있으면 이것은 확대기가 움직인 것에 의한 확대 사진 흔
들림이다. 사진의 트러블을 체크해 보자.

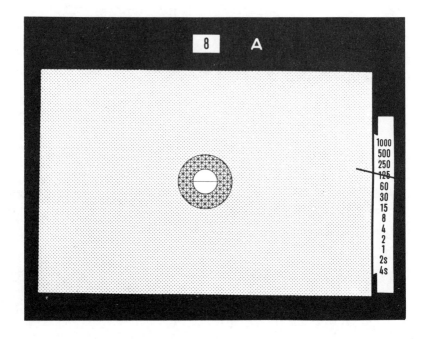

I - 4 적정노출

    카메라에 필름이 넣어져 있고 그 필름의 감도(感度)에 맞는 빛이 셔터와 조리개의 조절로 알맞게 들어가면 좋은 네가(nega) 화상(畫像)을 만드는 기반이 되는 것이다. 우선, 적정 노출을 하는 것이다.

    오늘날의 카메라에서, 노출은 카메라 책임으로 잘 진행되도록 되어 있지만, 만약 노출계(露出計)를 움직이는 전지가 소모됐거나 끊어졌거나 고장났다면 당황해서 찍을 수 없게 되어 버린다. 이와 같은 일이 없도록 이러한 상태에서는 이 정도라고 하는 목표를 갖는 감을 가지는 것이 중요하다.

네가상   네가 필름

30. 적정 노출과 네가(nega) 상(像) 포지상   인화지

필름에는 각각의 감도가 있다. 감도라는 것은 빛으로 느끼는 스피
드의 속력이다. 적정 노광(露光)이라는 것은 일정한 감도를 갖는
필름에 대해서 양호한 화상(畵像)을 기록하기 위해 적정량만의 빛을
충당하는 것을 말한다. 위의 커다란 화상(畵像)은 흑백 필름에 기록
된 화상이지만 실제의 광경과 비교해 보면 빛의 명암이 반대로 되어
있다. 이것을 네가상이라고 한다. 적정 노출에서 얻어진 네가상은
위의 샘플과 같이 빛을 강하게 받은 부분(하이라이트 부분)부터 빛을
약하게 받은 부분(새도우 일부)까지 실제 광경의 명암 변화가 바르게
기록되어 있다. 적정 노광은 빛의 명암 단계를 바르게 기록하기 위해
중요하다.

사진 ①
오버

사진 ②
언더

JIS 100
ASA 100
21 DIN

TTL · EE나 AE카메라를 사용하는 경우 우선 필름에 명시되어 있는 필름 감도(ASA)를 확인해서 그것을
카메라의 메타 세팅 다이얼에 맞게 세트하자. 이것이 틀리면 적정 노출은 얻을 수 없다. 또 필름 설명서
에 표시되어 있는 노출표를 기준으로 해서 셔터 스피드와 조리개 수치를 결정하는 습관을 들이는 것도
중요한 것이다.

31. 언더와 오버

흑백 필름이나 칼라 네가는 네가상부터 인화지에 프린트하는 것이
기 때문에 적정한 노출로 얻어진 우수한 네가상이 절대로 필요하다.
그러나 촬영 노출이 오버되면 사진 ①의 네가상처럼 필요 이상으로
화상의 농노가 올라가며, 따라서 명암의 콘트라스트(정도)도 증대해
인화지에 프린트해도 샤프함이 없어져 잘 보이지 않는 화면이 되어
버린다. 또 노출이 언더로 되면 사진 ②와 같이 화상의 농도가 엷어지
며 특히 빛의 약한 부분이 없어진다. 이와 같은 네가상에서는 이미
올바른 프린트 화상을 만드는 것이 불가능하다. 적정 노출은 사진을
촬영하기에 알맞는 가장 중요한 기본 조건의 하나인 것이다. 적정
노출을 빨리 캐치하는 것이 중요하다.

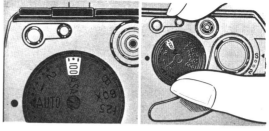

화인더 내의 지침(바늘)을
적정한 위치에서부터 조작한다.

+1→1 조리개 오버
−1→1 조리개 언더를 나타낸다.

검은 피사체는 스트레이트에서는 언더로 된다.

지침 대로 찍는다. 조리개 F16. 1/60초   2단 오버하게 노광한다. 조리개 F16 1/15초

32. TTL 노출계의 조작

35밀리 TTL·AE 일안 레프렉스 카메라는 노출을 어떻게 할 것인가
하는 신경을 안써도 되는 카메라이다. 그렇다고 TTL노출계가 어떠한
조건하에서도 전부 좋은 상태로만 노출이 얻어지는 것은 아니다. 이
기구는 피사체의 반사광 평균치를 측정한다. 때문에 화면에 맑은 하늘
을 커다랗게 넣어서 찍을 때나 배경이 하얀 것이 많을 때 따위의 인물
촬영에서는 밝은 쪽의 빛을 강하게 받아 인물은 노출 부족이 된다.
또 광각 렌즈에서 넓은 풍경을 찍을 때는 주제가 과다 노출되는 경우
가 많다. 밝은 부분과 어두운 부분 양쪽을 살릴 때는 양쪽의 중간치에

135밀리, 조리개 F8, 1/125초, SSS
노출계의 바늘 그대로는 역광의 강한 빛을 측정
해 버리므로 인물을 망쳐버린다. 그래서 1조리개
또는 2조리개, 조리개를 열어서 찍는다.

200밀리, 조리개 F16, 1/500초, SSS
실루엣으로 찍을 때는 역광의 강한 빛을 받는
그대로가 좋다. 때에 따라서 조리개를 조이는
것도 생각할 수 있다.

서 찍는 방법을 취해야 된다. 이와 같은 방법으로 노출을 조작하면
효과적일까. AE기구의 카메라는 수광소자(受光素子 ; CdS · SPD)
가 측정한 대로 노광시켜 버리기 때문에 그 조작을 위해 AE카메라에
는 노출 보정 장치가 달려 있다. (EV±2라고 표시가 되어 있는)＋1
은 1조리개가 열린 상태에서, −1은 1조리개 조여 있는 상태에서 찍게
되어 있다. 이 장치를 사용해서 노출을 조작하는 것이지만, 어디에서
어느 정도의 조작이 필요한가의 결정은 사람이 하지 않으면 안된다.
조작한 결과가 어떻게 되었는가를 판정할 수 있는 안목을 갖지 않으
면 안된다. 보통의 TTL카메라에서는 지침의 움직임을 보고 어느
정도 겹치지 않게 찍을까를 생각해야 한다.

전체의 모양을 새하얗게 마무리한다. 그러한 사진을 하이키한 사진이라고 한다. 거꾸로 검은 사진은 로키한 사진이라고 한다. 각각 찍을 때의 노광 조작을 생각하게 된다. 새하얗게 마무리 했을 때는 전체가 하얀 피사체로, 그리고 1조리개, 2조리개 오버로 노광한다. 검게 마무리하는 것에서는 반대로 노출을 억제한다.

24밀리, 조리개 F8, 1/250초, 트라이 X

200밀리, 조리개 F8, 1/125초, SSS
1조리개 오버하게 노출을 하고 있다.

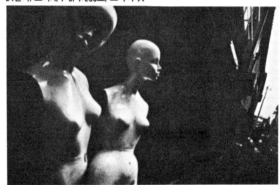

33. 의식적으로 하이키, 로키한 현상을 만든다

흰 부분이 많은 화면(또는 밝은 부분을 화면에 많이 넣는다)이나 거무스름한 피사체를 촬영할 때 그것들이 오버, 언더로 되지 않게 상태를 조절하여 찍을 경우, 노출계의 조작이 필요하다는 것은 이미 알고 있는 사실이라고 생각되지만 억지로 하얀 상태, 거무스름한 상태의 사진을 만드는 것도 생각할 수 있는 일이다. 하얀 상태의 사진을 하이키한 사진, 거무스름한 상태로 구성된 사진을 로키한 사진이라고 한다. 즉, 일부러 하얗게 혹은 거무스름하게 마무리하는 것이다. 이것은 현상이나 프린트의 처리 단계에서 그 위에다 고안해서 만들어낸 것이지만, 전체적으로 밝은 피사체라면 이른바, 적정 이상으로 노광을 플러스해서 찍는다든지 조리개를 조여서 찍을 수 있다.

I-5 필름

한 마디로 필름이라고 말해도 여러 가지 종류가 있다. 일반적으로 가장 많이 사용되고 있는 필름은 네가 칼라 필름이지만, 여기에서는 간단한 기념 사진이 아니고 일보 전진해서 사진의 표현을 생각해 보려고 하는 독자라고 생각하기 때문에 모노크로(monochro, 흑백) 필름을 중심으로 그 기본을 서술해 가려고 한다.

그런데 모노크로 필름에도 몇 가지 종류가 있다. 우선 감도의 차이에 따라 저감도(ASA32~50), 중감도(ASA100~125), 고감도(ASA 400)로 구분될 수 있다.

필름 감도는 낮은 것보다 높은 것이 좋은 게 아닌가라고 생각되는 경향이 많지만, 묘사의 질을 생각하여 표현으로 결부시킬 때는 다만 단순히 감도가 높기 때문이라고 하는 것만으로 필름을 선택하면 마이너스면이 나오게 된다.

저감도 필름은 초미립자(超微粒子), 고해상력(高解像力)이라고 하는 특성을 가지고 있다. 빠른 셔터 스피드나 깊게 조일 때 사용하면 ASA400 고감도 필름으로 뒤떨어지지만 섬세하고 치밀한 묘사에서는 뛰어난 효과를 나타낸다.

ASA100의 필름은 무리없이 깨끗한 화상으로 찍히고, 감도의 폭도 있으며 ASA200에서 사용해도 충분한, 일반적인 만능 필름이다. 고감도 필름 ASA400은 상당한 악조건에서도 샤프하게 찍히는 감도를

74

갖고 있다. 그러나 정물(静物) 등 빠른 셔터 스피드를 필요로 하지 않는 조리개에 의한 정밀 묘사, 질감 묘사가 되면 저감도 필름으로는 적합하지 않다.

칼라 필름에서는 특히 그 차이가 심하다.

일반적으로 400, 400이라고 말하는 것은 초심자가 카메라를 가지면 자칫 흔들리기 쉬워 핀트가 잘 맞지 않게 되기 때문에 이들의 실수를 방지하기 위함이다.

찍는다고만 하면 누구라도 할 수 있다. 하지만 대상을 보다 깊이 있게 찍기 위해서는 필름의 성질을 이해해서 그것을 효과적으로 이용할 필요가 있다.

네가(nega)의 상태가 어떠한가, 그리고 프린트의 결과까지 생각해야 비로소 사진을 마스터하게 되는 것이다. 사진은 필름으로 찍는 것이다. 필름이 찍으려고 하는 것을 이미지에 잘맞게 부합되었는가 어떤가, 또한 그 목적에 따라 필름 사용하는 방법을 생각해 보자.

네오펜 F ASA 32

SS필름에 비해 콘트라스트가 강하고 입자가 세밀한 것을 알 수 있다.

네오펜 SS ASA 100

F필름에 비해 입자는 조금 크지만 콘트라스트는 약하다.

34. 필름의 성능을 살리자

　우리들이 보통 사용하는 일반 촬영용 흑백 필름의 성능으로서 가장 긴밀한 것은 감도일 것이다. 감도라고 하는 것은 필름에 도포(塗布)해 있는 감광성 물질인 할로겐화 은이 빛에 감광하는 스피드인 것이다. 이 감광 스피드가 늦은 필름을 저감도 필름이라고 하고, 빠른 필름을 고감도 필름이라 하고 있다. 이 중간에 ASA100 정도의 중감도 필름이 있는 것이다. 필름의 성능을 나타내는 요소로써는 감도 이외에 몇 가지가 더 있지만, 감광해서 현상된 은(銀) 입자의 크기나 그 나란한 상태를 의미하는 입상성(粒狀性)이라는 규준(規準)과 하이라이트 부분에서 그림자 부분에로의 네가 농도의 단계적 변화 정도를 나타내는 계조(階調)가 있다.

네오판 SSS, ASA 200

SSS 필름은 콘트라스트는 약하지만 입자 는 커지는 것을 알 수 있다.

트라잉, ASA 400

SSS, 트라이 X 필름이 고감도인 것을 충분 히 활용하자.

　그러면 감도와 입상성과 계조의 관계를 설명해 보자. 먼저 입상성 은 저감도 필름일수록 입자도 곱고 입상성이 뛰어나다. 다음으로 계조 는 ASA100 정도의 중감도 필름이 뛰어나다. 저감도 필름은 계조의 변화가 조금 급해서 화면에 콘트라스트가 일어나기 쉽다. 따라서 저감도 필름은 뛰어난 입상성을 살린 물질감의 묘사나 풍경 사진을 찍는데 적합하다. 중감도 필름은 계조나 입상성이 좋은 가장 일반적 인 필름이다. 고감도 필름은 입상성보다도 고감도인 것을 풀(full)로 활용한다. 야간이나 실내 등의 어두운 장소의 촬영뿐만 아니라, 움직 임이 격렬한 스포츠 사진 등 고속 셔터로 순간의 박력을 추구하는데 가장 알맞은 필름이다. 제작 의도에 가장 알맞는 필름을 선택하고, 그 성능을 활용해 보도록 하자.

50밀리, 조리개 F16, 1/15초

35. 정밀 묘사에는 F필름이 좋다

F급 필름은 ASA 감도가 25~32로써 저감도 필름이다. 감도는 낮지만 미립자, 고해상력 필름이다.

정물이나 풍경 등 피사체가 움직이는 것이 아닌 경우에는 고감도 필름을 사용하지 않고 차분하게 찍는 편이 좋다. 이것은 감도가 낮아도 좋다는 뜻이 아니라 입자가 고르고, 화상이 선명한 저감도 필름의 성질을 사용한 것이다. 따라서 정물이나 산 그리고 바다의 풍경을 촬영할 때 항상 사용하는 필름이다. 그러나 이 미립자 필름을 최대로 살리는 데에는, 미립자 현상액(미크로파인 · 마이크로돌)으로 바른 처리를 하지 않으면 안된다.

35밀리, 조리개 F8, 1/125초

36. SS는 만능 필름

　SS(ASA100) 필름은 가장 많이 사용되고 있는 일반적인 필름이
다. 부드러운 결로 깨끗하게 마무리 하는 성질을 가지면서, 1조리개
정도 빛이 나가도 괜찮은 노출의 폭을 갖고 있다. 또 심한 어둠 속에
서는 무리지만 야간의 거리에서도 훌륭하게 찍을 수 있다. 게다가
지정의 감도는 ASA100이지만, 현상 처리와의 편성에서는 ASA400
정도에서 사용할 수 있다〈증감 현상〉(p.264 현상의 항 참조). 따라서
보통 밝은 상태에서는 SS필름 뿐만 아니라 풍경, 정물, 인물(포토레이
트)과 여러 가지 피사체에 대해서 좋은 결과를 얻을 수 있는 필름인
것이다.

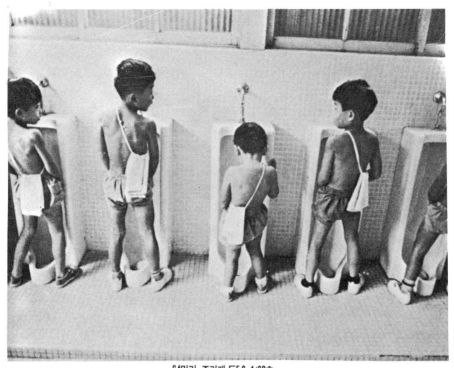

24밀리, 조리개 F5.6, 1/60초
네오판400, 트라이X 등의 고감도 필름 사용시 노출 오버와 현상 오버는
엄금이다. 조금 언더의 경향쪽이 좋은 걸로 나오는 케이스가 많다. 광량
부족으로 생각되는 피사체에 위력을 발휘해서 어두운 부분의 결이 잘
나온다.

37. SS의 4배, 고감도 필름 ASA400

ASA400 필름에는 코닥의 '트라이 X', 후지 사진 필름의 '네오판
400', 일르호오드의 '일르호오드 HP5'가 있다.

ASA100의 SS의 4배라는 고감도 필름이 있다. 감도가 4배가 되면
조리개를 2단 조리개로 조일 수가 있다. 또는 셔터 스피드가 2단 빨라
진다. 따라서 보다 샤프한 묘사를 할 수가 있다. 또 고감도 필름의
잇점은 뭐니뭐니해도 어두운 곳에서의 촬영이다. 스트로보가 필요하
다고 생각되는 곳에서도 자연광에 의해 자연스런 묘사를 찍어 낼
수가 있는 것이다.

촬영 조건이 일정치 않을 때에는 위력을 발휘한다.

24밀리, 조리개 F4, 1/60초
고감도 필름을 거기에다 고감도로 증감해서 사용하면 입자가
커지고 콘트라스트가 강해진다. 그 묘사를, 다이나믹한 박력을
표현하는데 이용하는 것이다.

38. 증감 현상에서 폭넓은 감도

ASA400 필름은 오늘날 상식으로 된 것 같이 폭넓게 사용되는 만능
필름이다. 그러나 강한 직사광선에서는 콘트라스트가 강한 사진이
된다는 위험이 있다. 이와 같은 경우에는 현상을 주의해야만 한다.
또 감도가 너무 높아 조리개를 연 상태에서 찍고 싶을 때에는 셔터
스피드에 한계가 있어 불가능하게 될 수도 있다(이 경우 ND필터를
사용해서 빛의 양을 컨트롤한다). 고감도 필름의 특이한 장점으로서
의 또 하나는 증감 효과가 뛰어나다는 것을 들 수 있다. 증감 현상을
함에 따라 ASA800~ASA3200이라는 감도에서의 촬영이 가능한 것이
다.

39. COPY 필름과 적외 필름

COPY 필름
서류, 문헌, 도면 등의 복사용 필름이다. 이것은 보통 필름과 달라서 흑백의 대조가 뚜렷하고 해상력(解像力), 해예도(解銳度)가 뛰어나다. 그러나 감도가 낮고, 범위가 좁다. 일반 촬영에 사용할 때에는 특수 표현 효과를 겨냥한 하이콘트라스트로 마무리한다. 전등빛 밑에서 ASA32이지만, 일반 촬영에서는 ASA 10정도에서 사용하면 좋다. 미니 카피(후지), 하이콘트라스트 카피(코닥)가 있다.

적외 필름
이 필름의 주목적은 항공 사진이나 육안으로 보기 어려운 감식(鑑識) 사진, 그리고 과학 사진을 찍는데 있다. 적외 필름은 눈으로 보이지 않는 청자색의 빛과 적(赤), 적외선으로 느끼게 되어 있다. 희미한 환경을 확실히 찍고, 창공을 어둡게, 그리고 식물의 초록은 하얗게 찍는다. 적외 효과를 내는 데에는 청자색광을 컷하는 적 필터를 병용한다. 적외선은 노출계에서는 측정되지 않기 때문이다. 대체로 적 필터를 붙여서 조리개 F5.6, 1/30~1/60초에서 찍는다.

I - 6 교환렌즈

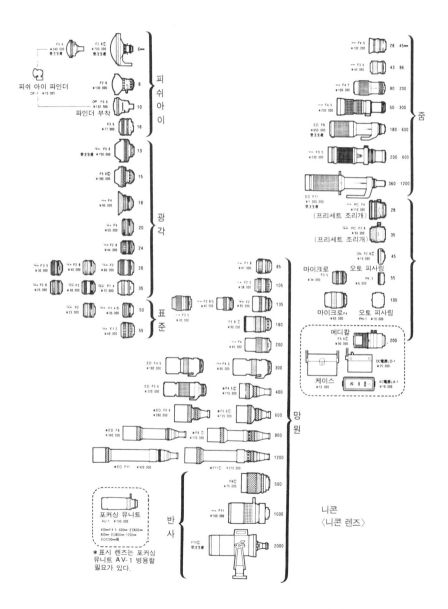

피쉬 아이 파인더
DF-1 ₩10.005

파인더 부착

피쉬아이

광각

표준

망원

반사

줌

마이크로
오토 피사링

마이크로
오토 피사링

(프리세트 조리개)
(프리세트 조리개)

메디칼

케이스
₩10.000

포커싱 유니트
AU-1 ₩100.000
400mm~F 4.5 : 600mm · ED600mm
800mm · ED800mm~1200mm
ED1200mm~用

* 표시 렌즈는 포커싱
유니트 AV-1 병용할
필요가 있다.

니콘
〈니콘 렌즈〉

40. 렌즈는 어떤 성질을 갖고 있는가

일안 레프의 교환 렌즈는 촛점 거리 16밀리라는 초광각 렌즈부터 17밀리, 19밀리, 20밀리, 21밀리, 24밀리, 25밀리, 28밀리, 35밀리, 50밀리, 55밀리, 58밀리, 85밀리, 90밀리, 100밀리, 105밀리, 135밀리, 150밀리, 180밀리, 200밀리, 250밀리, 300밀리, 400밀리, 500밀리, 600밀리, 800밀리, 1000밀리, 1200밀리, 2000밀리 라고 하는 초망원 렌즈까지 여러 종류가 있다. 더구나 특수 렌즈로써 어안 렌즈(6밀리, 7밀리, 8밀리, 17밀리 등)나 접사용 렌즈로써 30밀리, 50밀리, 100밀리, 105밀리, 135밀리 등이 있고, 줌 렌즈에는 43~86밀리부터 75~150밀리, 200~600밀리, 그리고 50~300밀리, 85~300밀리, 160~500밀리까지 모든 분야를 찍을 수 있는 렌즈가 있다.

그러한 여러 종류의 렌즈를 어떤 때에 어떠한 방법으로 사용하면 좋을까. 간단히 말하면 넓은 범위를 찍는다면 광각 렌즈, 멀리 찍는다면 망원 렌즈, 작은 것을 확대한다면 접사 렌즈로 하면 되지만, 사진 표현에서는 더 폭넓은 사용 방법이 생각되어진다. 렌즈를 익숙하게 사용하기 위해서는 사용하는 렌즈가 어떤 성질을 갖고 있는가, 즉 어떤 묘사를 할 수 있는가를 잘 이해해두어야만 한다. 그러면 다음에 렌즈가 갖는 성질을 어떻게 살려서 사용할 것인가를 생각해 보자.

41. 렌즈의 지식

• 촛점 거리라는 것은 무엇인가?

렌즈의 중심을 통과하는 선(광축) 위의 1점으로부터 들어오는 빛이 렌즈를 통과해서 또다시 한 점으로 모인다. 이 점을 촛점이라 하고, 렌즈의 중심으로부터 촛점까지를 촛점 거리라고 한다. 즉, 촛점이 필름면으로부터 50밀리라는 것은 렌즈의 중심으로부터 필름면까지의 거리가 50 밀리라는 것이다.

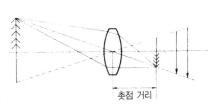

촛점 거리

• 화각(畫角)은 무엇인가?

렌즈를 통한 화상은 원형 상태로 상이 맺힌다. 화각은 그 지름에 대해서 렌즈의 중심으로부터의 각도를 말한다.

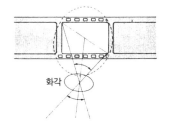

화각

• 사진 렌즈는 왜 몇 장으로 조합되어 있는 것인가?

1장의 凸 렌즈에 들어가는 빛은 점으로 모이기는 해도, 완전한 점으로는 이루어지지 않고 촛점을 맺는 위치가 어긋나 버린다. 또 백색광으로 들어온 빛은 파장의 차이에 따라서 굴절의 크기가 달라지기 때문에 분산해 버린다. 이러한 렌즈의 결정을 '수차(收差)'라고 한다. 이 수차를 없애고 바른 색조의 화상을 만들기 위해 몇 장의 렌즈를 조합하는 것이 사진 렌즈다.

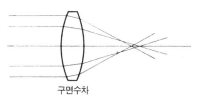

구면수차

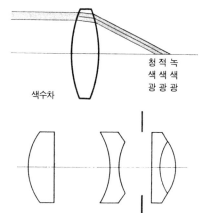

색수차

청 적 녹
색 색 색
광 광 광

덴사 타이프
(3군 4매 구성)

42. 화각(畵角)의 차이

35밀리 일안 레프렉스 카메라의 교환 렌즈 화각을 비교해 보았다. 짧은 촛점 렌즈는 앙각(仰角)이나 또는 부각(俯角)이 붙는 만큼 주변 부분의 비뚤어짐이 심해진다. 한편, 긴 촛점이 되는 만큼 공간이 압축되는 것 같은 시야가 된다. 각 렌즈의 화각(畵角)이나 그 이외의 특징들을 효과적으로 살렸으면 한다.

17mm

24mm   28mm

35mm   50mm

85 mm · 105 mm

135 mm · 200 mm

300 mm · 500 mm

10밀리, 조리개 F8, 1/500초 트라이 X

AL 후레쉬 아이니콜 8mm F 2.8 S

43. 어안(魚眼) 렌즈

어안 렌즈(아이슈어 렌즈)는 수중으로부터 수면 위를 볼 때와 같이 넓은 범위를 찍는 화각 180°라고 하는 초광각 렌즈이다.

보통의 초광각 렌즈는 115°~140°이다.

어안 렌즈에는 촛점 거리가 10밀리 이하에서, 필름의 촬영 화면의 짧은 변에 대해서 180°의 것——전원주 어안이라고 해서 원형으로 찍는다.——과 촛점 거리가 17밀리를 전후해서, 화면의 대각선에 대해서 180°의 것——대각선 어안이 좋고 하고, 화면 풀 사이즈로 찍는——이 있다. 전원주(全円周) 어안 렌즈의 화상 중앙을 장방형으로 자른 형이 대각선 어안 렌즈이다(35밀리 사이즈의 대각선 길이가

16밀리, 조리개 F5.6, 1/60초, 트라이 X

AL 후레쉬 아이니콜 16mm F 2.8S

원형 화상의 지름으로 된 것처럼 만들어져 있다).

어안 렌즈 묘사의 특징은 화각이 넓다 라는 면에서는 초광각 렌즈라고 말할 수 있지만, 극단적인 왜곡(데프로메이션)이 있다고 하는 완전히 다른 성질을 들 수 있다. 화면의 중심부에서는 보통 렌즈와 거의 같은 묘사를 하고 있지만, 주변(周邊)이 되면 초광각 렌즈는 모두 직선으로 묘사된다. 따라서 원형 묘사의 특수 효과나 비뚤어짐에 의해서 과장되는 시각 효과를 이용해서 찍을 수 있다.

어안 렌즈를 사용할 경우에는 다만 쓸데없이 재미로 한 것에는 렌즈가 만든 상의 기묘함으로 끝나버리기 때문에 목적이 확실하지 않으면 효과는 적다. 또 어안 렌즈는 렌즈의 앞면이 반원형으로 돌출해 있기 때문에 렌즈의 취급에 충분한 주의가 필요하다.

20밀리, 조리개 F11, 1/500초.　　넓은 범위를 찍는다.
SSS

니콜 20mm, F3.5S

44. 광각 렌즈의 특성과 묘사

광각 렌즈는 18밀리, 20밀리(21밀리), 24밀리(25밀리) 등이 있고 '초광각 렌즈'라고 말할 수 없는 28밀리, 35밀리 등 여러 종류이다. 광각 렌즈의 기능적 효과는 뭐니뭐니해도 넓은 범위를 찍는 점에 있다. 촛점 거리가 짧아지는 만큼 (24밀리→18밀리) 그 효과는 커지는 것이다.

보다 넓은 범위를 찍기 때문에 광각 렌즈의 화각은 점점 확대해서 광각 렌즈라고 하면 24밀리, 20밀리인 초광각 렌즈가 주류로 되어 있다. 다만, 넓어지는 데에 따라서 묘사의 특성(판포우커스 퍼스펙티브, 데이스트션 효과)이 강해져 간다.

90

24밀리, 조리개 F8, 1/250초, SSS

AL 니콜 24밀리, F2S

45. 퍼스펙티브(perspective) 효과

'화각이 넓다, 피사계 심도가 깊다'라는 성질을 첨가해서 보다 물체에 접근할 수 있는 것, 그리고 렌즈에 가까운 것을 크게, 원경(遠景)을 보다 멀게 묘사해서 원근감을 강조──퍼스펙티브 효과──라고 하는 특성이 있다.

광각 렌즈로 어떤 물체에 쭉 접근해 보면, 눈앞으로 다가오는 것 같은 느낌이 될 것이다. 그리고 `원경은 보다 멀리 가는 것 같은 느낌을 받는다. 표준 렌즈부터 긴 촛점 렌즈에서는 바로 앞의 것은 흔들림을 해버려서 원경도 가까워지는 것에 비해 광각 렌즈는 다이나믹한 넓이와 샤프한 핀트로, 목표한 포인트를 보다 강조하는 것이다.

24밀리, 조리개
F5.6, 1/60초,
트라이 X

46. 피사계(被寫界) 심도가 깊다—판포우커스 효과

광각 렌즈는 촛점 거리가 짧아지는 만큼 화각이 넓어지게 됨과
동시에 피사계 심도가 깊어진다. 그렇기 때문에 24밀리 렌즈로 조리
개 F8 수치로 조이고 3미터 정도로 핀트를 맞추면 근경부터 원경까
지 거의 핀트가 맞추어진다. 이것을 이용해서 대강의 감으로 거리
를 눈대중으로 세트해서 하나하나 핀트를 맞추지 않고 찍는 방법이
있다. 또 어두운 곳에서 조리개를 F4 수치로 밖에 하지 않은 상태에
서도 광각 렌즈는 상당히 샤프한 묘사가 가능하다.

더구나 판포우커스 효과라고 하는, 바로 앞에서부터 원경까지
쭉 깊게 핀트를 맞추어서 찍을 수가 있다.

20밀리, 조리개
F11, 1/250초,
트라이 X

47. 데이스트션 효과

광각 렌즈 묘사의 또하나 특징으로 화상의 비뚤어짐——데이스트
션——이 있다. 이것은 광학적(光學的) 성질로 초광각 렌즈로 되는
만큼 이 과장(誇張)은 강해진다. 그래서 이 성질을 이용해서 육안으
로는 잡히지 않는 상을 만들어 내는 방법을 생각할 수 있다. 그러나
이 성질은 잘 사용하지 않으면 단지 형태만 비뚤어진 우스꽝스러운
사진이 되는 두려움이 있다.

이상과 같은 광각 렌즈의 성질은 각각 나누어진 것이 아니고,
그것들이 종합되어 하나의 화면(모양)을 만들게 되는 것이다. 광각
렌즈를 사용하는 포인트는 어쨌든 보다 접근하는 것, 일보 전진하는
것이라고 할 수 있다.

50밀리, 조리개 F8, 1/125초, SS

AL 니콜 50mm, F1.4S

48. 표준 렌즈

일안 레프렉스 카메라는 표준 렌즈 50밀리, F2로 시판되고 있다. 왜 표준 렌즈라고 하는 것인가. 지금 육안으로 쭉 한 점을 응시해 본다. 보통 두 눈으로 넓은 풍경을 볼 때는 초광각 렌즈의 세계이지만, 한점을 주시했을 때의 세계는, 쭉 싯점이 정해져 온다. 즉, 그와 같은 느낌으로 묘사된 것처럼 설계되어 있는 것이 50밀리 표준 렌즈인 것이다.

따라서 인간의 눈이 물체를 보는 것 같이 극히 보통의 형상으로 언덕스로 찍는 렌즈를 말한다. 그런데 너무 조용한 묘사의 탓인지, 박력이 없다든지, 좀 더 넓게 찍고 싶다고 해서 경원시켜, 광각 렌즈

94

표준 렌즈는 F2, F1.8, F1.4, F1.2로, 밝은 렌즈가 붙어 있다. 따라서 상당히 어두운 곳에서도 찍을 수가 있다. 또 조리개를 연 상태의 흔들림이 깨끗하다.

50밀리, 조리개 F3.5, 1/500초,
SSS

50밀리, 조리개 F2, 1/60초, 트라이 X

다, 망원 렌즈다 라고 처음부터 이런 렌즈로 덤벼들려고 하는 일이 많다.

극화(劇畫)의 하나하나를 보더라도 주밍해가는 초광각 렌즈의 세계부터 줌 렌즈의 세계, 그리고 망원 렌즈의 클로우즈 업 세계 등이 뒤섞여서 그려지고 있다.

그러한 일상을 둘러싼 영상의 세계가 다이나믹하게 되어 있으면, 아무래도 표준 렌즈와는 관계가 멀어져 가는 경향이 많아서 28밀리 렌즈가 나의 표준 렌즈다 라고 하는 사람도 있다. 그러나 50밀리 렌즈로 차분히 물체를 응시하고, 찍을 물체와 대화하고 있는 것 같은 느낌으로 찍는 것은 마땅히 기본이 되어야 하고 이것이 사진 그 자체인 것이다. 50밀리는 중요한 렌즈이다.

105밀리, 조리개 5.6, 1/125초, SSS

AI 니콜 105 mm F 2.5s

49. 긴 촛점 렌즈

교환 렌즈를 사고 싶다. 우선 광각 렌즈, 거기에다 좀 긴 렌즈. 갑자기 긴 렌즈를 가지게 되면 사용하기에 불편하기 때문에 이 정도로 하나. 이러한 식으로 해서 뽑아낸 것이 긴 촛점 렌즈——85밀리, 105밀리이다.

이들 렌즈는 표준 렌즈에 비해 1.5배~2배 가까이 큰 화상을 얻을 수 있다.

렌즈의 밝기도 밝고(F2, F2.8) 렌즈 자체가 가벼워 들기가 쉽고, 핀트 맞추기도 쉽다고 하는 좋은 장점을 갖고 있다. 또 깨끗한 흔들림(배경이 흔들리는 느낌)과 자연스런 묘사력도 있다. 그래서 괜찮은 긴 촛점 렌즈가 인물 사진에 적합한 이유에는 우선 인물과의 거리 관계에 있다. 50밀리까지로 업을 겨냥하고 싶다고 하면 상당히 가깝지 않으면 안된다. 망원 렌즈 200밀리이상이 되면 짧은 거리에서는 핀트가 맞지 않으므로, 떨어진 거리에서 찍지 않으면 안된다. 85밀리~105밀리는 인물과 대면해서 적당한 거리감이 있고, 배경의 흔들림을 잘 이용한다고 하는 경우도 부드러운 묘사가 얻어진다.

85밀리, 조리개 F5.6, 1/125초,
SSS

105밀리, 조리개 F8, 1/250초, 트라이 X

망원 렌즈로 사용되는 동시에 부드러운 묘사력을 이용해서 포토레이트, 풍경 사진 촬영에 적합하다. 렌즈에 기동력이 있기 때문에 처음부터 망원 렌즈의 운치를 접해보고 싶다고 생각하면 충분히 사용할 수 있는 폭 넓은 렌즈이다. 200밀리 이상의 망원 렌즈가 되면 그다지 사용할 기회가 없지만 105밀리 렌즈에서는 사용 방법의 한 가지로 표준 렌즈적인 묘사의 스냅 촬영에서부터 망원풍인 느낌의 묘사 촬영으로 표현상 여러가지가 생기는 것이다. 느닷없이 망원 렌즈라 해서 200밀리 급을 손에 넣었을지라도 멀리 바라볼 수 있다는 것만으로, 충분히 익숙하게 사용하기는 어렵다. 그래서 우선 105밀리 정도의 렌즈로 그 느낌을 파악하고 나서 필요하다면 긴 렌즈로 진전하는 것이 좋다. 그러나 105밀리급의 렌즈를 망원 렌즈의 초보라고 말하는 것은 아니다.

200밀리, 조리개 F11, 1/250초,
트라이 X

AI 니콜 200mm F4s

50. 망원 렌즈

망원 렌즈라고 하면 135밀리~200밀리가 일반적이다. 85밀리,
105밀리 렌즈도 표준 렌즈보다 촛점 거리가 길다는 점에서 망원 렌즈
라고 말할 수 있겠지만 묘사에서 망원 렌즈의 효과가 나타나는
것은 역시 135밀리~200밀리 렌즈에서이다.

망원 렌즈의 특징을 이루는 장점은, 우선 첫째로, 멀리 떨어진 장소
를 바로 앞으로 끌어들여 찍을 수 있다는 것이다. 찍고 싶다고 생각하
는 것에 접근하지 않고 멀리에서 자연스러운 분위기로 찍고 싶다고
하는 경우에 위력을 발휘한다. 이것은 확실히 메카니즘의 매력이라고
말할 수 있다.

135밀리, 조리개 F8, 1/500초, SSS

200밀리, 조리개 F11, 1/125초, SS

　망원 렌즈의 묘사는, 광각 렌즈가 초광각으로 되는 만큼 피사계 심도가 깊어진다는 것에 대해서 촛점 거리가 길수록 심도가 낮아진다는 성질과, 거리감이 좁혀진 형태에서 원경과 근경이 중복된다는 퍼스펙티브 효과가 특이한 것이 장점이다. 그러한 특성을 살려서 어떤 하나의 물체를 끌어내어 찍고, 다른 것은 흐릿해져서 생략한다든가, 중복된 형에서 혼합한 상태를 표현한다든가, 패턴 효과를 노린다는 것이다.

　망원 렌즈는 길어지는 만큼 무거워지기 때문에 손에서 흔들림에 주의하지 않으면 안된다. 당황하면 1 / 125초에서도 흔들려 버리므로 핀트는 될 수 있는 한 조이도록 해서 정확하게 맞추어 두는 것이 좋다. 이 두 가지를 잊어서는 안된다. 그 다음은 화면 구성과 셔터 찬스이다

300밀리, 조리개 F11, 1/500초, SSS

AI 니콜 300mm F 4.5 s

51. 초망원 렌즈

광각 렌즈의 20밀리, 18밀리를 초광각 렌즈라고 부르는 것처럼
망원 렌즈에서도 더 긴 300밀리, 400밀리, 500밀리(600밀리), 800밀
리, 1000밀리라고 하는 렌즈군을 초망원 렌즈라고 한다. 이들은 보다
먼 것을 끌어들여서 찍는 기능을 가지고 있기 때문에 새, 동물 등의
생태 사진이나 스포츠 등의 촬영에서 위력을 느낄 수 있다. 그러나
300밀리 이상이 되면 중량이 있어서 핀트 맞추기가 어려워진다. 손으
로 들고 찍는 경우에는 300밀리~400밀리 렌즈가 한계이다. 핀트도
폭이 좁아져 오기 때문에 상당한 숙달이 요구된다.

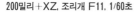
200밀리, 조리개 F11, 1/250초, 트라이 X

200밀리＋XZ, 조리개 F11, 1/60초

(X2)
켄코텔레프라스

52. 리어 콘베이터(콘베이션 렌즈)

너무 긴 렌즈는 사용하고 싶지 않다든지 혹은 좀 초망원의 느낌에서 찍어 보고 싶다 하는 사람을 위해 리어 콘베이터라고 하는 보조 렌즈가 있는 것이다.

이것은 렌즈와 카메라 몸통에 부착되어 있는 렌즈로, 200밀리 렌즈이면 ×2해서 2배인 400밀리, 100밀리라면 200밀리와 2배가 되는 것, ×3해서 3배로 되는 것이 있다. 렌즈 한 개일 때의 샤프함과 비교하면 묘사력에 있어서는 약하지만 작고 가볍기 때문에 만일의 경우를 위해서는 대단히 편리한 것이다. 다만 ×2를 부착하면 노출은 2배, ×3에서는 3배를 플러스 하지 않으면 안된다.

코무라줌 715로 촬영   75밀리

(105밀리)

코무라논 715 II   (150밀리)

53. 줌 렌즈

줌 렌즈는 렌즈 구성의 일부를 이동시켜서 촛점 거리를 변화시키는 렌즈이다. 때문에 렌즈 하나로 3∼4개의 렌즈 역할을 한다. 예전의 줌 렌즈는 편리하지만, 성능이 좋지 않았는데, 오늘날에는 그 질이 매우 향상되어서 35밀리 교환 렌즈 중에서 가장 인기가 있다.

줌 렌즈는 43밀리∼86밀리라든지, 75밀리∼150밀리, 50밀리∼300 밀리, 85밀리∼250밀리, 그리고 200밀리∼600밀리라고 하는 초망 원 줌까지 여러 종류가 있다. 메이커에 따라서 여러 가지 형이 있다.

긴 촛점 렌즈, 망원 렌즈로 갖추고 싶지만 3∼4개를 다 가질 수는 없다. 그럴 때에는 줌 렌즈 하나만 있으면 그들의 역할을 소화해 낼

102

〈빌링의 빛을 흘린다〉 조리개
F11. 5초 사이에 주밍 노광, 트라이 X

줌 렌즈의 구성

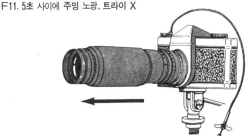

45mm–125mm. F4/Smc 펜탁스 줌
화각 50.5°~20°
최단 촬영거리 1.5m
무게 612 g

수 있게 된다. 또 일정의 위치에서 렌즈를 바꾸어, 어디를 어떻게 자를 것인가, 자유로운 프레임이 가능하다. 특히 스포츠 촬영 같은 것은 하나하나 렌즈를 바꾸는 동안 순간의 찬스를 놓쳐 버리는 경우가 많다. 바로 이럴 때 줌 렌즈가 큰 힘이 된다. 다만, 줌 렌즈는 렌즈 하나로써 비교하면 중량이다.

　줌 렌즈의 또 하나의 장점으로는 주밍 효과로 찍을 수 있다는 것이다. 이것은 노광(露光) 사이의 주밍이라고 해서 노광 중에 촛점을 이동시키는 특수 효과이다. 주밍에 의해서 만들어진 빛의 흔들림이 만들어낸 형태는 주밍의 방법, 노광 시간 등에 의해서 여러 가지 묘사가 이루어진다.

교환렌즈의 각각의 묘사 성질을 실제의 촬영에서 어떻게 사용해가는가, 테마에 따른 T·P·O가 있다.

사진 ① 24밀리　　　사진 ② 100밀리

54. 언제, 어디서, 어떤 렌즈를 사용할 것인가?

위 2장의 사진은 같은 장소를 찍은 것이다. 사진 ①은 광각 렌즈를 사용했고, ②는 긴 촛점 렌즈를 사용해서 찍었다. 한 눈에 보아도 인상이 다르다는 것을 알 수 있다. 아이들이 물놀이를 하고 있는 풍경은 같더라도 ①에서는 주위의 상황이 넓게 찍혀 있어서 아이들의 움직임만 있는 사진이 아니다. ②는 주로 아이들의 움직임에 포인트를 두고 있다. 즉, 그 장소에서 무엇을 겨냥하는가에 의해 렌즈는 선택되어지는 것이다.

이 사진은 앞 페이지와 같은 장소에서 찍은 것이다. ①, ②의 사진과는 거꾸로 반대쪽에서 찍고 있지만, 광각 렌즈의 넓은 화각과 피사계 심도의 샤프함을 이용해서 전경, 중경, 후경이라는 밸런스를 정해서 그 장소를 설명적으로 찍고 있다.

24밀리 →

마음껏 가까이 본다. 광각 렌즈는 가까운 만큼 그것이 강조 되어진다. 초광각 렌즈가 되면 극단으로 주변이 구부러지기도 한다. 그런 묘사의 성질을 이용해서 느낀 것을 보고 앞면에 강하게 나타낸다고 하는 목적으로 한다.

위의 2장의 사진은 광각 렌즈 24밀리를 사용하고 있다. 왼쪽의 사진은 최대한 가깝게 타이어와 소년을 강조하고 있다. 오른쪽 사진은 인물을 작게 넣고 있다. 어느 정도의 크기로 인물 등을 찍는가도 그 장소에서의 의도에 따라서 다른 것이다.

오른쪽 사진은 표준 렌즈로 찍고 있다. 50 센치까지 가깝게 할 수 있는 것과 온화한 자연 묘사가 있기 때문에 약간 망원 렌즈로 찍는 법이 가능하다. 표준 렌즈도 꽤 폭 넓은 사용 방법이 된다.

106

찍는 상대를 의식하지 않고, 너무 의식되지 않게 자연스런 분위기를 찍으려면 긴 촛점 렌즈에서 망원 렌즈로 된다. 어쨌든 망원 렌즈는 거기에 가지 않고도 멀리에서 찍을 수 있다고 생각하는 경향이 있지만, 그것으로 렌즈는 활용되지 않는다. 망원 렌즈도 어디에서 찍는가에 따라 박력이 크게 달라지는 것이다.

100밀리　↑

• **주제만을 찍는다**
망원 렌즈는 피사계 심도가 상당히 낮아진다. 그것을 이용해서 배경을 생략해 주제만을 찍는다.

←
135밀리

←
200밀리

• **부분을 확대한다**
망원 렌즈로 보다 가깝게 또는 초망원 렌즈로 어떤 부분을 끊어서 찍는 방법이 있다.

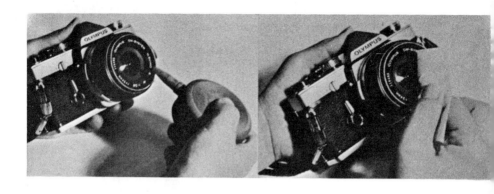

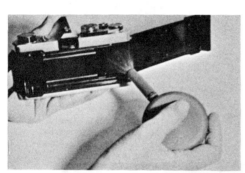

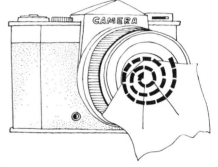

렌즈의 주변으로부터 원을 그리듯이 중심을 향하여
천천히 조심스럽게 닦는다.

55. 카메라의 손질과 보관

카메라는 정밀 기계이다. 세밀하기 때문에 의외로 약한 곳이 있
다. 카메라의 가장 큰 적은 먼지와 습기이다. 사용하고 있을 때에는
상처가 나지 않도록 또는 떨어뜨리거나 부딪히지 않도록 주의하지만
사용하지 않을 때의 보관 주의나 찍은 후 카메라 렌즈의 손질을 게을
리 하는 경우가 많다.

카메라에 손이 닿으면 우선 주의하지 않으면 안되는 것이 렌즈이
다. 렌즈의 표면은 상당히 델리케이트(delicate)하기 때문에 대수롭지
않은 것에서도 상처가 난다. 렌즈에 먼지가 끼여 있다고 해서 혹혹
입김을 불어서 손수건 등으로 문지른다든지 해서는 안된다. 브로아
브러쉬로 먼지를 날려 보내고, 실리콘크로스 따위로 문질러야 한다.

108

카메라 손질하는 도구

↑ 브로아 브러쉬

↑ 렌즈를 깨끗이 하는 액
↓ 필름의 먼지를 제거하는 액

↑ 렌즈 크리닝 페이퍼

필름의 보존은 아래와 같이 비닐 봉지에 싸서 냉장고에 넣어둔다.

비닐 봉지

네가(음화지) 등의
곰팡이를 방지하는 건조제 →

그렇지 않으면 미세한 찰상이 생겨서 렌즈가 못쓰게 되어 버린다. 또 사용 후 먼지를 그대로 방치해 두면 습기와 함께 곰팡이를 만드는 원인이 된다. 이 렌즈의 곰팡이는 제거할 수가 없다.

카메라 각 부분의 먼지나 손기름, 지문 등에도 세심한 주의가 필요하다. 이것들은 녹을 만드는 원인이 된다. 그리고 습기가 더해져서 내부의 여러 가지 기구를 고장나게 한다. 그러므로 오랫동안 사용하지 않을 때, 장마철 습기가 많을 때, 한 여름의 더위 때 등에는 특히 주의를 해야 한다. 실제로 찍지 않더라도 가끔 꺼내어서 셔터를 눌러 공기에 접촉시켜주는 것이 좋다.

요즈음의 카메라처럼 자동화로 발달된 카메라의 기구는 대수롭지 않은 고장으로 완전히 망가져 버리기 때문에 카메라의 취급, 손질에 신중을 기해야 한다.

56. 촬영 스타일

일안 레프렉스 카메라에
망원 렌즈를 끼워, 대롱대롱
어깨에 매달고,
듀랄루민(duralumin)의
반짝반짝 빛나는 백을
어깨에 매달고 나는
카메라맨이다, 포토 그룹이디
하고 좀 의기있게 걷고 있는
사람을 자주 발견할 수 있다.

너무나 모양에 구애되어
있으면 진짜 사진을 찍지
못한다.

타인의 모습을 찰깍 하고
찍고 나서 자신의 것으로
해버리기 때문에
그것만으로도 큰 실례인
것이다. 찍는 방법은 가장
겸허하게 하지 않으면
안된다.

'찍게 해 주세요' 라든가
'감사합니다'라고 인사하고
찍자. 그리고 상대방을 알고
있으면 확대해서 사진을
주도록 하자.

멋적어 하지 말고
당당하게 하지만 너무

더운 곳을 오래 걸을
때에는 모자를 쓴다.

어깨에 카메라를 맬 때는
렌즈를 안쪽으로 해두고
불의의 위험에 대비한다.

필름이나 액세서리 등을
넣을 수 있는 호주머니가
달린 점퍼나 코트가 좋다.

백은 무조건 크다고 좋은
것은 아니다.

필름은 조금 많이
준비한다.

교환 렌즈는 망원렌즈와
광각렌즈의 2개 정도를
준비한다.

실리콘 크로스

카메라를 백에 넣을
때에는 케이스에 넣도록.

무릎을 꿇기도 하기
때문에 약간 더러워져도
괜찮은 바지를 입는다.

많이 걸을 때에는 가볍고
튼튼한 구두가 좋다.

불쑥불쑥 서슴치 않고
행동하지 말고, 찍는 장소,
찍는 물체에 TPO를
생각해서 마음으로,
가슴으로, 셔터를 누르자.
필름 통이나 쌌던 종이,
플라스틱 케이스
따위를 그 주변에
버리거나 해서는 안된다.

110

제II편 촬영편

카레라와 렌즈 그리고 필름 등의 성질
을 이해했으면 일단은 밖으로 나가서
찍어 보자. 머리 속으로는 알고 있어도
실제로 찍기 시작하면 생각처럼 되지
않는 것이다. 우선 감(感)을 몸에 익힐것.
카메라나 렌즈에 익숙하고, 찍는
것에 익숙하지 않으면 안된다. 그러면
무엇을 찍으면 좋을까. 그 테마는 각자가
발견해야 한다. 자신이 좋아하는 대상,
'이러한 곳을 찍어보고 싶다'고 하는
흥미있는 것에 눈을 돌려 보자. 그것을
위한 핀트, 매듭 방법을 서술해 본다.
흑백이나 칼라도 찍는 것에 있어서는
똑같다.

Ⅱ-1 화면 구성

3장의 사진은 같은 장소에서 같은 곳을 촬영한 것이다.
①의 사진은 하늘을 화면에 많이 넣어서 찍고
②의 사진은 땅과 하늘의 배분을 반반씩 찍고
③의 사진은 땅의 부분을 많이 넣고 있다.
시각적으로 큰 변화가 있는 것이 판단된다. 무엇을 포인트로
그리고 어디서 느낀 인상의 강함을 중심으로 어떤 배분으로
하는가를 생각한다.

①

②

③

공통 데이타 35밀리, 조리개 F11, 1/250초, SSS

57. 화면 구성 하나에서 사진의 인상은 변한다

구도라는 말이 자주 사용된다. 즉, 화면 구성의 방법이다. 어떤 풍경
을 보고 감동해서 카메라를 준비했다. 인간의 시각으로는 그 장소의
공기까지 포함해서 느낀다. 그 넓은 풍경의 일부를 사각 테두리로
잘라내어서 평면 위에 화상을 정착시키는 것이 사진이다. 그래서
본 느낌을 보다 강하게 나타내려고 할 때 구도를 어떻게 할 것인가
하는 것이 생각되어지게 된다.

어쩐지 자신의 사진은 정리되지 않아서 서툴다라고 생각하고 있는
사람의 대부분은 대체로 프레임(테두리, 틀)의 정리 방법이 서툴기
때문이다. 사진의 인상은 아주 작은 하찮은 것에서 퍼뜩 좋게 보이게
되는 것이다. 우선 어디를 어떻게 해서 사각의 테두리에 잘라 넣을

135밀리, 조리개 F11, 1/125초,
SS

⇐
50밀리, 조리개 F11, 1/125초,
SS

어디에서 어디까지를 화면에 넣을까, 어디를
잘라 버릴까, 이것은 촬영 거리나 렌즈에 의해
선택된다. 프레임에서의 자르는 것 하나에서
인상은 크게 변화한다.

135밀리, 조리개 F11, 1/125초,
SS

것인가(이것을 프레밍이라 하고 확대할 때 불필요한 부분을 제거하는
것을 트리밍이라고 한다)를 결정한다. 그것은 몇 밀리의 렌즈로 어디
부터 어떠한 식으로 할 것인가를 생각하지 않으면 안된다. 그리고
카메라를 세워서 찍을 것인가, 옆으로 찍을 것인가, 찍는 거리·위치·
각도는 어떻게 할 것인가, 앞 배경과 뒷 배경은 어떻게 다룰 것인가
라고 하는 것이 팍하고 번뜩이는지 그렇지 않은지에서 사진의 화면
구성이 결정지어질 것이다.

특히 풍경 사진에 있어서, 이 화면 구성은 대단한 포인트이다. 그러
나 너무나 신경질적으로 구도에만 마음을 쓰면 간단한 화면 만들기를
어떻게 잘 처리했는가 하는 것만으로 끝나버리는 수가 있다. 그렇기
때문에 기본으로서 화면 구성을 염두에 두면 그 뒤는 감각을 점점
중요시해서 찍게 되는 것이다.

114

뉴어서 찍은 위치의 프레임으로 찍지 않으면 화면에 들어가지 않는 경우와 세워 찍는 위치에서 찍지 않으면 화면에 들어가지 않는 경우 각각의 경우가 있을 것이다. 그러나 단지 찍는 것만이 아니고, 옆으로 긴 화면, 위 아래로 긴 화면에서 받는 시각적인 인상을 찍을 때 그것만으로는 결정되지 않는 감각적인 것에 좌우된다. 어느 쪽이 좋을까의 결정은 찍는 사람 각자에 따라 다른 것이다.

58. 가로로 찍을 것인가, 세로로 찍을 것인가?

35밀리 네가 화면은 장방형이다. 필름은 좌에서 우로, 즉 옆으로 길게 화면이 펼쳐진다. 보통 인간의 눈이 사물을 보고 있는 세계는 옆으로 퍼져 있다. 그리고 카메라는 가로 위치로 자세를 취하는 것이 자연스럽다.

그러나 인간의 전신을 찍으려고 한다든가, 높은 나무를 찍는다든가, 쭉 전방으로 넓은 풍경을 찍는다든지 할 때에는 틀을 세로로 해서 찍을 것이다. 같은 피사체를 세워서 옆으로 찍어 보면 알겠지만 가로 위치의 화면은 좌우로 넓어짐을 지니고 있고, 세로 위치에서는 상하로 퍼져 있기 때문에 세로의 화면은 주관적인 느낌을 강하게 준다.

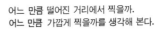
어느 만큼 떨어진 거리에서 찍을까.
어느 만큼 가깝게 찍을까를 생각해 본다.

50밀리, 조리개 F8, 1/250초,
트라이 X

50밀리, 조리개 F8, 1/250초, 트라이 X

59. 어느 거리에서부터 어떤 각도로 찍는가
──촬영 거리, 촬영 각도를 어떻게 할 것인가──

하나의 렌즈로 어떤 물체를 찍으려고 할 때 거기에는 무한(無限)
이라고 말할 수 있는 테두리가 있다. 만약, 피사체가 사람이라면 전신
을 찍을 것인가, 상반신을 찍을 것인가, 얼굴을 클로우즈업 시킬 것인
가, 그리고 카메라는 자신의 눈의 위치에서 어떻게 잡을 것인가, 허리
를 구부려 밑에서 올려다 보고 찍을 것인가, 아니면 위에서 아래를
내려다 보고 찍을 것인가를 생각해서 이것이다 라는 것을 결정하게
된다.
어쩐지 평범한 화면에서는 효과가 없다고 생각되면 우선 여러 가지
로 움직여 본다. 그래도 화면의 형태만 마음에 두고 있으면 자신이

116

아래를 내려다 보는 것 같은 앵글로 찍는다.-하이 앵글
**24밀리, 조리개 F8, 1/125초,
트라이 X**

24밀리, 조리개 F8, 1/60초, 트라이 SSS
아래에서 위로 보는 것 같은 앵글로 찍는다.-로우 앵글

찍으려고 하는 것이 도대체 무엇인지, 왜 거기에서 셔터를 누르는
것인지가 선명하지 않게 되어 단순히 진기함을 자랑하는 것에 지나지
않게 되어 버린다.

카메라 거리, 각도를 어디에 둘 것인가 라고 하는 것을 화면에 변화
를 준다는 것만 생각하지 말고,찍고자 하는 것이 가지고 있는 최량의
것 또는 자신의 표적이 어디에서 잘려질 것인가를 결정해야 되는
것이다.

또 거리나 각도가 변하면 배경의 상태도 크게 변화하기 때문에
화면의 인상도 변한다. 더구나 렌즈를 바꾸면 같은 거리나 각도라도
묘사는 싹 변해 버린다. 스냅 촬영에서는 이러한 사항들이 감상적으
로 일시에 결정되어져서는 안된다.

135밀리, 조리개 F8, 1/250초,
SSS

24밀리, 조리개 F16, 15초,
트라이 X

24밀리, 조리개 F11, 1/1500초,
SS

24밀리, F 16, 15초, 트라이X

60. 카메라의 위치를 높게 할 것인가, 낮게 할 것인가?

──카메라 포지션(촬영 위치)을 어디에 둘 것인가?──

사진은 인간의 눈이 평소 접하고 있는 위치에서 찍히는 것이 극히 흔한 모습으로써 자연적인 순수함이 있어 친밀감이 있다.

그러나 그 장소의 상황을 받아들여서 보다 강조하려고 하면, 언제나 여느 때의 시야에서 있을 수 만은 없다. 높은 빌딩의 옥상에서부터 찍을 수도 있고 개미가 기는 지면부터 찍을 수도 있을 것이다. 보통 낯익은 것도 그와 같이 찍는 위치가 변함에 따라 생각지도 않은 시각적 발견을 할 수가 있다.

어쨌든 모든 것에 의욕을 가지고 찍는다.

118

50밀리, 조리개 F4, 1/60초, SS
눈으로 보는 위치에서 스트레이트로 찍는다.
인물이 중심이기 때문에 목표한 것이 부상되어
있다.

인물을 화면의 끝에 두면 화면의 흐름을 만들
수가 있다.
28밀리, 조리개 F8, 1/125초, SS

여러 가지 것을 넣어 찍기에는
광각 렌즈 마음껏 가깝고 넓게라
는 것이 요령이다.
20밀리, 조리개 F11, 1/250초,
SSS

광각 렌즈의 특성을 이용해서
그 장소의 상황을 잡는다.
**24밀리, 조리개 F 16, 1/250초,
SSS**

200밀리, 조리개 F 11, 1/250초, SS
화면을 패턴화시켜 잡는다. 망원
렌즈에 의한 겹침 구도를 이용한
다.

**105밀리, 조리개 F 8, 1/250초,
트라이 X**
주제가 되는 것 이외의 흔들림 상태를
생각해서 찍는 것도 장촛점 렌즈의
포인트

120

24밀리, 조리개 F11, 1/250초, 트라이 X

II-2 목적별 사진

61. 스냅 사진

사진에서는 자주 '스냅'이라는 말이 사용된다. 이것은 '스냅 셔터'
의 줄임으로 '빠르게 찍는 사진'이라는 의미이다. 때문에 스냅 사진은
사진의 기능 그 자체라고 해도 좋다. 사진의 훌륭함은 눈으로 봐서
느끼고 있는 움직임의 어느 순간을 정지시켜 기록하는 것이다.

언제 셔터를 누를 것인가.

결정적인 순간은 찍을 때 선택돼야 한다. 다만 기다리고 있어도
붙잡아지지 않는다.

'아무래도 찬스가 나빠서 잘 찍히지 않아' 등 이런 식으로 곧잘
믿어버리는 경향이 있지만 그렇지는 않다. 눈으로 보고 움직이는

50밀리, F8, 1/125, SS
스냅은 순간의 승부이다. 2장, 3장을 생각
하지 말고 직감의 1장을 중요시한다. 그러
나 필름을 아까워해서는 안된다. 이것이라
고 생각했을 때는 찰칵찰칵 찍는 것도 생각
해 보자.

24밀리, 조리개 F11, 1/250초, 트라이 X

사이에 무언가를 느끼는 것이기 때문에, 이것이다라고 하는 순간이
있을 것이다. 그때 셔터을 누르면 된다. 좋다고 생각해서 찍은 것이
불만족스러운 것은 어떻게 된 것인가. 이것은 카메라의 취급 방법이
서투른 때문이다. AE카메라라면 노출 염려는 없다. 어떤 렌즈를 장치
해서, 그 렌즈의 묘사에는 어떤 특징이 있는가를 이해하고 있다면
핀트뿐이다. TTL·EE식의 카메라라면 노출 바늘은 찍기 전에 주위의
밝기에 따라서 맞추어 둔다. 찍을 때 바늘이 조금 플러스, 마이너스로
움직여도 상관없다. 흑백 필름이라면 조리개 1 정도의 움직임은 괜찮
다. 네가 칼라에서도 대체로 안심이다.
　보통의 스냅 촬영에서는 광각 렌즈가 적당하다고 흔히 말한다.

135밀리, 조리개 5.6, 1/125초, SSS

그것은 대상에 접근해서 자유롭게 움직이는 것을 따라갈 때 피사계
의 심도가 깊기 때문에 조금 핀트가 흔들려도 샤프하게 찍힌다는
이유 때문이다.

하나하나 핀트를 맞추고 있다 보면 좋다고 생각되는 찬스를 놓쳐
버리는 경우가 많다. 그래서 스냅 촬영의 요령이 있는 것이다. 눈대중
촬영, 고정 촛점 촬영이다. 즉, 피사체와 카메라의 거리가 어느 정도인
가, 3미터라면 3미터를 눈대중으로 거리를 사전에 셔터해 두고, 찍을
때에는 움직이는 모습에 신경을 쓰는 것이다. 28밀리 렌즈에서 조리
개가 F8 정도라면 3미터에 핀트를 맞추면 앞뒤가 대체로 핀트가 맞는
다. 핀트가 맞는 거리를 눈대중으로 찾거나 혹은, 거리를 결정해서 그
거리에 접근해 간다. 어쨌든 핀트를 그때마다 맞추지 않고 찍는 것이

20밀리, 조리개 F11, 1/250초, 트라이 X

다.

그리고 파인더도 제거하지 않은 그대로의 카메라로 감으로 찍는 '노 파인더 테크닉', 감추고 찍는 촬영을 생각할 수 있다. 이 방법은 자칫하면 훔쳐 보는 것 같은 꼴이 되지만 가슴이나 겨드랑이에 카메라를 놓고 핀트도 플레임도 모두 감으로 찍는 방법이다. 긴 촛점 렌즈, 망원 렌즈에 의한 촬영에서는 광각 렌즈와는 반대로 피사계 심도가 낮고, 렌즈가 길고 무겁기 때문에 움직임이 빠른 피사체를 최대의 찬스로 찍으려면 상당한 익숙함과 감이 필요하다. 뿐만 아니라 광각 렌즈와는 달라서 우선 확실하게 핀트를 맞추는 것을 생각하지 않으면 안된다. 그리고 될 수 있는 한 빨리 핀트를 맞추지 않으면 안된다. 그것에는 렌즈의 거리 환경을 어느 쪽으로 해야 핀트가 가깝게 가는

24밀리, 조리개 F11, 1/500초, 트라이 X

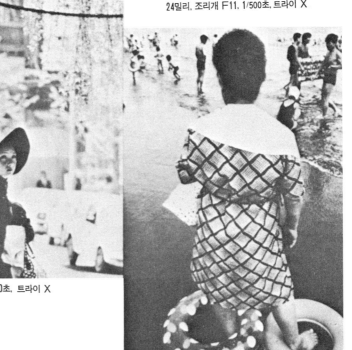

300밀리, F, 1/250초, 트라이 X

가, 멀리 가는가를 기억해 두는 것이다. 이것은 카메라에 따라 반대로
되기 때문에 자기 렌즈의 구조를 잘 알아 두지 않으면 안된다. 찍기
위한 요령을 기억하고, 언제 어디서 셔터를 누를 것인지, 스냅의 감을
몸에 익힐 필요가 있다. 보통 펜으로 문자를 쓰고 있는 것처럼, 생각
대로 소탈하게 사용하는 것 같이 카메라를 자신의 눈의 연장처럼
생각해 둔다. 이것은 익숙함으로만 달성될 수 있는 것이다. 어쨌든
많이 찍는 것, 여러 가지 움직임에 대해 카메라를 향하는 것, 그것을
자꾸만 반복하는 것이다.

  우선, 자기 생활의 주변을 찍자. 가까운 사람, 친구, 아이, 가족,
그리고 기르고 있는 개나 고양이라도, 주위의 모든 표정을 찍어 본
다. 연습도 되고, 감동적인 앨범을 만들게 될 것이다.

100밀리, 조리개 F4, 1/ 60초, SSS

24밀리, 조리개 F11, 1/500초, 트라이 X

135밀리, 조리개 F8, 1/125초, SSS

62. 인물 사진

　인물 사진이라고 해도 특히 이것이 이렇다라는 틀이 있는 것은
아니다. 인간을 주로 찍은 사진은 물론, 인간의 움직임이나 표정을
포인트로 한 사진이면 인물 사진이라고 말할 수 있다. 그것들은 스냅
촬영의 기본으로 되어 있다. 어떤 사람에게 촛점을 맞추고 찍으려고
할 때 우선 생각해야 하는 것이 그 사람을 잘 이해하는 것이다. 그
사람이 어떤 사람인가, 혹은 자신과의 관계는 어떠한가 등을 잘 생각
해서 찍기 전에 미리 거리감을 없애두는 것이다. 그러한 준비 단계가
끝나면 언제, 어디서, 어떻게 찍을 것인가. 그 인물이 가장 잘 나타나
는 장소나 시간 설정을 생각한다. 거기까지 했으면 그 다음은 감각적

인 셔터 찬스이다. 찍을 상대가 결정되어져 있기 때문에 어쨌든 차분하게 관찰하면서 여러 가지 각도에서 찍어간다.

얼굴을 중심으로, 그 표정으로 그 사람다움을 찍을 때에는 명암에 주의한다. 그 장소의 빛의 상태를 살려서 찍을 것인지 아니면 스트로보(strobo ; 방전관) 등의 인공광을 사용해서 찍을 것인지 그 사람을 보다 리얼하게 부각시키는 빛을 발견해야 하는 것이다. 물론 핀트는 샤프하게, 카메라의 흔들림은 엄금 금물이다. 얼굴 중심으로 찍을 것인지, 배경을 넣을 것인지, 장소나 포즈를 정할 것인지, 또는 자유로이 움직이고 있는 가운데 스냅 촬영을 해 나갈 것인지, 화면 구성 작업, 렌즈를 다루는 일 등 모두가 응용되어져야 한다.

photo 작품

63. 여성 포토레이트

- **생생한 표정을 노린다**

여성뿐만 아니라 인물 사진의 포인트는 살아있는 표정을 찍는 것이다. 딱딱한 자세를 취한 채 사진을 찍는 사람, 당신은 찍히는 사람이라는 그것만의 관계로는 살아 있는 인간의 표정을 찍을 수 없게 된다. 카메라맨과 모델이라고 하는 관계에 있어서도 역시 사람과 사람의 접촉이 중요해진다. 우선, 찍는다는 것에 너무 힘들이거나 어색해하지 말고, 이야기 하면서, 상대가 카메라를 의식하지 않게 자유롭게 움직이도록 분위기를 만드는 것이 중요하다. 그리고 점점 셔터를 누를 것, 움직여서 찍는 것이다.

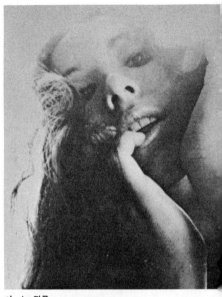

photo 작품

- **명암이 이미지를 결정한다**

명암이라고 하면 실내에서 인공광(光)을 사용하는 것을 생각하지만, 밖에서도 중요한 포인트이다. 실외에서의 광원(光源)은 태양이기 때문에, 인공광처럼 자유롭게 빛을 조작할 수는 없다. 때문에 시간, 기후 상태에 의한 변화, 한낮의 싱크로와 같이 인공광을 보조광으로 해서 플러스한 것처럼 빛을 선택하지 않으면 안된다. 쨍하는 강한 빛, 바로 위의 빛은 알맞지 않다

photo 작품

130

photo 작품

하이 앵글

수평 앵글

로우 앵글

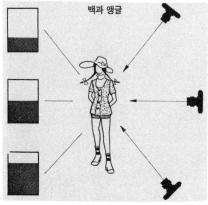

백과 앵글

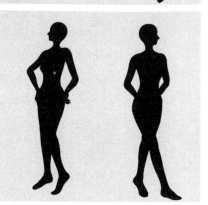

• 포즈, 화면 구성을 생각한다

전신 촬영에서는 포즈가 중요하다. 단지 우뚝 서 있는 것은 밸런스가 좋지 않다. 어떤 의도에서 어떠한 느낌을 표현하는가에 따라서, 그것이 결정되어진다. 능숙한 모델이라면 자신의 개성이 가장 잘 나타나는 표정이나 포즈를 알고 있고, 카메라맨의 주문에도 즉시 부응할 수 있기 때문에 자연스럽지만 보통 여성이 모델이 된 경우는 그렇게 간단하지가 않다. 여성 사진을 주로 찍고 싶다고 생각하는 사람은, 형상으로서의 포즈만이 아니고, 여성의 미묘한 감정 까지도 파악할 수 있는 감각을 지녀야 한다.

• 손의 움직임을 첨가한다

인물 촬영에서는 눈을 중심으로 한
표정의 움직임을 나타내는 감정 표현이
포인트이지만, 얼굴 뿐만 아니라 손에
도 표정이 있다. 화면이 손의 포즈를
생각해서 넣음에 따라, 보다 완성되어
가는 것이다. 너무 오버하면 중요한
표정을 잊을 수도 있다.

• 소도구를 이용한다

여성 포토레이트에서는 무드를 이루
는 것에 꽃이나 모자를 사용한다. 여성
뿐만 아니라, 남성 포토레이트일 경우
담배나 그 사람의 일 따위에 사용하는
도구를 넣어서, 그 사람다움, 개성,
향기를 강조하는 겨냥 방법을 생각해
볼 수도 있다.

24밀리, 조리개 F11, 1/250초

64. 풍경 사진의 포인트

가장 많이 찍히는 것이 풍경이 아닐까. 관광지 등 어디를 가나 카메라를 안 가지고 다니는 여행자는 거의 없다고 해도 좋을 정도다. 하지만, 이 풍경 사진은 아름다운 곳이다, 훌륭한 곳이다, 책에 나왔던 곳이다 라는 그것만으로 감격해서는 좋은 사진을 찍을 수가 없다. 한 번 보고서 훌륭한 경치라고 생각해서 셔터를 눌러도 거기에 가서 보고 있었을 때의 감정이나 공기, 풍토의 향기 등이 완성된 사진에서까지 그대로 느껴지기는 상당히 어렵다는 것이다. 거기에 갔다고 하는 메모로서의 사진이라면 괜찮을지도 모르지만, 보다 뛰어난 사진을 찍으려면 잘 생각해서 풍경에 접해야만 한다.

〈2편〉 촬영편 133

화창해서 빛이 강할 때는 그다지 느낌이 없던 풍경도 흐린 날이나 비오는 날이 되면 정서적인 분위기가 되어 좋은 느낌이 든다. 온화한 느낌, 찬 느낌, 그것들은 모두 빛이 결정해 주는 것이다.

20밀리, 조리개 F8, 1/125초, 트라이 X

105밀리, 조리개 F8, 1/60초, 트라이 X

시간의 변화, 기후의 변화에 주의를 기울여 보자

우선 풍경은 움직이고 있는 것이다고 하는 사실을 머리 속에 넣어 둔다. 산도, 집도, 나무도 달리거나 하지는 않는다. 그러나 일출에서 일몰까지 빛이 있는 동안 하나의 풍경은 계속 같은 느낌으로 존재하는 것은 아니다. 즉, 언제 어떠한 빛으로 찍을 것인지, 시간을 선택하는 셔터 찬스가 필요한 것이다. 아침과 저녁은 비스듬한 빛으로서, 그림자가 생기는 것에서 입체감이 생기고 같은 비스듬한 빛이라도 아침 공기와 저녁 공기는 인상이 크게 다르다. 한낮의 태양은, 위에서 전면에 내리 쬐는 강한 빛이기 때문에 맑게 개어 있다는 것만으로 들떠 있으면, 배경이 평면적인 사진이 되어 버린다. 게다가 비, 눈, 구름이라는 기후의 변화를 보는 것이 중요하다. 비오는 날이나

134

24밀리, 조리개 F11, 1/125초, SSS

200밀리, 조리개 F8, 1/250초, SS

잔뜩 찌뿌린 흐린날은 어쨌든 산뜻하지는 않지만 사진에 욕심이 있으면 그때야말로 승부이다. 훌쩍 나와 빗 속을 걷고, 비가 뚝 그쳐 무거운 구름이 걷힌 순간부터 빛이 싹 비치기 시작하는 때 등의 훌륭한 시간이 있다면, 그것은 벌써 최고의 찬스를 맞는 것이다. 이슬비로 어렴풋이 흐린 풍경, 완전히 흐린 날의 풍경, 여러 가지 모습으로 내리는 눈오는 날의 풍경, 그러한 다양한 자연 조건에 의한 인상의 변화를 발견하는 것이다.

계절의 변화를 생각하자

그리고 사계. 춘하추동의 변화 가운데서 계절감을 어떻게 집어넣을 것인가. 이것은 우리나라 풍토에서는 가장 중요한 포인트가 된다. 시간, 기후, 계절 3가지 요소를 항상 잘 염두해 두어야 한다.

〈2편〉 촬영편 135

24밀리, 조리개 F5.6, 1/60초, 트라이 X

화면 구성, 그리고 빛의 방향을 생각하자

다음으로, 실제 촬영에 있어서의 포인트이다. 우선, 사각 테두리에서 어디를 어떻게 잘라 낼 것인지, 후레밍, 구도, 어떤 렌즈를 사용할 것인가를 결정해야만 된다.

이때, 광선 상태가 어떠한지, 즉 태양이라는 빛의 라이팅을 생각해보는 것도 중요하다. 카메라 쪽에서 비치고 있는 직사광,비스듬히 비추는 사광(斜光), 카메라의 반대쪽에서 빛이 오는 역광(逆光), 그리고 약간 흐리다면 반사광같은 확산광(擴散光)이다. 어떤 광선을 선택해서 찍을 것인지 또 빛과 그림자를 어떻게 조화시킬 것인지를 화면 구성과 동시에 결정하지 않으면 안된다.

자연 가운데의 모습을 패턴적으로 잡는 방법,
이것은 만드는 것이 아니라 자연의 아름다움에
서 얻어진다. 이 경우도 어디에서 어떻게 자를까
라는 화면 구성을 생각한다. 쓸데없는 것을 생략
하고 포인트를 잡는 것이 풍경 사진의 요령이
다.

200밀리, 조리개 F8, 1/125초,

135밀리, 조리개 F11, 1/250초

아무렇지 않은 생활의 모습을 산뜻하게 찍는 것. 거기에는 의식
된 다이나믹함이 없어도 조금씩 향기가 전해지는 것이다.

105밀리, 조리개 F8, 1/125초

도시 속의 풍경에서 이미지를
잡을 수 있다.

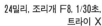

**24밀리, 조리개 F8, 1/30초,
트라이 X**

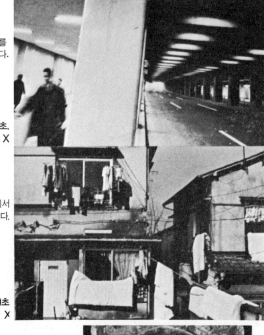

자연스러운 일상의 풍경 속에서
분위기를 느낀다.

**50밀리, 조리개 F11, 1/500초
트라이 X**

정물을 찍을 때의 중요한 포인트는 정밀 묘사, 질감 묘사이
다. 스냅 촬영과 달라서 피사체는 움직이지 않기 때문에
핀트, 조리개를 우선적으로 생각한다. 즉 충분히 조리개를
조이는 것이다. 당연히 셔터 스피드는 슬로우이기 때문에
손으로의 촬영에서는 주의할 것. 될 수 있는 한 삼각을
이용해서 찍는 편이 좋다. 다음으로 라이팅, 질감 묘사를
생각한다. 입체감이 나는 광선 상태→ 비스듬한 광선을 택
할 것.

50밀리, 조리개 F11, 1/60초

photo 작품

직진해 가는 움직임과 카메라에 평행한 움직임, 기울은 움직임이 있지만 평행하지 않고 경사진 움직임은 찍기 쉽다. 스피드가 있기 때문에 차가 화면에 들어가고서 셔터를 누른다는 것은 늦은 것이다.

65. 빠른 움직임을 좇는다
──전차, 자동차, 스포츠 등을 찍는다──

SL붐으로 시작되어 기차, 전차를 찍는 사람이 늘어나서 국민학생부터 어른에 이르기까지 선로나 홈에 붙어 카메라를 장치하고 있다. 사진에 몰두하다 자칫 목숨을 잃는 사람도 있다. 비행기는 타고 있지 않으면 자신이 있는 곳으로 추락하지 않는 한 위험은 없지만 기차나 전차라면 선로에 들어갈 수도 있기 때문에 박력 있는 사진을 찍으려고 하는 등, 생생하게 찍으려고 하면 대수롭지 않은 실수로 목숨을 잃게 될지도 모른다. 어쨌든 사고 만큼은 주의해야 할 것이다.

기차나 전차는 정해져 있는 레일 위를 달리기 때문에 어디에서

찍을까를 결정해 버리면 후에는 기차나 전차가 오는 것을 기다리면 된다. 쉽다고 말하면 쉽지만 통과하는 것은 잠깐이다. 감(感)과 셔터 찬스가 맞아야 한다. 열차가 자주 달리는 곳이라면 괜찮지만, 몇 시간 만에 한 대 다니는 곳도 있기 때문에 열차 시각표를 알아놓는 것은 필수이다. 한마디로 열차 등 탈 것을 찍는다 해도 폭은 넓다. 차바퀴를 콜렉션한다, 직진해 오는 곳에서 찍는다, 전차가 달리는 풍경으로 잡는다, 또는 철도의 주변 생활을 넣는다 등 여러 가지 목표가 있을 것이지만, 모두가 찍기 때문에 찍는다는 것은 흥미없다. 대상이 무엇 이든 열중해서 찍지 않으면 곧 싫증이 난다. 사람이 사랑을 하는 것과 같다. 철저하게 빠져서 찍는 것이다. 움직이고 있는 자동차나 비행기 등을 찍는 포인트는 카메라의 사용 방법에 있다. 메카대 메카

140

photo 작품 ↓

의 승부이다. 초스피드로 달리는 자동차를 어디에서 잡을 것인가,
직진해 오는 움직임을 어떻게 찍어 나갈 것인가, 연속 촬영의 모터
드라이브나 줌 렌즈, 초망원 렌즈 등 찍는 방법도,장비도 준비해 가게
되면 벌써 본격화되어 간다. 아무래도 좋으니 열중해 본다. 그것이
타인이 보면 쓸데없다는 것으로 생각되어도 좋다. 언젠가 그것들이
결코 소용없지 않았다라고 생각될 때가 꼭 올 것이다. 바보짓이라고
생각되는 것, 소용없다고 생각되는 것을 열심히 해보는 것도 사진
숙달의 비결이라고 말할 수 있을 것이다. 요즈음에는 특히 쓸데없다
고 생각되는 것에는 아예 손도 대지 않고, 좀 알면 가볍게 버리고,
붐이 되면 좀 올라타고, 도무지 깊이 있게 파고 들지 않으려는 경향이
있다. 끈기있게 한 가지에 열중해 보도록 하자. 열중한 가운데 걸작이

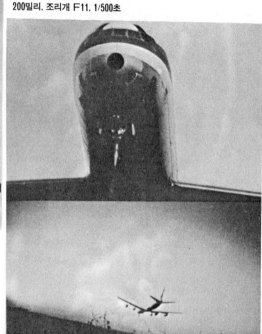

200밀리. 조리개 F11. 1/500초

밀리, 조리개 F11, 1/250초, 트라이 X

20ミリ. F11. 1/250秒

나타나는 것이다.

자동차나 기차, 비행기 등을 찍을 때는, 보통 문득 깨닫고 찰칵 셔터를 누르는 스냅 촬영과는 달리, 파인더 안의 세계가 전부이고, 사각 필름 안에 전 신경을 집중해 나가게 된다. 망원 렌즈는 육안으로 잘 볼 수 없는, 또는 보는 것이 불가능한 부분을 확대해서 보는 렌즈 이기 때문에 끌어들여서, 보이는 파인더 안에서 화면 구성을 생각하 고 셔터 찬스를 포착해 나간다. 때문에 대상이 정해져 있는 것으로 물리적으로 접근할 수 없는 경우에는 망원 렌즈의 힘이 발휘된다. 망원 렌즈로 움직임이 빠른 것을 찍을 때의 포인트는 핀트를 어떻게 재빠르게 맞출 것인가이다. 핀트가 맞지 않는 것은 모두 엉망이 되어 버리고 만다.

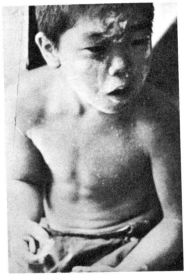

〈사진 작례 1〉

〈소년〉
소년은 언제나 알몸으로 있었다.
소년의 피부는 검고 두꺼웠다.
소년은 즐거움, 노여움, 고통스러움을
그대로 얼굴에 나타냈다.
소년은 살아있다.

66. 합성 사진으로 모아 보자

사진은 한 장으로 보는 것만이 아니고 몇 장으로 볼 수 있는 방법
이 있다. 하나의 테마를 몇 장의 사진으로 구성하는 것을 합성 사진이
라고 하고 있다.

한 장으로 감상하는 사진에는 그 나름대로 하나의 영상에서 여러
가지 사항을 상상할 수 있는 즐거움이 있지만 오늘날은 한 장의 사진
으로는 다 말할 수 없는 경우가 많다. 때문에 몇 장의 사진에서 하나
의 테마를 따라 찍는 방법이 생각된다. 장수도 자유로와서 4장이나
10장, 30장이라도 상관없다. 또 어떤 식으로 사진을 연결해 나갈 것인
가 하는 것도 완전히 자유이다. 가장 단순한 구성으로서는 소설이나
영화에 타이틀이 있고, 도입부가 있고, 이야기의 전개가 있고, 결말이

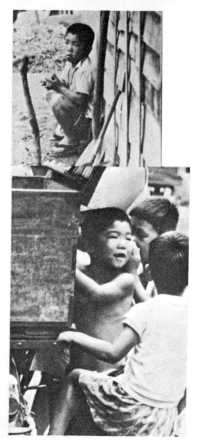

있는 것처럼, 사진에서도 기승전결에 의한 정리 방법이 있다. 하나의 행사를 따라서 처음부터 끝까지 소개한다고 할 때에 이와 같이 구성된다. 이 스토리적으로 정리 되어진 합성 사진이라는 것은 말의 변화를 그림으로 보충해 가는 것처럼 되기 때문에, 설명적으로 상당히 알기 쉽다. 그러나 전부가 이 같은 완성 방법으로, 사진 독자(獨自)의 영상으로부터 느끼는 깊이가 없어져서 싱거워져 버린다. 때문에 저절로 테두리를 만들 것 없이 자유롭게 느낀대로 한 장 한 장 접근해 가는 것이 좋다. 사진은 감성의 승부이다. 좋다든가 나쁘다든가 서로 말해서 브레이크를 걸기 보다 찍어서 자신만의 것으로 해가는 것만을 생각하자. 그래서 정리해서 다시 자신의 눈으로 선택한다. 이 선택 작업은 매우 철저해야 한다.

144

시골의 노인〈사진 작례 2〉

17세경 아버지의 일을 거들기 시작하고 나서 45년, 1986년경 까지는 톱을 만들었다. 지금은 손도끼, 가마가 중심으로 이따금 괭이 수리를 부탁받는다. 아들은 톱날을 세우는 일을 하고 있다.

뜨거운 철을 두드려 낫을 만들고 있다.
얇고 긴 철판을 석탄불에 달구고 있다.

김장철의 한나.
불지피는 작업

146

Ⅱ - 3   어떻게 사진을 찍을 것인가

67. 이럴 때는 어떻게 찍을 것인가

비나 눈을 어떻게 찍을 것인가

비오는 날은 음울해서 사진 찍을 만한 곳이 없을 지도 모른다. 그러나 자연의 드라마야말로 사진의 절호의 소재이다. 비에도 여러 가지 모습이 있다. 비 그 자체보다도 비의 효과를 이용할 수가 있다. 이슬비로 흐릿한 풍경을 겨냥해 본다든가 비가 막 갠 후의 정경이라고 하는 것은 각별한 맛이 있다. 웅덩이에 비치는 풍경도 아름답다. 밝은 하늘에 비가 온다면 보통 구조의 셔터 스피드가 잘 되므로 좀 젖더라도 비오는 날의 생활 스냅도 연습해 본다.

눈은 비와 달라서 눈 그 자체를 도입하면 효과가 나온다. 내리는 것에도 기대를 하지만 크게 흔들림 없이 눈을 찍어두면 분위기가 산다. 눈이 내리는 정경을 찍을 때는 거무스름한 배경을 선택하는 것이 좋다.

눈 경치나 스키장 등의 스냅에서는 눈의 반사가 강해서 노출계 바늘이 많이 흔들리기 때문에 눈이 쌓인 풍경을 배경으로 한 인물 촬영에서는 인물이 언더로 된다. 노출의 보정이 필요해진다.

눈, 비오는 날의 촬영 때 곤란한 것은 카메라가 젖는 것이다. 니코노스 따위의 수중 카메라를 이용하기도 하지만 보통 카메라일 때는 비닐 등으로 카메라를 싸서 찍는다.

저녁 느낌이 나는 데서는 어떻게 찍을 것인가

저녁이라면 태양이 저물어 아직 희미하게 밝아있다 라는 시각일 것이다. 태양이 기울어 사라지기까지의 시간이라는 표현이 그런대로 맞을 것이다. 이 시간에 찍고 싶은 생각이 들면 태양이 저물기 전부터 쭉 바라본다. 그리고 미묘하게 변화하는 풍경을 잘 관찰한다. 아주 새빨갛고 비스듬히 광선에 노출된 풍경을 묘사해 낼 수도 있고, 태양이 보이지 않게 되는 바로 순간을 포착할 수도 있다. 그 이후로, 아주 어두워지기까지 잠시 끈기있게 지켜보는 것이 중요하다. 석양은 시시 각각 변화해 가기 때문이다. 태양이 저문 후, 어렴풋이 밝은 상태에서 는 하루종일 태양의 빛을 보고 있는 사람의 눈에는 어두워 보일지라 도 필름은 의외로 밝게 느껴지는 경우가 있다. 그래서 이럴 때는 좀 조인 상태에서 언더의 경향으로 찍는 것이 요령이다.

태양을 화면에 넣을 때는 어떻게 찍을 것인가

낮동안의 태양을 정면으로 화면에 넣을 경우에는 화면 한가운데는 안되고, 광각 렌즈로 화면 끝에 넣을 수밖에 없다. 조리개의 모양에서 몇 개의 줄기가 되어 빛의 느낌을 찍을 수가 있는 것이다. 흐릿하게 안개가 끼거나 구름이 걸리거나 하면 좋다. 일출이 처음 보이는 순 간, 석양이 정면으로 렌즈를 향하게 한다. 노출은 지침대로 OK이지만 조금 조인 상태에서도 찍어둔다.

68. 무엇을 찍으면 좋을까

——테마의 발견——

사진의 본질은 기록이다.

'기록'이라는 것을 사전에서 보면 '후에 전할 목적으로 사고(事 故)를 적는 것'이라고 적혀 있고, '실제의 현상·상황을 기록한 영 화'를 '기록 영화, 다큐멘터리 영화'라고 말하며, '실제의 기록적 요소 가 상당히 강한 작품'을 '기록 문학, 르포르타즈'라고 말하고 있 다. 그리고 '허구를 사용하지 않고 기록에 기초해서 만든 것'을 다큐멘 터리라고 말한다.

그런데 사진에서는 다큐멘터리 포토라든가 르포르타즈 포토라고 말하고 있다. 어떻든간에 어렵게 구실을 늘어나가면 처음부터 어려워 져 버리기 때문에 어떠한 것을 어떤 식으로 찍어 나갈까 라고 하는

150

몇 가지를 서술해 보고자 한다. 우선 찍어 본다. 찍어 보지도 않고서 투덜대는 것은 소용없다. 찰칵 찰칵 찍는 것이다.

사진은 물리적인 면에서의 규칙, 예를 들면 적정 노출이라든지 렌즈가 찍는 한계라고 하는 것은 있을지언정 찍는 것이 표현 방법이나 방정식은 없다. 자신이 평소 좋아하는 방법으로 기호에 맞도록 찍고 자유롭게 사용하면 되는 것이다.

처음에 사진은 기록이라고 했지만 사진이라는 것은 찍는 사람이 그곳에 가지 않으면 안된다고 하는 당연한 점이 문학이나 그림과는 다른 점이다.

즉, 카메라를 어떤 카메라로 해야 할지, 사물이 있어 셔터를 눌렀는데 프레임에서 잘려나갔다 해도 피사체는 그대로 기록으로써 남게 되는 것이다. 그림이나 문학에서도 전달되지 않은 사실이 영화로써 정착한다. 그것이 사진의 강점이고 사진의 생명이다. 집의 어딘가에 있는 오래 된 앨범, 거기에는 몇 년 전의사진, 가장 낡은 사진이 꽂혀 있을 것이다. 다갈색으로 뿌옇게 변색되어 있는 사진도 있으리라. 그것들을 하나하나 잘 보고 있어 보자. 거기에는 두 번 다시 볼 수 없는 시대의 광경이 찍혀 있다. 그것들을 보고 무엇을 느낄 것인가. 대수롭지 않은 기념 사진 한 장을 보아도 배경이나 복장, 얼굴 등 정지된 영상의 모든 것이 사진에 나타나는 것이다. 정말로 다큐멘터리다. 무엇을 찍으면 좋을 것인가. 그 대답은 사진을 찍는 자신밖에 할 수가 없다. 이러한 테마로 이런 풍을 찍으시오. 이럴 때는 이 렌즈로 이렇게 찍으시오 라고 누가 말할 수가 없는 것이다. 즉 10명이면 10명의 얼굴 형태, 생활 환경, 사고 방식, 취미가 다르듯이 사진도 한 사람 한 사람이 모두 달라지기 때문이다. 만약 모두 형태가 있어서 그대로 찍는다면 사진에서 받는 놀라움이나 즐거움은 없어져 버릴 것이다. 어떻게 찍을까 라고 하는 것에 대해서는 제1장, 제2장의 카메라와 렌즈의 찍는 기능을 잘 이해하면 나중에는 그들의 응용에서 언제 어디에서 어떤 기능을 이용하는지 알 수 있을 것이다. 그러나 무엇을 찍을까 라는 것은 자신이 발견하지 않으면 안된다. 테마를 무엇으로 할 것인가가 사진을 결정한다고도 말할 수 있다. 찍는 소재는 생활 주변 여기 저기에 많이 있다. 생활 안에서 보거나 듣거나 생각하고 있는 것으로부터 자신이 테마를 발견해 내지 않으면 안된다. 테마라고 해도 과장해서 생각할 필요는 없다. 너무 심각해지면 찍은 사진도 딱딱해져 버리기 때문이다. 자신이 볼 수 있는 범위가 좋다. 타인의 흉내는 내지 않는다. 지금까지 공부해 온 지식 가운데서 선택하여 사진으로 찍어본다든지 하는 등 생각한 곳에서부터 시작하는 것이다. 크게 휘두르는 배트는 맞을 확률이 적은 것이다. 찍기 시작하면 걸작을 만든다든지, 작품을 만든다라고 하는 것에 구애되지 않는 것이 좋다. 이것은 걸작이다, 하고 마음 먹고서 집요하게 찍는 것보다 한숨 돌리고 갑자기 찍은 사진이 뛰어나게 신선해 보이기도 하기 때문이다. 셔터를 누르고 있기 때문에 한 장의 대수롭지 않은 사진이라도 카메라는 그것을 찍고 있는 것이다. 그것은 간단히 찍은 것이라도 찍은 사람의 눈에서 당연히 있었던 것이다. 그리고 뜻밖의 사진이 있을지도 모른다. 그러나 뜻하지 않은 곳에 발견이 있다.

사진을 찍는 것은 즐거운 일이다. 찍는다는 것만이 아니고 거기에 가서 피사체가 되는 것과 접촉한다는 사실이 있기 때문이기도 하다. 즉, 피부로 사회적 시야를 깊게 하는 것도 되는 셈이다.

사진은 카메라를 조작해서 필름을 처리하면 그것으로 되는 것이지만 찍은 사진에서 무엇을 발견하는가는 찍은 사람의 폭넓은 지식이나 교양이 나타난다. 때문에 직접 카메라와 관계없는 것에서도 점점 흡수되어 가게 되는 것이다.

가까운 곳

공통 데이타.
올림퍼스 OM-1
즈이코 35밀리
조리개 F11, 1/250초, S

69. 자신의 마을을 찍어 보자

여러 마을에 살고 있고, 생활도 당연히 다르다. 어업이 성한 마을,
농업 중심의 마을, 공업이 성한 마을, 상업 마을, 혹은 도회지, 여러
종류의 마을에서 생활하고 있을 것이다. 우선 각각 자신이 살고 있는
마을을 구석구석 걸어 보자. 처음 봐서는 진기한 것이 없을 듯해도
의외로 찬찬히 관찰해 보면 어? 라고 생각되는 것이 분명히 있을
것이다. 근처를 둘러 보아도 하루하루 변해가고 있을 것이다. 1년도
안되어 잠깐만에 빌딩이 세워지는 시대이다. 조금 전에 들판이었던
곳이 잠깐 사이에 주택 밀집지로 바뀌어 버리기도 한다. '옛날은 이렇

지 않았었다'라는 등 할머니들이 자주 말할 것이다. 만약 그럴 때
지금 만큼 변하지 않았던 때의 풍경이 사진으로 남아 있다면 지금의
사진과 비교해 보고 큰 놀라움을 깨닫게 될 것이고, 역사의 자료로서
대단히 중요한 것이 될 것이다. 어딘가에 갔을 때, 뭔가가 있었을 때
만큼 카메라가 움직이면 상당히 기쁘다. 평범하다고도 생각할 수
있는 풍경에서 무언가를 발견하는 것이 바로 카메라의 매력이고 자기
자신의 사진이다. 이러니 저러니 구실은 필요없다. 자기가 살고 있는
마을의 지금은 이렇게 되어 있다. 이렇게 변했다 라고 하나하나 정성
으로 찍어 나가는 작업을 일기를 기록하듯이, 근처의 할아버지 할머
니와 이야기하듯이, 아무렇지도 않은 듯이 계속해서 기록해 보자.

154

70. 하나의 강을 계속 찍어 보자

강이 흐르고 있다. 강에는 인간 생활의 모든 것이 포함되어 있다. 상류에서 하류를 쭉 바라보고 있는 것만으로 하나의 강을 끼고서 여러 가지 생활 풍토, 지형을 알아 낼 수가 있다. 그리고 춘하추동으로 변화하는 자연의 드라마와 인간과의 관계, 역사, 환경 따위를 볼 수 있다. 사철 때마다 하나의 강을 계속해서 가 본다. 그곳에는 끝이 없을 만큼 훌륭하고 거대한 테마가 있고, 굉장한 일이 될 것이다. 매듭 방법도 여러 가지가 있다. 생활, 풍경, 환경, 생물과 같이 테마별로 완성하고, 여러 가지 각도에서 강의 모두를 찍을 수 있다고 하는 방법이 생각되어진다. 또는 유역의 생활이 어떠한 것인지 보고 싶다

거나 사계절로 변해가는 풍경을 찍고 싶다거나 자연 환경의 파괴를 기록해 보고 싶다면 각각의 목적에 따라서 촬영해 나가는 방법도 있을 것이다. 어쨌든 걸어서 자신의 눈으로 확인해 가는 것이기 때문에 그것만으로도 큰 공부가 된다.

하나의 길을 계속 찍어 보자

같은 식으로, 하나의 길을 찍어 나가는 것도 생각할 수 있다. 오늘날은 가는 곳마다 콘크리트의 노면이어서, 인간을 위한 길이라기보다 차를 위한 도로가 되어버렸지만 구도(舊道), 구가도(舊街道), 고개를 넘는 산길, 숲길 등의 길을 걸어서 찍는 것을 권하고 싶다. 반대로 배기 가스를 마시면서 교통량이 격심한 도시의 도로 주변을 찍어보는 것도 재미있다.

71. 사진 지도를 만들어 보자

지도가 있다. 여행 잡지나 관광 지도에는 '여기는 이런 것이 있어요' 하고 사진을 실어놓은 것을 볼 수 있을 것이다. 그런 것을 만들어 보면 어떨까. 자신이 만들게 되면 당연히 지도 위를 걸어 가게 되는 것이 된다. 열심히 걸어 보는 것만으로도 하나의 마을이라면 마을의 모습이나 향기를 느낄 수 있다. 무슨 지도를 만들 것인가는 각자가 좋아하는 것으로 하면 된다. 자신이 사는 마을, 가옥의 흐름을 더듬어 가며 보는 마을, 그리고 처음으로 간 마을이나 도시를 극명하게 찍어 본다. 그것을 지도를 그려서 붙여 나간다. 또는 지도와 함께 하나의 마을을 정리해 나간다는 것은 즐겁고 훌륭한 직업이다.

72. 정점 관측을 한다

하나의 장소를 정성으로 계속해서 찍어 간다. 이 작업은 굉장히 끈기 있는 침착한 것이다. 그러나 사진은 확실히 셔터를 누르는 그 순간의 때를 찍혀지는 것이다. 어느날 어느 곳에 집이 있고, 어느 때 부숴져서 공터가 되고, 그리고 빌딩이 세워졌다. 일상적으로 낯익은 그러한 풍경이 변화만이 아니고 역사라든가 오늘날의 모습이 어떠한 설명도 필요없이 그것만으로도 알 수가 있다. 환경의 변화가 격심한 점에서 단순히 찍었다고 생각할 수 있는 몇 개의 사진이 여러 가지 의미를 가질 수도 있게 된다. 어떤 장소에서 하루를 기록하는 것이다. 사계절을 통해서 변화를 기록하는 등 여러 가지를 생각할 수 있다.

105밀리, 조리개 F8, 1/125초, SS

73. 생활 풍토를 찍는다

모르는 곳으로 여행을 간다는 것은 즐거운 일이다. 해외 여행도
어렵지 않게 되었다.

자신이 살고 있는 곳을 한시라도 떠나서 다른 지방을 가본다는
것은 즐거운 일이고, 책에서 얻은 지식보다 훨씬 공부도 된다고 한
다. 그러나 대부분의 여행은 정해진 포스터 코스, 잡지의 가이드 코스
가 정해준 만큼만 이동할 뿐, 이러한 여행이 많은 것 같다. 레저로서
의 여행을 일부러 만들 필요는 전혀 없지만, 우리들이 지금 살고 있는
현실 모습을 알고자 하는 것도 중요한 것이 아닐까. 카메라를 가지고
있고, 사진을 좋아한다면 여러 기회에 여행하는 속에서 단순히
레저로 끝내 버리지 않는 기록 여행을 해 보는 것은 어떨까. 지금의
생활이 콘크리트에 둘러 쌓인 도회지라면 산이나 바다나 전원 등의

158

28밀리, 조리개 F8, 1/125초, SSS

풍경에 이끌리는 것은 틀림없는 사실이다. 자연의 경치는 확실히 아름답고, 더구나 일상 생활이 소음과 오염된 공기로 사계조차 잃어버린 것 같은 환경이라면, 수풀의 향기에 접촉하는 것만으로도 안심이다. 그러나 안심하고 있다고 해서 그 지방을 알 수는 없다. 바다나 산이나 땅의 자연을 생활 터전으로 하고 있는 사람들의 삶이 그곳에 있는 것이다. 약간의 시간에서 그 지방의 생활 모두를 알려고 한다는 것은 무리이지만 어떤 작은 것이라도 좋다. 그러한 곳을 본 것 같다라고 생각되는 것을 일단 찍어 보는 것부터 시작해 보자. 무엇을 볼 것인가는 나가기 전에 그 지방에 관한 책이나 자료에서 대충 훑어보고 대체로 결정해 둔다. 그리고 실제로 찍으러 나갈 때 시청이나 구청의 홍보과에서 고장의 개요를 기록한 팜플렛 등을 받아 자세하게 조사해 보면 더 좋을 것이다. 그 다음은, 각각 보고서를 접촉해 보려는 의욕을 갖는다. 조금이라도 살아있는 냄새를 흡수하고 싶다는 의지가 있다면 그것이 조그마한 한구석의 풍경이라도 그 지방에서의 기억은 강하게 남는 것이다. 그리고 흥미가 솟아오르고 더 상세하게

135밀리, 조리개 F11, 1/125초, SS

단순히 피사체로써의 모델이라는 의식은 없고,
사람과 서로 접촉하는 것을 중요시하자.

105밀리, 조리개 F16, 1/500초, 트라이 X

50밀리, 조리개 F8, 1/125초, 트라이 X

여러 가지 면에서 알고 싶은 의욕이 있다면 후에 다시 찾아가면 된
다. 마음에 새겨진 곳을 몇 번이나 다녀서 찍는 정열이 있다면 훌륭하
다.

농촌에서 도회지로, 어촌에서 농촌으로, 도회에서 어촌으로, 여러
지역에 따라서 여행도 변하겠지만 모르는 지방에 가서, 그 지방의
생활 풍토를 알려고 한다면 사진을 찍는 것 뿐만 아니라 거기에서
생활하는 사람들에게 이야기를 듣는 것도 좋다. 이것이 대수롭지
않은 장소에서 생생한 사진으로 연결되는 것이다. 모르는 사람에게
카메라를 들이댄다는 것은 상당히 깜짝 놀라게 하는 일이다. 찍고
싶다는 생각이 들면, 살금살금 훔쳐 보는 것처럼 찍을 것이 아니라
당당하게 찍는다. 그리고 언제 어느 때에 찍게 해 주십시오 라고 하는
자세가 필요하다. 찍었으면 반드시 '고맙습니다'라고 인사하는 것을
잊지 말자. 주소를 물어서 사진을 보내는 것도 반드시 해야 한다.
한 장의 사진에서 사람과 사람의 관계가 생겨난다.

160

28밀리, 조리개 F11, 1/250초, SSS
보통 보고 지나치는 것, 익숙하게 보이는 것, 발 밑에 굴러
다니는것, 언뜻 보기에 아무 것도 아닌 것, 그런 것에도
형태(모습)가 있는 것이다.

50밀리, 조리개 F8, 1/60초, SS

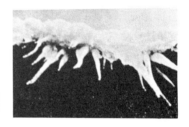

28밀리, 조리개 F8, 1/125초
SSS

74. 조형적인 것을 발견해 보자

회화(繪畫)의 세계에도 여러 가지 그림이 있는 것처럼 사진에도
여러 가지 즐거움의 방법이 있어 좋다. 처음 봐서는 뭔지 모르지만,
인화지에 찍어 내면서 여러 가지 인상을 받는다. 아름답다고 하는
느낌이라든지, 재미있다는 느낌이라든지, 기묘한 이상스러움이 있다
든지…… 그러한 것을 만드는 것도 또한 즐거운 것이다.

그 주변에 아무렇게나 전해져 있던 것이라도 렌즈를 통해서 가까
이 보면 깜짝 놀라게 된다.

때로 그것은 하찮은 것일런지도 모른다. 도안적 효과를 노려서
찍는 방법도 좋고, 접사해서 사물의 일부를 끌어내어 찍는 방법도

24미리, F11, 1/500, 트라이 X

100밀리, 조리개 F8, 1/125초, SS
풍경 중에서 조형적인 구도를 발견한다.

좋다. 어쨌든 즐거움·아름다움의 발견이고, 찍는다는 것에서 무엇을
이미지해 간다든가 심상적 감상의 세계로 점차 빠져가는 것이다.

어쩌면 예술가 풍으로 되어간다. 아무것도 아닌 것에서 무언가를
찾아내야 하는 작업이기 때문이다.

이것은 회화의 세계에 들어가는지도 모르지만 붓이나 그림 도구
대신에 이제는 카메라, 렌즈, 필름 따위의 그림을 만드는 도구가
갖추어져 있는 것이다. 그러한 영상에 흥미가 있으면, 그들 도구를
사용하지 않을 방법은 없다. 당신의 내부에 있는 이미지를 무엇인가
의 형태로 표현하고 싶다고 생각하는 것에 도구가 무엇이다라고 하는
제약은 전혀 없다. 무엇이든지 차츰차츰 실험해 보는 것이다.

162

카메라를 떤다
의식적인 슬로우 셔터로 카메라가 움직이는 것을
계산해 넣어서 찍을 것.〈카메라를 흔든다〉

카메라를 흔든다
위의 사진은 스트레이트로 찍은 것이다. 아래 사진은
빙빙 카메라를 돌려 찍은 것. 셔터를 누르는 순간
카메라를 돌린다.

75. 이렇게 찍는 방법도 있다

사진으로 즐긴다. 거기에는 여러 가지의 창의적 연구가 있어서
좋다. 이런 것을 해보면 어떨까 하고 생각했다면 일단은 실행해 본
다. 하나의 예로써, 무슨 무슨 테크닉이라고 하는 방법이 있어서 그렇
게 해 보아도, 몇 개인가의 새로운 영상이 생기는 것이다. 그리고
자기 나름대로 연구해서 이미지를 영상화해 가는 것에는 한계가 없
다. 이런 느낌으로 찍으면 이런 느낌이 만들어진다 라고 생각되
면 우선 카메라의 기능, 렌즈의 기능, 필름의 성질이라고 하는 것을
충분히 이용해서 사용해 보는 것이다. 처음에는 단순히 재미로 찍는
다 라고 해도 좋다. 어쨌든 해보는 것이 중요하다. 그리고 이용 방법을
하나씩 결정해 간다.

——노 파인더 테크닉——

광각 렌즈의 특성으로는 넓은 범위를 찍는 것과 피사계 심도가 깊은 것에 있다. 이것을 이용해서 노 파인더 촬영에 의한, 그동안 생각해 왔던 앵글로부터 영상을 찍는 방법이 있다. 스냅에서도 접해 보았지만 상대가 눈치채지 않게 파인더를 보지 않고 눈대중으로 촬영을 하는 방법이 있지만, 단지 그것만이 아니고 구도라고 하는 것을 무시하고, 생각했던 상대에게 카메라를 맞닥뜨려서 찍는 테크닉이다. 화면 구성을 곰곰히 생각해서

찍는 것과는 다르고, 때에 따라서 놀라운 화상을 발견할 수도 있다. 다만, 함부로 활용하는 것에서는 박력이 생겨나지 않는다.

——셀프 타이머의 이용——

셀프 타이머는 자동 셔터를 누르는 장치이고, 기념 사진 등에서 사용할 뿐만 아니라 다른 이용법이 있다. 정물을 찍을 때, 레일 대신으로 사용하는 방법. 손이 닿지 않는 곳에서 찍고 싶을 때, 삼각이나 일각에 카메라를 세트하고 노 파인더 촬영으로 하는 방법 등이 있다.

76. 사진첩을 만들어 보자

인쇄하게 되면 비용도 들고 과장되게 되어 버린다. 프린트에서 제본까지를 자신의 손으로 하여 자제(自製)의 사진첩을 만들 수가 있다.

이때는 CH인화지(현상용 인화지)를 사용하는 것이다. 이 인화지는 보통의 인화지보다 얇고 펄럭펄럭하게 되어 있어서 닫거나 넘겨도 책과 같이 된다. 도면이나 문헌 등을 찍는 마이크로 네가 필름에서의 현상 복제용 복사 인화지로서 4호 정도가 있지만 일반 네가 필름으로도 알맞다. 처리는 일반 인화지와 같다. 다만 얇은 도큐멘트지라서 건조할 때에 열이 너무 들어가면 凸凹으로 되기도 한다. 또 인쇄와 같이 종이의 양면이라고는 할 수 없기 때문에 단면 또는 중앙에서 접어서 닫히게 된다.

- 흰 가장자리를 낼 때에는

닫히는 쪽을 좀 넉넉하게 검은 테두리를 현상하는 사이즈로 맞추어서 만들고, 인화지에 실어서 노광한다.

묶을 여백

- 검은 테두리를 낼 때에는

중앙의 잘라낸 흑지를 화면에 실어서 주위 부분에 빛을 쪼인다.

- 양면을 살릴 때는

인화지를 접어서 사이에 두꺼운 종이를 끼우고 안쪽을 노광한다. 또는 다른 한쪽을 흑지로 가리고 한 쪽씩 노광한다.

묶을 여백

- 제본

표지를 만들어 사진첩 스타일로 마무리

하면 완성이다. 알맹이를 호치켓으로 군데
군데 찍어서 고정시키고, 커버를 씌우고
노트의 부분을 본드 따위로 붙인다. 타이
프 인쇄소나 제본소에 부탁해서 만들어도
그렇게 견고하지는 않다. 몇 부를 만들기
위해서는 여러 번 프린트를 해야 하기 때
문에 힘이 들겠지만 자가 제품의 좋은 점이
있어서 좋다는 것이다.

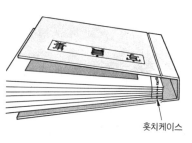

호치케이스

50밀리+클로즈업 렌즈 사용

마이크로렌즈 55밀리 사용

마이크로렌즈 55밀리 사용

77. 접사 테크닉

접사, 즉 사물에 접근해서 찍는 방법을 말한다. 클로우즈업으로, 부분을 확대하는 사진도 접사의 영역이다. 같은 크기에서 20배까지의 확대 촬영에 의한 사진을 마크로 사진이라고 한다. 그보다 더 확대하면 현미경 사진이 된다.

일안 레프렉스 카메라의 특징은 뭐니뭐니해도 접사에 매력이 있는 것이다. 50밀리 표준 렌즈에서 45센치 정도까지 접근시킨다. 광각 렌즈는 더 접근된다. 또 긴 촛점 렌즈의 사용에 의해서 클로우즈업 촬영은 용이하다.

보다 정확하게 하기 위해 일안 레프렉스 카메라에는 접사 시스템이 갖추어져 있다.

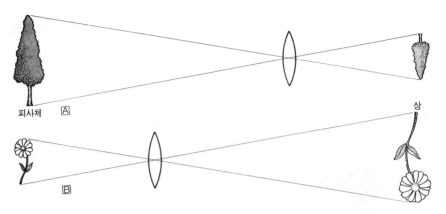

피사체　Ⓐ

상

Ⓑ

A 그림은 보통 촬영이고, B 그림은 접사했을 때이다. 접사에서는 작은 피사체를 크게 찍기 때문에 렌즈와 상(像)의 사이가 커진다. 그래서 렌즈와 카메라 몸통 사이를 중간링이나 베로즈로 보완하는 것이다. 접사에서는 피사계의 심도가 극단으로 낮아지기 때문에 주의하지 않으면 안된다.

피사계 심도가 극단으로 낮아진다

식물 등을 찍을 때의 포인트는 배경의 처리와 흔들림이다. 약간의 바람에 의한 작은 움직임도 확대되어 있는 화상(畫像)에서는 큰 흔들림으로 표현된다. 좌우로 움직이는 것은 핀트 맞추기가 쉽기 때문에 움직임이 멈추는 순간을 겨냥한다.

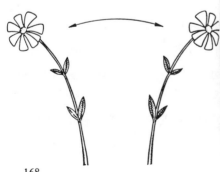

168

표준 렌즈 50밀리로 촬영

50밀리+크로즈업 렌즈

100밀리+크로즈업 렌즈(올림퍼스 사용)

크로즈업 렌즈(니콜)

(올림퍼스)

78. 클로우즈업 렌즈

이것은 사용하는 렌즈의 앞면에 부착해서 찍는 것으로, 렌즈라고
해도 필터와 같은 것으로서(얼마간의 두께가 있다), 얇은 1장의 凸렌
즈이다. 보통 0호, 1호, 2호가 있고, 각각마다 강한 것, 약한 것으로
되어 있다(한 종류의 메카도 있다). 이들은 1호+2호를 합쳐서 사용
할 수도 있다. 노출 배수의 걱정도 필요없고, 작고 가볍기 때문에
만일의 경우에 편리하다. 마스터 렌즈가 되는 렌즈는 표준 렌즈에서
긴 촛점 렌즈가 적합하다. 광각 렌즈나 200밀리 이상의 망원 렌즈는
그다지 효과가 나타나지 않고 화상이 흔들린다.

55밀리, 마크로 렌즈를 붙인 카메라
(마이크로 니콜 55밀리)

표준 렌즈 50밀리로 촬영(최단 촬영 거리)

100밀리 마크로
렌즈(SMC 펜닥스)

79. 마크로 렌즈

접사를 목적으로 해서 만들어진 렌즈이다. 50밀리 마크로 렌즈. 이것은 보통 표준 렌즈로써 사용할 수도 있다. 접사, 확대 촬영에서 높은 해상력을 가지고 있다. 촬영 범위는 $\frac{1}{2}$ 배에서 무한하다. 링을 플러스해서 $\frac{1}{2}$ ~ 같은 크기까지 촬영된다. 또 하나가 50밀리 마크로와 같이 접사에서 무한대까지 촬영할 수 있는 렌즈로, 망원 효과가 있는 100밀리 마크로 렌즈이다. 다른점은 렌즈만으로는 촬영할 수 없고 베로즈에 장치해서 사용하는 것이다. 이 종류의 렌즈에는 80밀리 마크로나 135밀리 마크로 등이 있다. 20밀리, 38밀리 마크로(올림퍼스)라고 하는 렌즈도 있다.

170

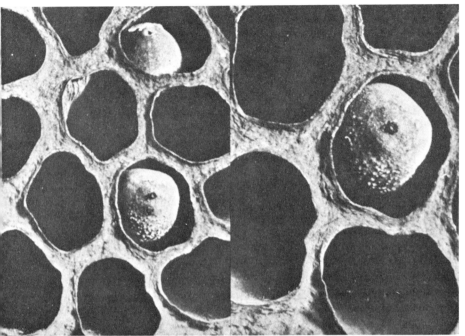

55밀리 마이크로 렌즈로 촬영   55밀리 마이크로 렌즈+링(E₂)을 사용

■ 마이크로 렌즈는 단지 물리적으로 작은 것을 크게 찍는다는 목적 뿐만 아니고, 폭넓은 사진 표현에
  서 사용되는 렌즈이다.

찌부러진 차의 몸체 부분

자른 나무 밑둥

오토 접사링. PK 1. 2. 3

리버스링

■ 헬리코이드 접사링
베로즈와 같이 신축하는 접사링이다. 중간링
과 같이 길이가 다른 링을 바꾸어 달지 않으면
안된다는 번거로움이 없는 것이 편리하다.

오른쪽 사진은 헬리코이드 접사링을 부착해서
촬영할 것.
위는 No1링의 최단거리 촬영.
가운데는 헬리코이드 접사링, 최단의 최단 거리
촬영
아래는 헬리코이드 접사링, 최장의 최단 거리
촬영

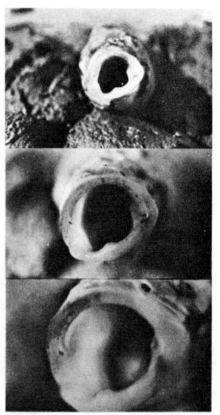

80. 접사링(익스텐션튜브)

　카메라 몸통과 렌즈의 중간에 부착해서 사용하는 것으로, 두께가
다른 링이 세 종류 정도 있다. 클로우즈업 렌즈를 합치는 것처럼,
1＋2로 한 상태에서 링을 연결해 사용할 수가 있다. 다른 점은 렌즈를
쭉 앞으로 내어서 관이 길어지기 때문에 노광량이 많아진다. 그래서
노출 배수(확대율에 의해서 어느 정도 노출의 플러스가 필요하다고
하는 수치)라고 하는 까다로운 계산이 필요해지지만 오늘날은 각각의
링이 TTL노출계와 함께 움직이게 되어 있기 때문에 지침대로 찍어
나간다. 작기 때문에 클로우즈업 렌즈같은 것, 미세한 접사에 갑자기
장치해서 사용할 수 있는 편리함이 있다.

172

베로즈 탓치 먼트 니콘, PB-5 ↑

고배율 화인더+베로즈 PB-4+50mm
+베로즈용 오토링 BR-4+더블
레리즈 AR-4

베로즈 PB-4+베로즈용 오토링
BR-4+50밀리+더블 케이블 레지
즈 AR-4

81. 베로즈(사복(蛇腹) 장치)

　카메라 몸통과 렌즈 중간에 부착하고 사복의 신축 작용에 의해
접사 배율을 변화시키는 접사 용구이다. 중간링에서는 일정의 배율이
결정되어져 버리는 반면 베로즈는 신축 자재, 마음대로 배율을 변화
시킬 수 있다. 렌즈+베로즈+카메라 몸통이라고 하는 조합으로
사용된다. 100밀리, 135밀리 촛점 거리의 긴 촛점 베로즈 전용 렌즈
가 있다. 이것은 헬리코이드(나선형) 경동(鏡胴)이 아니기 때문에,
일반적인 렌즈에 비해 가볍다. 베로즈를 가장 짧게 하면 무한대로
핀트를 맞추는 것처럼 된다. 초접사가 되기 때문에 베로즈와 렌즈
사이에 접사용 링(리버스링)을 붙이는 방법이 있다. 마크로 렌즈를
거꾸로 해서 사용하는 것도 있다.

베로즈 PB-4+50mm(역방향)+
BR- 2링+BR-3링+슬라이드
복사 장치 PS-4(일본 광학)

슬라이드 복사 장치 PS-5

접사링과 리버스 어댑터를 조합시켜 표준
렌즈, 마크로 렌즈에 부착해서 복사한다.

50밀리+스라이드 볼러 · 1X · K

82. 슬라이드 카피어(슬라이드 복제 장치)

칼라 슬라이드에서 칼라 네가를 만든다. 또는 모노크로의 네가를
만든다. 이럴 때에는 슬라이드(35밀리 사이즈)를 복제하는 장치가
있다. 링 끝의 빈틈에 슬라이드를 집어 넣고, 카메라에 접착, 또는
렌즈 앞면에 부착하는 간단한 것이고, 베로즈 세트의 앞쪽에 장치
해서 찍는 것이다.

이 장치는 슬라이드의 복사뿐만 아니라 배율이 큰 접사에도 이용된
다. 슬라이드 대신에 투명한 것을 끼우면 된다. 예를 들면, 매미, 잠자
리의 날개, 잎줄기 등을 찍을 수가 있다.

슬라이드 카피어 등의 장치가 없는 경우에, 칼라 슬라이드에서
모노크로의 네가를 만드는 것에는 칼라 슬라이드를 뒤쪽의 맑은 유리

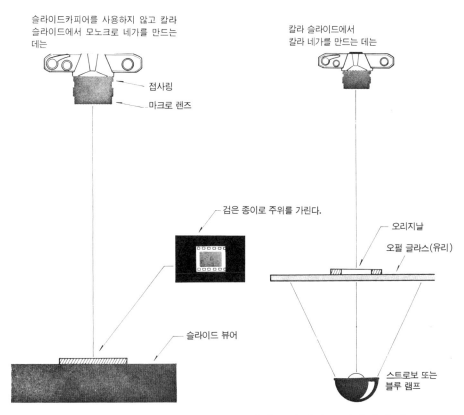

슬라이드카피어를 사용하지 않고 칼라 슬라이드에서 모노크로 네가를 만드는 데는

접사링
마크로 렌즈

칼라 슬라이드에서 칼라 네가를 만드는 데는

검은 종이로 주위를 가린다.

오리지날
오펄 글라스(유리)

슬라이드 뷰어

스트로보 또는 블루 램프

창에 고정하든가, 슬라이드를 보는 슬라이드 뷰어에 고정시켜서 찍는다. 마크로 렌즈＋링에서 풀 사이즈가 화면에 들어간다. 사용 필름은 콘트라스트(명암 정도)가 높아서 미립자의 F클라스의 필름이 좋다. 노말(normal)한 상태라면 트라이Ⅹ나 SSS. 콘트라스트가 높은 것일 때에는 노출을 넉넉히 해서 현상 시간이 짧다. 칼라 슬라이드에서 또 한장의 슬라이드(포지티브→포지티브)를 만드는, 또는 포지티브→네가티브를 만드는 것에는 슬라이드를 오펄 글라스로 고정해서 렌즈의 반대쪽에서 스트로보, 또는 블루 칼라용 사진 전구를 쬐어서, 포지티프라면 디라이트 필름으로 찍는다. 복제할 것이 많은 사람은, 한번 테스트하는 데에 각각의 데이타를 만들어 두면 노출의 목표가 된다.

500밀리, 조리개 F8, 1/250초, 트라이 X

83. 동물을 찍는다

동물이라고 해도 야생 동물에서부터 동물원의 코끼리나 사자, 그리고 가축, 개나 고양이, 애완동물까지 있지만, 일반적으로 야생 동물을 목표로 할 수 있는 것은 장소가 제한되어 있을 것이다. 장래 동물 전문으로 공부한다든지 사진을 찍는다든지 생각하는 사람도 우선 동물원에서 찍는 것에서부터 여러 가지 동물의 생태를 알아가는 것이다. 동물원에서는 모든 동물에게 접근할 수가 있기 때문에, 야생동물을 찾아서 찍는 노고는 들지 않는다. 그렇지만 책(柵)을 향하고 있어서 생각대로 접근할 수 없다거나 촬영 위치를 자유롭게 결정할 수 없는 어려움이 따른다. 동물은 우리의 생각대로 움직여 주지 않기 때문에 찍으려고 하는 동물의 습성 등을 잘 관찰해서 하루 종일 햇빛

176

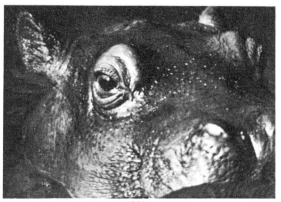

500밀리, 조리개 F8, 1/250초, 트라이 X

500밀리, 조리개 F8, 1/125초, SSS

200밀리, 조리개 F8, 1/250초, SSS

에 끈기있게 견디어서 찍는 고집이 필요하다.

동물 사진의 포인트는 표정이나 움직임의 순간을 캐치하는 셔터 찬스와 화면 구성에 있다. 배경 등이 지저분해서는 표적한 동물이 뚜렷히 나타나지 않기 때문에 카메라 포지션, 카메라 앵글을 어디로 할 것인지 배경의 처리를 생각하면서 찍는 장소를 정한다. 동물원의 분위기를 넣어서 찍을 경우는 광각 렌즈가 필요하지만 동물에게만 목표를 둘 때는 긴 촛점 렌즈~망원 렌즈, 접사링, 접사 렌즈도 갖추어 둔다. 동물의 움직임에 우리가 따라다니지 않으면 안되기 때문에, 일정의 위치에서 몇 개의 프레임을 자르는 줌 렌즈는 동물 사진 촬영에는 안성맞춤이다. 동물원 등의 공공 시설에서는 여러 가지 제약이 있어서 생각대로 할 수 없지만 타인에게 폐를 끼치지 않도록 주의해야 한다.

200밀리 photo 작품

84. 새를 찍는다

자연 가운데 살아있는 모습은 인간도, 새도, 식물도, 모든 생물에
각자의 아름다움이 있다. 오늘날과 같이 문명이 생활을 변화시켜
가면, 자연과 마땅히 공존해서 살아가는 생물들을 볼 때 둘도 없는
생명의 존귀함을 본다. 동물, 새, 곤충 등의 생태를 찍은 사진에서는
단순히 진귀한 새라고 한다든지 생태의 놀라움만이 아닌 따뜻함을
느끼는 것이다. 그들의 사소한 움직임을 찍은 사진부터 우리들의
가까운 생활 주변을 다시 돌아보는 것까지 감정을 넓혀간다. 새만이
아니고 우리들과 공존하고 있는 작은 살아있는 것들에게 눈을 돌리는
것은, 단순히 피사체로서의 것 이상의 훌륭함 등이 있다. 새를 풍경의
하나인 소재로써 화면에 넣는 일이 있다면, 보통의 스냅 촬영으로써

178

800밀리　photo 작품

300밀리　photo 작품

때때로 날고 있는 새를 만난다든가, 날기를 기다려서 찍게 된다. 그러나 새 그 자체를 테마로 해서 그 움직임을 따라가게 되면, 피사체가 되는 새를 충분히 이해할 필요가 있다. 셔터를 누르는 순간에는 당연히 우연성이 더해지지만, 그 우연의 찬스를 포착하고 못하고는 상대의 이해 방법에서 결정되어진다. 곤충 등의 생태 사진에 있어서도 그렇지만, 우선 그들의 생활을 잘 아는 것에서부터 시작할 필요가 있다. 그리고 새에서는 망원 렌즈가 표준 렌즈라고도 말할 수 있기 때문에 망원 렌즈로 어떻게 빠르게 핀트를 맞추어서 셔터를 누를 것인가에 익숙해져야 하는 것이다. 찍는 것에 있어서는 언제 어떻게 움직일 것인가를 예측할 수 없는 스포츠 등과 같은 요령으로 임해야 한다.

사각식 간이 복사대
(카피 폿드)

미놀타

복사의 기본 라이팅

카메라는 3각으로 단단히 세트한다.

카메라

45°　　45°

라이트에서 복사물이 빛날 때가 있기
때문에 무반사(無反射) 글라스를

85. 복사의 포인트

　단순히 그것을 알아 보기만 하면 된다 라는 메모로써의 복사라면
조금 조잡해도 괜찮겠지만 확실한 복사를 하려면 그 나름대로 테크닉
이 필요하다. 우선 오리지날면과 카메라의 필름면을 평행하게 해서
비뚤어지지 않도록 할 것과 한 쪽 면이 밝고 한 쪽 면이 어두워지는
고르지 못하게 되는 일이 없는 조명을 할 것 등 이 두 가지가 복사를
하는데 절대 조건이다. 복사라고 해도 문헌 등의 문자, 혹은 그림이나
수채화, 유화나 회화, 그리고 오래된 사진이나 인쇄물 등 그 대상은
여러 가지가 있다. 그것들은 같은 조건에서 찍어도 빛을 쪼여서 셔터
를 누르면 확실하게 찍히는 것이지만, 각각 지니고 있는 질까지를 찍
어내는 데는 상당한 연구가 필요하다.

문자나 선화(線畵)의 복사

문자나 선화, 수식 등은 중간색이 없이 거의가 백과 흑만으로 되어 있어서 될 수 있는 한 확실하게 알아 볼 수 있도록 찍지 않으면 안된다. 복사용 필름으로써 하이콘트라스트의 필름이 있다→미니 카피 필름 ASA 32.

이 필름을 가장 좋게 사용하려면 현상액도 전용의 경조(硬調) 현상액→D-11로 현상하지 않으면 안된다.

회화의 복사

회화는 단순히 그림의 색이나 모양을 찍는 것만이 아니고 그림이 지니는 질을 찍지 않으면 안된다. 유화는 표면에 凹凸가 있어서 빛의 반사로 반짝반짝 빛난다. 그림만이 아니고 빛의 반사를 받게 하는 데는 반사광이나 레이휴즈로 빛을 확산시켜서 찍는다. 편광 필터를 사용하는 방법도 좋다. 필름은 입자가 작고 경조(硬調) 경향의 네오판 F, 파나토믹 X, 플러스 X가 적당하다.

TV 화면을 찍는다

TV 화면은 가로로 달리는 525개의 주사선(走査線)으로 만들어져 있다 (1초에 30토막의 영상이 지나간다).

Ⅱ - 5   필터와 파인더

86. 필터 테크닉

필터에는 모노크로용과 칼라용, 공용으로 하는 것이 있다. 모노크로
필름이나 칼라 필름도 모두 인간의 눈으로 보이는 것은 거의 찍을
수 있지만, 빛이나 색에 대해서는 느끼는 방법이 다른 것이다. 그래서
필터를 사용해서 필름으로 찍는 화상을 보다 선명하게 하기 위해
빛을 조절한다.

● 모노크로용 필터는 콘트라스트를 조절한다

모노크로용 필터에서 가장 일반적인 것으로 UV필터가 있다. 개인
날의 풍경 사진에는 눈으로는 확실히 보여도 필름으로 찍었을 때에는
희미해져 버린다. 이것은, 육안으로는 보이지 않는 자외선이 대기

중의 수증기나 먼지로 굴절 현상을 일으키기 때문이다. 그래서 이 자외선을 흡수해서 간직하려고 하는 것이 UV필터이다. UV필터는 무색 투명하고, 노출 등에 영향이 없기 때문에 항상 부착해 놓아도 상관없다. 오히려 렌즈를 보호하게도 된다. 칼라용에는 스카이라이트 필터가 있다. 그리고 콘트라스트를 강조하는 것에는 노랑, 오렌지, 적색을 넣는 필터가 있다. Y2, O2(YA3), R1는 기호의 필터에서 흑백의 명암 대비를 크게 하는 데에 사용된다. 개인 하늘은 Y2→R 로 됨에 따라 농도가 강해지고, 흰구름 등의 명암 콘트라스트가 강조된다. 원경 묘사를 확실히 하고 싶을 때에는 적외 필름＋ R필터가 알맞지만, 일반 필름에 R필터를 사용해도 확실하다.

- 칼라용 필터는 색을 조절한다

개인 날 옥외 촬영에서는 필터가 필요없지만, 화면에 맑게 갠 하늘을 넓게 넣고 싶을 때 등 자외선이나 푸른 하늘 빛의 영향으로 새파랗게 찍는 것이다. 그래서 자외선을 제거하기 위해 모노크로 필름과 같은 UV필터가 사용된다. 또 푸른 하늘의 강한 빛을 제거하기 위해 스카이라이트 필터가 사용된다. 스카이라이트 필터는 인물 촬영의 피부색 정리에 효과적이다. 칼라 필름은 빛의 질에 따라 밝아도 색이 변화하기 때문에 빛의 상태에 따라서 조절하지 않으면 안된다. 네가 칼라 필름에서는 대체로 어떤 빛에서도 잘 찍히지만(좋은 프린트를 만드는데는 사용할 필요가 있다) 포지티브 칼라 필름에서는 크게 고장난다.

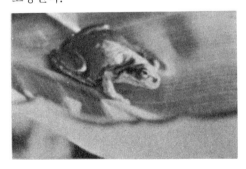

필터 없음.

Y2   자외선에서 보라, 청의 일부까
      지를 흡수한다. 청색이 어두워지
      고 구름 등이 부상(浮上)해서
      콘트라스트가 있는 결이 만들어
      진다.

O2   Y₂보다 더 강한 콘트라스트가
      얻어진다. 자외선에서 청록색의
      일부까지 흡수한다. 또 적외선
      필름 촬영에도 사용된다.

R1   O₂보다 더 강한 콘트라스트가
      얻어진다. 특히 흐릿한 원경은
      육안보다 확실하게 묘사된다.
      적외선 필름 사용에는 빼놓을
      수 없는 필터이다.

편광 필터

수면이나 쇼윈도우 등에 빛이 반사해서 촬영하기 어려울 때가 있다. 그럴 때 이 필터를 사용해서 표면 반사를 제거한다. 일반 필터와 달라서 렌즈에 장치하기 때문에 글라스 부분을 회전하게 되어 있다. 회전시키면서 반사광의 30도~40도 각도에서 겨냥하지 않으면 효과가 나지 않는다. 칼라, 모노크로에 공용이다.

ND 필터

ND는 뉴트랄 덴스데이의 머리 글자를 따고 있다. 광량 감소용 필터이다. 개인 하늘의 옥외에서 촬영할 때 주로 고감도 필름을 사용하고 있어, 조이지 않고(조리개) 배경을 흔들리게 하고 싶다, 슬로 셔터로 흔들리게 하고 싶다든가 할 때에 광량을 감소하는 역할을 한다. 색에 대해서는 영향이 없기 때문에 칼라, 모노크로 공용이다. ND 2, ND4 등 농도가 다른 종류가 있다.

PO 필터

PO_0, PO_1 필터는 그린 계통의 필터로 빨간색을 내는 효과가 있다. 또 Y_2와 같이 콘트라스트를 갖는다. 인물의 피부, 입술의 느낌을 조절한다. 게다가 실내에서의 플래시 촬영, 사진 전구에서의 인물 촬영에 효과적이다.

특수효과용 필터

스노우 크로스 사용

밀러쥬 사용

특수 효과를 내는데는 특별히 필터를 사용하지 않아도 손수 만든 것으로 여러 가지 묘사를 얻을 수 있다. 예를 들면 렌즈 앞에 촘촘한 그물 등을 장치해서 찍거나 UV필터에 포마드 등의 기름이나 물을 적신다. 일안 레프렉스는 어떤 느낌으로 되는지 대개 눈에 띄기 때문에 여러 가지 방법으로 해보면 재미있다.

〈특수 필터 일람〉

밀러쥬……하나의 피사체가 3개, 5개, 6개로 찍힌다.

클로스 스크린……피사체의 빛의 빛남을 +문자의 빛으로 찍는다.

스노우 크로스……6개의 빛을 만든다.

서니 크로스……8개의 후레어.

베리 크로스……2개의 필터 글라스가 회전식으로 테두리에 들어 있어 크로스의 각도를 자유롭게 변하게 할 수 있다.

소프튼……연초점(軟焦點)의 화상을 만든다.

센터 포커스……중심부를 샤프하게 찍고, 다른 것을 흔들리게 찍는다.

시휠드……반 정도가 클로우즈업 렌즈, 반정도가 훤히 앞이 보이게 되어 있다. 반은 접사, 반은 원경, 또 반은 흔들림이라는 화상을 만든다.

아사히 펜닥스 모터 드라이브
KM 세트 36, 36매 촬영

니콘 모터 드라이브 MD-2
밧데리 케이스 MB-1

아사히 펜닥스 모터 드라이브
KM 세트 250

87. 모타드라이브와 파인더

1초에 다섯 장의 연속 촬영을 한다. 250장의 10미터 필름을 단숨에 찍어 버린다. 그리고 자동으로 감아올린 만큼의 1장 촬영도 할 수 있다. 그것이 모터 드라이브 구성이다. 파인더는 감아올린 조작을 자동적으로 하는 것과, 셔터 단추 또는 파인더 일부의 단추를 계속 누르는 동안 자동적으로 촬영이 연속해 가는 것이다.

모터 드라이브는 스포츠나 동물 등 움직임이 격렬한 생태를 촬영할 때에는 인간의 힘으로는 불가능한 기동성을 발휘한다. 그러나 연속해서 찍기 때문이라고 해서 쉽게, 각각 좋은 것에서만 사용하면 포인트가 엇갈리는 수도 한다. 모터 드라이브를 사용해도 역시 셔터 찬스가

188

캐논 파워 화인더-A
감아올리기 0.5초, 셔터 전속 동조
이것을 붙인 셔터를 누르고 있는
동안 연속 촬영이 가능.

캐논 AE-1에 내장되어 있는
'마이크로 컴퓨터' 카메라의 시스템
전체를 컨트롤한다.

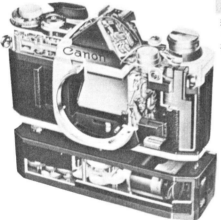

캐논 AE-1의 내부

캐논 AE-1+파워 파인더-A에
스피드 라이트 155A를 부착한
카메라

핸드 그립식 오토 파인더(톱콘
슈퍼-DM)

니콘 F2 포토믹+모터 드라이브
MD-2+밧데리 케이스
MB-1+루미 컨트롤
ML-1(송수신기)

니콘 F2 포토믹+모터 드라이브
MD-2+밧데리 케이스
MB-1+라디오 컨트롤
MW-1(송수신기)

1초에 최고 5컷의 연속 촬영
되감기는 모터에 의한 자동식

모터 드라이브 MD-2

있다. 또, 일반 촬영에도 부착해 두고 사용하는 사람이 있지만 스냅 촬영의 결정적 순간은 인간의 눈과 직감으로 찍힌 것이 확실하다. 익숙하면 자동으로 감아 올리기 정도의 속도로 연속 촬영이 가능하다. 일안 레프렉스 카메라는 셔터가 찍히는 순간은 거울이 업해 있기 때문에 파인더 안의 상(像)이 지워져 버린다. 때문에 연속적으로 셔터가 눌러지면 거울의 위 아래가 심해져서 어디에서 셔터가 눌려지고 있는지를 모르게 된다. 따라서 사물을 쭉 볼 때에는 불필요하고, 찰칵찰칵하는 연속음이 분위기를 깨기도 한다. 셔터를 누르면 자동적으로 감겨올라가는 장치는 감아올림 레바를 진행시켜서 다음 셔터로 옮길 때의 카메라 흔들림을 막는다고 하는 이점이 있다.

190

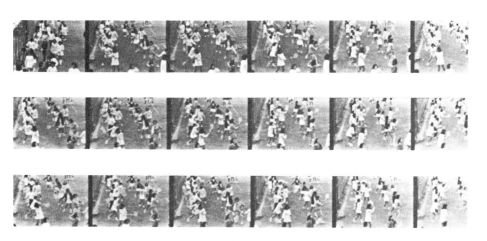

올림퍼스 OM-1MD
화인더 사용
조리개 F11. 1/125초, 트라이 X

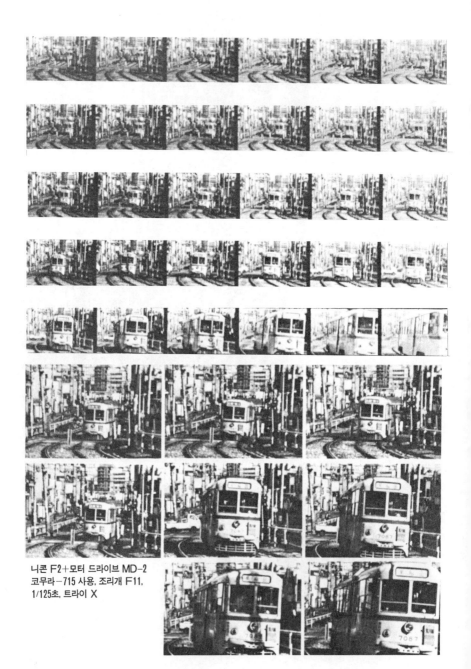

니콘 F2+모터 드라이브 MD-2
코무라-715 사용, 조리개 F11,
1/125초, 트라이 X

192

photo 작품(수심 13m, 니코노스, 15mm)

Ⅱ-6 특수 촬영

사진의 세계는 모든 분야에 확대되어 있다. 항공 촬영, 수중 촬영, 천체 촬영, 현미경 촬영과 미지의 세계를 탐색하는 다이나믹한 활동을 하고 있다. 거기에는 찍는 것만이 아니고 전문적인 기술, 지식, 훈련 등이 차분하게 쌓이는 가운데 모험이 생겨 발견이 생긴다. 자주 특수 촬영이라고 말하고 있지만, 일반 촬영에서 보면 특수한지도 모르지만, 사진의 기능이 살아있어 사진 그 자체인 것이다.

수중 촬영 카메라
니코노스Ⅲ+W니콜, 35밀리, F2.5

펜닥스 6×7 마린(6×7 사이즈)

해초를 촬영하고 있는 모습. 수중에서는 확실하게
카메라를 지탱하는 것이 중요. 전문적으로 잠수할
때는 안전을 위해 반드시 2명의 다이버가 함께 간
다.

photo 작품(수심 20m)

88. 수중 사진

수중 호흡기를 달고 본격적으로 해저에서 찍는다는 것은 고도의
잠수 기술이 요구되기 때문에 일반적으로 수중을 찍는 경우, 수족관
에서 물에 있는 물고기를 찍는다든가, 보통의 카메라로 수중을 찍는
다든가 얕은 곳에서 수중 전용 카메라나 수중 촬영용 캡슐을 사용해
서 찍는 정도일 것이다. 바위 등에서 해면을 향해 맑은 수중을 찍을
때에는 자주 수면이 빛나 버린다. 그럴 때에는 편광 필터가 적합하지
만 그림자를 만들어서 그 부분을 찍으면 깨끗하게 수중이 찍힌다.
수영에 자신이 있는 사람이라면 잠수하고 싶은 충동을 느낄 것이다.
수중에서는 노출과 빠른 셔터 스피드에 주의할 것.

포토, 별의 일주운동

달의 표면
6.5 m 굴절 망원경 사용

89. 천체 사진

천체 사진을 본격적으로 찍으려면 적도의(赤道儀 ; 지구의 자전축에
평행한 회전축을 갖는 망원경의 가대(架台)에서, 축을 24시간에 1
회전하면 별의 일주 운동이 찍힌다) 같은 천체 망원경이 필요해지
고, 전문 기술도 요구된다. 카메라만으로 천체를 찍을 수 있는 것
에는 별의 일주 운동과 유성(流星)의 움직임 정도이다.

달은 상당히 밝아 ASA100의 필름으로, 만월이라면 조리개 F8로,
$\frac{1}{250}$ 초에서 찍는다. 3월이 되면 광량도 적기 때문에 조리개 F8, $\frac{1}{15}$
초 정도가 된다. 달의 경우, 1000밀리의 초망원 렌즈로도 필름면에

1cm 정도 밖에 찍히지 않는다(200밀리 렌즈에서 2밀리 정도). 달에
비해서 별은 훨씬 어두워진다. 그래서 고감도 필름(ASA400 트라이×
등)을 사용해서 장시간 노광하지 않으면 안된다. 별은 카메라를 삼각
으로 고정해서 셔터를 열어 두면(B노출) 지구가 자전 운동을 하고
있기 때문에 빛줄기가 되어 찍힌다. 이 선은, 북극성을 중심으로 하면
원호로 찍히고, 노광 시간이 긴 만큼 길게 찍힌다. 촬영에서 주의할
것은 카메라의 흔들림이나 주변이 밝아서, 촬영지의 주변이 밝으면
빛이 흐려져 버리는 사실이다. 그럴 때에는 조리개를 조일 것. 또 깨끗
한 밤 하늘의 상태에서 찍을 것. 성좌도 똑같이 찍지만, 노광 시간을
20초 정도까지로 찍는다. 성좌만이 아니고 지상의 풍경을 넣어서
찍는 것도 재미있다.

photo 작품(소금의 결정)

올림퍼스 오토미크로 그룹

90. 현미경 사진

현미경 사진이라고 해도 어렵지는 않다. 현미경 조작만 확실히 하면 간단히 수 십배, 수 백배인 초접사, 미크로의 세계를 들여다 볼 수가 있다.

현미경 촬영을 위한 기재

카메라—카메라 몸체

마이크로 어댑터——카메라 몸체와 현미경 접안 렌즈를 고정한다. 파인더 스크린을 매트면의 현미경 촬영용과 교환하면 핀트 맞추기가 쉽다.

고배율에서 정확히 찍으려면 전용 장치로 베로즈를 사용해서 찍는 본격적인 방법이 요구되어진다.

현미경——경동 상하형, 스테이지 상하형, 이러한 현미경의 종류는 초급용에서 고급 기계까지 있다. 대물 렌즈는 4배, 10배, 20배, 40배, 80배, 100배가 있지만, 보통 일반적으로 4배, 10배 정도가 사용하기 쉽다.

조명 장치——전용인 것도 있지만, 저배율의 촬영에서는 보통의 사진 전구 따위가 좋다. 슬라이드 프로젝트를 사용하는 방법도 있다. 조명 방법에는 보통 현미경을 보는 상태에서 빛을 주는 투과광 조명법도 있다. 이것을 명시야 조명법이라 한다. 또 피사체만을 밝게 찍는 암시야 조명법, 불투명체인 것을 찍는 락사(落射) 조명법(반사)이 있다.

196

Ⅱ - 7   인공광 테크닉

사진 용어에서 인공광이라는 것은 일반적으로 태양광 이외의 인공적으로 만들어진 광원을 말하지만, 특히 사진의 경우에는 광원의 색온도나 다른 빛의 성질이 사진 촬영용으로 설계되어 품질관리가 되어져 있는 것을 말한다. 대표적인 사진용 광원으로써 스트로보, 플래시 밸브, 리프렉타 램프(사진 전구)가 있다. 리프렉타 램프는 통상, 포토 레이트나 정물 촬영, 문헌의 복사 따위의 조명 광선으로써 사용되고 있다. 스트로보나 플래시 밸브는 일반에게는 야간이나 실내에서 스냅이나 기념 사진의 광원으로써 이용되고 있지만 여기에 소개하는 오픈 플래시나 디라이드 싱크로 기법 등의 테크닉을 마스터하면 테크닉도 더욱 풍부해지고, 충실한 사진 촬영을 즐길 수 있다. 이즈음에서 사진용의 인공 광원의 다목적 활용 기술을 소개함과 함께 각각 기재의 장점이나 사용상의 주의점 등에 대해 충고해 나가겠다.

91. 스트로보의 사용 방법

사진 촬영용 인공 광원으로 평소 가장 가까운 것이 스트로보일 것이다. 그 가운데서도 특히 클립언 타입이나 클립 타입의 소형 스트로보는 가지고 다니기가 편리해서 인기가 있다. 스트로보의 광원으로써의 장점은 우선 섬광 시간이 상당히 짧은 것으로, $\dfrac{1}{1000}$ 초 내외인 것이 가장 많다. 이 장점을 최대로 이용해서 야간이나 실내에서외 스냅 사진이나 곤충 또는 동물의 기록, 물체의 움직임의 순간 등에 도전해 보자. 간단한 조명 광원으로써만이 아니고 발광의 순시성을 적극적으로 이용하는 방법을 연구해서 아이디얼한 사진을 즐기려면, 그를 위한 스트로보 촬영 때의 필요 최소한의 지식을 이해해 두지 않으면 안된다.

크립 온 타입

발광부의 각도가 바뀌는
스트로보(미놀타)

마린 스트로보(수중)

그립 타입 오토 바운드 기구의
스트로보도 있다.

링 스트로보

적외선 스트로보

접사 장치에 링 스트로보를
부착한 카메라

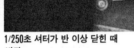

X접점(1/60~1/125초)
셔터 전개시에 발광(동조)

1/250초 셔터가 반 이상 닫힌 때
발광

1/500초 셔터가 닫히기 직전 발광

92. 스트로보 촬영의 기본

● 셔터 스피드는 × 마크 이하에서

35밀리 일안 레프렉스의 포우컬 플레인 셔터는 스트로보의 발광 때에 셔터막이 완전히 열려 있지 않으면 안된다. 카메라 셔터 다이알에는 X 기호인 빨강으로 표시되어 있는 스피드가 있기 때문에 X 또는 그 보다 슬로우 셔터를 사용하면 셔터막은 항상 전개(展開)된다. X 기호보다 빠른 셔터를 사용해서는 안된다. 메탈 포우컬 셔터에서는 상하로 셔터막이 주행하는 구조로 되어 있다.

포우컬 플레인 셔터는 앞막이 달리고 뒷막이 좇아서 계속 달린다. 어떤 폭을 가진 틈 사이=슬릿이 필름 직전을 달린다. 스트로보의 섬광 시간은 매우 짧기 때문에, 고속 셔터에서 촬영하면 뒷막이 달려서 전개(展開) 상태에서 발광할 수 없게 된다. 렌즈 셔터에서는 셔터 날개가 열리고, 닫히는 구조이기 때문에, $\frac{1}{500}$ 초에 고속 셔터에서도 전개 상태로 스트로보가 동조한다. 따라서, 스트로보 촬영을 충분히 이용하면 셔터 스피드로 제한된 포우컬 플레인 셔터보다 렌즈 셔터식이 유리하다고 말할 수 있다.

- 가이드 넘버(GN)는 무엇인가

스트로보의 카타로그나 사용 설명서에는 'GN34 · ASA100 · m' 등의 표기가 있다. 이것은 ASA 100의 필름을 사용하고, 거리를 미터로 측정한 경우의 가이드 넘버를 의미한다. 그 가이드 넘버는

$$가이드\ 넘버(GN) = 조리개\ 수치 \times 조사(照射)\ 거리$$

스트로보 촬영의 노출은 조리개로 조절한다. 적정 노출의 조리개 수치를 계산할 때는

$$조리개\ 수치 = \frac{가이드\ 넘버}{조사(照射)\ 거리}$$

예를 들면 'GN34 · ASA 100 · m'에서는 스트로보와 ASA100의 필름에서 촬영한다. 촬영 거리는 4 m. 적정 노출의 조리개 수치의 계산은 밑의 표시대로 8.5가 된다.

$$\frac{가이드\ 넘버 \cdot 34}{조사(照射)\ 거리 \cdot 4} = 8.5$$

조리개는 8 다음이 11이기 때문에 가까운 쪽의 F8에서 노광(촬영)하면 좋다. 따라서 가이드 넘버라는 것은 그 스트로보의 빛의 강도의 정도를 표시한다.

- 가이드 넘버 다이알을 본다

실제로 촬영하는 경우 노출의 결정은 스트로보에 붙어 있는 '가이

미놀타, 스트로브 메타

드 넘버 다이알'을 이용한다.

다이알 읽는 방법

① 사용하는 필름의 감도를 바르게
맞춘다.

② 거리의 숫자 표기가 미터와 피트
로 함께 표기되어 있는 스트로보일
때에는 혼동하지 않도록 주의한다.

• 오토 스트로보의 경우

사용하는 스트로보가 오토 스트로보(자동 조광 스트로보)일
경우에 노광은 더욱 간단하다. 그러나 최소한의 확인을 게을리해서는
안된다.

① 사용하는 필름의 감도를 스트로보에 바르게 세트한다.

② 자동 조광 범위 내의 조리개 수치를 확인한다. 예를 들면 F4~
F11로 되어 있으면 그 이외의 조리개 수치를 세트해도 자동 조광하지
않는다.

③ 선택한 조리개 수치(스트로보에 세트한 조리개 수치)를 카메라
의 조리개에 바르게 세트한다. 이것을 틀리게 하면 노광의 과부족이
생긴다.

④ 스트로보에 따라서는 사용 필름의 ASA 감도에 따라 사용하는
조리개 수치가 결정되는 경우가 있으므로 주의한다.

⑤ 오토와 수동으로 교환이 가능한 타입인 경우에는 교환 레버를
반드시 오토에 세트한다.

202

93. 스트로보의 점검과 보관

아무리 우수한 스트로보라도 막상 촬영할 때에 발광하지 않으면 아무 소용이 없다. 촬영 전에 반드시 중요한 곳을 점검해서 발광을 확인해 두어야 한다.

〈점검〉

① 파이롯트 램프가 붙어 있는가

전원 스위치를 넣어서 몇 분이 지나도 점등되지 않을 경우에는 전지가 다 되었든지 고장이다. +—전지 배열도 확인을 한다. 그렇게 해서 점등되면 발광시켜 본다.

② 섬광 반복 간격은 어떠한가

발광시켜서 다음의 파이롯트 램프가 들어올 때까지의 시간이 30초를 넘을 때는 밧데리의 수명이 다한 것이다. 장시간 사용하지 않은 경우는 처음의 충전에 시간이 걸리는 수가 있다.

③ 발광 테스트

싱크로 코드를 카메라의 터미날에 연결하고, 안 뚜껑을 열고, 렌즈 쪽에서 발광해 본다. 파이롯트 램프가 점등해서 발광하지 않을 경우는 싱크로 코드의 단전이라든가 접촉 불량 또는 카메라의 싱크로 회로나 스트로보 본체의 고장이다. 발광해서도 렌즈를 지나 빛이 나오지 않을 때는 셔터 불량이다.

〈보관 주의〉

① 콘덴서의 열화를 방지하기 위해 사용 후 한 번 충전해서 스위치를 끊는다.

② 불필요한 전지 소모와 누액(漏液)에 의한 사고를 방지하기 위해

장시간 사용하지 않을 때에는 전지를 **빼둔다**.

③ 장시간 사용하지 않을 때는 ①과 같은 이유로 때때로 충전 상태로 한다. 잇따라서 발광 테스트도 해 둔다.

④ 고온다습한 장소는 피한다.

⑤ 싱크로 코드, 밧데리 코드는 난폭하게 다루면 선이 끊어지는 경우가 있으므로 주의한다.

50밀리 렌즈

28밀리 렌즈

24밀리 렌즈
스트로보의 조사각(照射角)보다도 렌즈의 화각 쪽이 넓으므로 주변이 좀 어두워져 버렸다.

24밀리 렌즈(와이드 퍼넬 사용)
와이드 퍼넬을 사용한 것으로 주변부에도 빛이 둘러 있다.

94. 와이드 렌즈와 조사각(照射角)

스트로보의 조사각은 발사한 빛이 퍼져서 비친 범위를 각도로 표시한 것으로 렌즈의 화각(畫角)에 해당하는 것이다. 보통의 소형 스트로보의 조사각은 65도(35mm판에서 35mm 렌즈 화각에 해당)~74도 (같은 28mm 렌즈 화각에 해당)로 되어 있다. 따라서 조사각보다 넓은 화각을 가진 와이드 렌즈를 사용할 경우, 화면의 주변부는 거의 빛이 비추지 않으므로 어두워져 버린다. 이같은 경우를 와이드 퍼넬이라고 하고 스트로보 앞면에 장치한 플레이트(乾板)가 준비되어 있는 스트로보라면 조사각을 넓힐 수도 있다. 이 경우 스트로보의 광량이 떨어지므로 조리개를 열어서 커버한다. 조리개 1을 여는 것이 일반적이다.

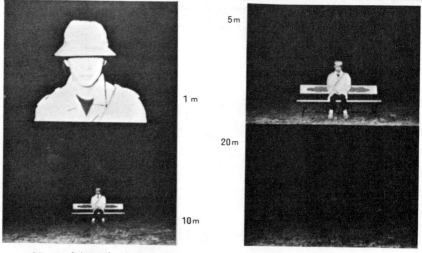

3m

어디까지 빛이 들어오는지 시험해
보라.

• 가이드 넘버-24(ASA 100 m)의 스트로보 사용
• 조리개 F5.6에서 촬영

5m

1 m

20m

10m

95. 조사(照射) 거리와 광량(光量) 조절

최근에는 오토 스트로보가 일반적이다. 오토 스트로보의 경
우, 지정된 자동 조광 거리의 조리개를 셋트하는 것만으로 적정 노광
을 할 수 있다. 그러나 어떤 먼 장소까지 빛이 닿는 것은 아니므로
주의하자. 오토가 아닌 스트로보에서는 1미터 이내의 근접 촬영의
경우 조리개가 깨끗하지 않는 경우가 있다. 광량 조절이 가능한 스트
로보라면 저광량으로 바꾼다. 조절 기구가 없는 스트로보일 경우는
흰가제나 손수건을 스트로보의 앞면에 댄다. 보통 흰 손수건을 사용
하면 조리개의 빛의 강도가 떨어진다. 또 강한 그림자를 방지할 수도
있다.

206

24밀리, 조리개 F11, X접점, 트라이 X

거의 빛이 없는 곳에서 스트로보 빛만으로 촬영.

96. 스트로보 촬영—주광선으로써 사용한다

스트로보를 주광선으로써 사용한다는 것은 문자 그대로 스트로보의 빛으로 촬영하는 것이지만 피사체의 여러 조건에 따라 생기는 기술적인 포인트에 대하여 간단하게 충고해 두겠다. 스냅 촬영 등에서 인물이 실내의 벽 바로 앞에 서 있는 경우는 스트로보의 그림자가 인물 뒤로 까맣게 찍혀버리기 때문에 인물을 벽에서 조금 떨어뜨리면 된다. 삼각 다리로 카메라를 고정하는 경우 스트로보를 조금 위에서 발광시키면 그림자는 밑으로 떨어져 조명이 자연스럽게 된다. 또 오토(Auto) 타입에는 없는 스트로보에서 야간 스냅을 할 경우 가이드 넘버에서 산출한 조리개 수치보다 1~2조리개를 열어두는 쪽이 좋다. 피사체 주위에 빛을 반사하는 것이 적기 때문이다.

밖의 밝기와 밸런스시킨다.

밖의 빛에 맞는 노광으로 찍으면
얼굴은 어두워져 버린다.

스트로보를 보조광으로써 사용한다.

밖의 빛만으로 촬영하면 그림자가 생기다

97. 스트로보 촬영—보조광으로써 사용한다

예를 들면 한낮에"'창가에서 인물을 촬영한다'라고 하자. 창에서
들어오는 빛을 주광선으로 해서 찍고 싶겠지만 그림자가 심해서 분위
기를 깨트려 버릴 수가 있다. 밖의 빛과 실내의 빛의 강도가 극단으로
다르기 때문이다. 이럴 경우 새도우 일부(그림자 부분)에 대해서
스트로보로 보조광을 비춰주면 좋다. 미리 바깥의 빛을 측정해 두고
그보다 약한 빛이 되도록 스트로보의 조광 거리를 조절하고, 또 스트
로보 앞면에 가제 등을 세트해 발광시키면 좋다. 그러나 스트로보의
보조광이 창으로부터의 주광선보다도 지나치게 약하면 분위기가
변해 버리므로 주의한다.

208

↑ 스트로보의 직사로 촬영

← 천정에 바운스시켜 촬영

하얀 반사판   하얀 반사판

스트로보

카메라

반사판은 미닫이 문 등에
시트를 펴기도 하고 판에
켄트지를 바르면 좋다.

98. 바운스 라이팅

　실내에서 인물을 촬영하는 경우, 직사(直射)하면 심한 그림자가
생겨 분위기가 깨져 버릴 수 있다. 이와 같은 때에는 그 방에 흰 천정
이나 벽이 있으면 그것들을 향해 발광시켜 반사광으로 해서 이용하면
소프트한 빛을 얻을 수 있다. 다만 칼라 촬영의 경우에는 반사면의
색이 피사체 면에 반사되므로 반드시 흰 천정이나 벽에 반사시키지 않
으면 안된다. 만약 천정이나 벽에서 반사를 기대할 수 없는 경우는
흰 종이 따위를 적당한 장소에 세트해서 이것으로 반사시키면 된다.
다만 반사광이므로 그만큼 빛이 약해지기 때문에 조리개 수치를 조정
시키지 않으면 안된다. 반사물(物)과의 거리에 따라 다르지만 보통
조리개를 1~2개 열어두면 된다.

↑ 스트로보의 직사로 촬영

→
앞 페이지의 바운스 시킨 위치에서
스트로보로 손수건을 세트해서 촬영
했다. 코 옆의 그림자가 바운스보다
조금 강하지만 전체는 꽤 소프트한
것을 알 수 있다.

99. 데이휴우즈의 이용

스트로보의 앞면에 트레이싱 페이퍼나 흰 가제, 손수건 등을 걸쳐
서 빛을 확산시켜 광선을 소프트하게(데이휴우즈) 한다. 그 효과는
바운스 라이팅과 같지만 피사체의 주위에 적당한 흰 반사물이 없을
경우에 편리하다. 또 스냅 촬영 등에서, 거리가 지나치게 가까워 조리
개가 깨끗하지 않는 경우에는 광량을 떨어뜨리고 빛을 소프트하게
하기 위해 데이휴우즈할 때도 있다. 주의할 것은 오토 스트로보의
경우, 빛을 받는 센서에 가제 등이 걸리지 않도록 해야 하며 직사의
경우 조리개 수치에서 조리개 1을 더 열어서 광량 저하를 보충하는
것을 잊어서는 안된다.

〈예〉 백 노출, 조리개 F8, 1/125초

GN 24

(GN) 24÷(거리) 3ｍ =조리개 F8 F 8,1/60초
(X접점)에서 인물이 적정된다. 그러나
배경은 1단 오버로 된다.
그래서 (GN) 24÷(배경의 조리개) 11=
약 2ｍ,
2ｍ의 거리에서 찍으면 인물과 배경이
적정으로 된다.

3ｍ

오토 스트로보의 경우

오토 스트로보의 경우는 배경이 그늘이
되는 곳에서 찍으면 좋다. 오토 스트로보
는 반사해온 빛을 측정해서 동조하기 때문
에 강한 빛이 들어와 버린다.

100. 개인날 싱크로

개인날 밖에서 포토레이트나 기념 사진을 촬영할 때는 아무래도
그림자가 자주 생긴다. 그래서 스트로보를 보조 광원으로 사용한다.
또 역광으로 촬영하는 경우, 배경의 밝기와 얼굴의 밝기를 조화시킬
수도 있다. 셔터 스피드를 X접점으로 세트해서 촬영하면 좋다. 오
토 스트로보가 아닌 경우는 우선 자연광의 밝기를 측정하고, 셔터
스피드 $\frac{1}{60}$ 에서 적정 조리개를 산출하고 가이드 넘버에서 산출한
조리개 수치와 비교해서 스트로보가 너무 밝으면 데이휴우즈(흰 손수
건 등)로 빛의 양을 떨어뜨리면 된다. 이 경우, 스트로보 중심의 노광
을 하면 독특한 분위기의 사진을 만들 수 있다.

스트로보 없이 ↑   ↑ 스트로보 동조

역광에서의 스트로보 촬영
←

흐린하늘, 건물의 그늘 등은
광선에 방향성이 없기 때문
에 스트로보를 태양으로
간주해서 촬영.

저녁 풍경을 백으로 촬영↓

212

■다등(多灯) 싱크로

□ 증등 코드로 점차로
스트로보를 접속시켜 가는 방법

□ 증등기를 사용한다. 카메라에
접속시킨 스트로보의 빛을 받는 기구가
받아 동조한다.

□ 4개의 싱크로 접점이 있는
싱크로 터미널을 사용한다.

101. 다등(多灯) 싱크로

한번에 2개 등 이상의 스트로보를 발광시켜 찍는다. 포토레이트 촬영이나 정물 촬영에 이용하지만 한 개 등을 주광선으로 다른 한 개 등을 보조 광선으로 한다. 노출은 주광선을 기준으로 결정한다.

102. 오픈 플래시

캄캄한 장소에서
셔터를 밸브로 하여
3 회 발광(發光)시켜 촬영.

두운 곳에서 스트로보를 조사하면 빛이 닿는 범위만이 찍힌다. 때문에 아주 어두운 장소에서 셔터를 밸브)로 해도 빛이 없으면 필름에는 아무 것도 찍히지 않는다. 그래서 스트로보를 몇 번 조사(照射) 서 찍는 방법이 생각된다.

슬로우 셔터에 스트로보를
동조시킨다.

슬로우 셔터에서 움직이는 어떤 것을 찍으면 움직임은 흔들려서 찍힌다. 스트로보 빛은 순간광(光)이기 때문에 정지해서 찍힌다. 이 두 가지 요소를 플러스해서 흔들림과 빛의 흐름을 조합시켜 잡을 수가 있다.

214

이 표는 6B밸브의 가이드 넘버 표이지만 그립 타입의 표준형 스트로보와 거의 같은 광량이 있다는 것을 알 수 있다. FP급의 플래시 밸브는 셔터 스피드에 전속 동조하지만 셔터 스피드에 의해 가이드 넘버가 변하는 것에 주의한다.

FP급(포컬 플랜셔터용) 6B 플랫슈 밸브 가이드 넘버 표(메틀)

셔터 스피드	필름 감도(ASA)			
	3 2	6 4	1 0 0	2 0 0
1/60	1 8	2 4	3 2	4 6
1/125	1 4	1 8	2 4	3 2
1/250	1 0	1 2	1 6	2 4
1/500	6	1 0	1 2	1 6

103. 플래시 밸브의 사용 방법

오늘날 35mm 일안 레프렉스 카메라에서의 플래시 촬영은 스트로보 촬영이 압도적이지만 플래시 밸브(섬광구:閃光球)의 가치가 완전히 없어졌다는 것은 아니다. 피사체의 조건이나 피사체와의 거리에 매치한 광량의 밸브(구:球)를 적당히 선택할 수 있는 것이라든지, 가이드 넘버 34(ASA100m) 정도의 그립 타입의 스트로보와 비교하여 같은 광량을 얻는 밸브와 플래시 감(접는 식)의 모든 중량이 각별히 가벼운 것 등 사용 방법에 따라 편리한 면이 많다. 스트로보를 가지고 걷기에는 조금 힘들겠지만 광량이 큰 플래시 촬영을 할 때에는 최적의 방법이다. 35mm 일안 레프렉스 카메라에서는 FP급 밸브를 사용한다.

1/500초

1/15초

플래시 밸브의 싱크로 테스트

1/125 초

1초

많은 수의 기념 사진은 조사각(照射角)이
나 광량면에서 플래시 밸브가 유리하다.

　　플래시 밸브에는 MF급, M급, FP급의 종류가 있지만 일안 레프렉스 포우컬 플레인 셔터 카메라의 경우에서는 FP급의 밸브를 사용한다. FP급 밸브의 장점은 각 셔터 스피드에 따라 가이드 넘버가 변화하지만 전속(全速)으로 조절하는 것 즉, 슬로우 셔터에서 $\dfrac{1}{500}$, $\dfrac{1}{1000}$ 의 고속 셔터까지 어떤 셔터 스피드라도 사용할 수 있다는 점이다. 피사체의 움직임에 매치하는 셔터 스피드를 선택하면 된다. 움직이는 어떤 피사체를 슬로우 셔터로 찍으면 낮과 같이 흔들려서 찍히는 것에 주의해야 한다. 또 이것을 감동의 표현으로써 효과적으로 이용할 수도 있다. 즉 플래시 밸브에는 흑백용과 칼라용 두 가지가 있지만, 칼라용 밸브에서 흑백 촬영을 해도 지장없다.

216

● 칼라용－청색
모노크로용－백색

램프 볼터
적당한 곳에 끼어 세트할 수 있다
스탠드가 달린 것도 있다.

리프렉타 램프에는 부드러운 빛으로 조사각의 넓은
플랫 타입과, 강한 빛으로 조사각이 좁은 스폿트
타입이 있다.

104. 사진 전구의 사용 방법

일반적으로 사진을 찍는 즐거움은 밖에서는 스냅 사진이나 포토레이트, 풍경 사진이 대표적이지만, 평범한 라이팅(채광법) 포인트를 내다보고 사전 전구를 이용한 패밀리 포토레이트나 정밀 사진도 즐길 수 있다. 라이트나 모델, 카메라의 위치 변화로 표정이나 분위기도 점점 바뀌어 가는 포토레이트, 또 여행의 추억이 깃든 인형이나 공예품, 그 이외에 도자기나 생활 등의 정물을 보다 인상적이게 사진으로 할 수도 있다. 라이트를 이용한 사진 촬영은 어쩐지 몹시 성가실 것 같지만 시작해서 보면 그 재미에 사로 잡혀 있는 자신을 발견할 것이다.

105. 사진 전구 2개로 홈 스튜디오가 만들어진다

2개의 사진 전구가 있으면 손쉽게 포토레이트 촬영을 할 수 있다. 여성 포토레이트뿐만 아니라 가족 포토레이트 등에도 활용된다. 주광선은 명암의 폼(form)을 만들고, 보조광은 명암의 콘트라스트를 조정하기 위한 라이트이다. 주광선으로는 500W의 플랫 타입, 보조광으로는 300W의 플랫 타입의 라이트를 이용한다. 보조광에서 명암의 콘트라스트를 조정하는데는 원칙으로써 항상 카메라 위치에서 모델을

《플랜 라이팅》
가장 표준적인 라이팅에서 하이라이트 부분이 얼굴의
2 / 3 이상을 점유, 밝은 분위기가 된다.

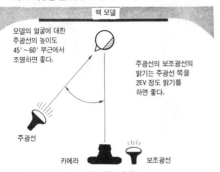

모델의 얼굴에 대한
주광선의 높이도
45˚~60˚ 부근에서
조명하면 좋다.

백 모델

주광선의 보조광선의
밝기는 주광선 쪽을
2EV 정도 밝기를
하면 좋다.

주광선

카메라   보조광선

〈1개의 등으로 사진을 찍을 때에는〉
사진 전구가 1개일 때에는 사이드에 하얀 켄트지를
놓아서 반사광을 어두운 부분에 닿게 한다.

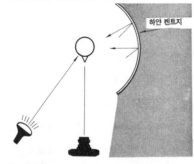

하얀 켄트지

《샤트 라이팅》
샤드 부분이 얼굴의 2 / 3 이상을 점유, 떨어진 무드가
된다.

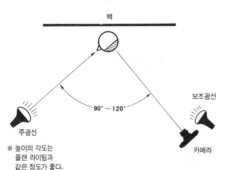

백

보조광선

90˚~120˚

주광선

카메라

※ 높이의 각도는
   플랜 라이팅과
   같은 정도가 좋다.

조명하고, 높이는 얼굴 약간 위에서 조명한다. 다음은 조사 거리에서
콘트라스트를 조정하는 것이다. 또 핀트는 항상 모델의 눈동자에
정확히 맞춘다. 눈동자가 멍청하면 표정에 생명감이 없어진다.

톱 라이팅
경쾌·활동적인 분위기가 장점이다.

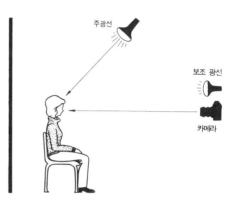

주광선

보조 광선

카메라

사이드 라이팅
얼굴의 명암이 대칭적으로 되기 때문에
독특한 무드가 잡힌다.

보조광이나 반사광은
주광선보다 강해서는
안된다.

보조 광선

1. 나무 제품   2. 나무·금속 제품

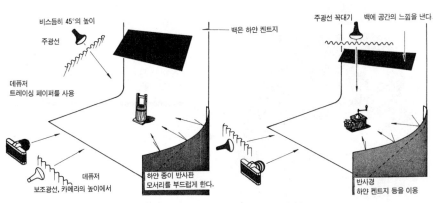

비스듬히 45°의 높이

주광선

백은 하얀 켄트지

주광선 꼭대기   백에 공간의 느낌을 낸다.

데퓨저
트레이싱 페이퍼를 사용

데퓨저
보조광선, 카메라의 높이에서

하얀 종이 반사판
모서리를 부드럽게 한다.

반사경
하얀 켄트지 등을 이용

※ 보조광선이나 반사광선을 주광선보다 강하게 되어서는 안된다.

① 입체감을 표현하고, 나무결의 재질감을 묘사하기 위해 비스듬한 광선을 이용했다(주광선).
② 그림자가 강해지면 입체감 밸런스가 깨지므로 반사판을 이용해서 그림자를 소프트하게 했다.
③ 라이트 앞에 트레이싱 페이퍼를 세트해서 빛을 확산시켜 소프트하게 했다.

① 코히밀의 핸들 부분에 작은 톤을 세운 이유로, 꽃을 눈에 띄게 하기 위해 주광선을 바로 위로 가져왔다.
② 사각 입체감을 내기 위해 측면에 반사판을 세트했다.
③ 배경의 공간을 연출하기 위해 검은 종이로 광선을 차단해 배경으로 그림자를 떨어뜨렸다.

220

3. 철제품　　　　　　**4. 철 · 나무 제품**

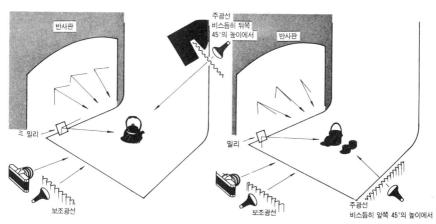

① 악센트가 있는 둥근 맛을 내기 위해 뒤쪽에서 비스듬한 광선으로 조명했다.
② 앞면의 재질감이나 모양을 묘사하기 위해 보조 광선, 반사판에 첨가해서 거울을 이용했다.
③ 주광선은 꽃의 사진처럼 앞쪽에서의 주광선으로도 괜찮다.

① 주광선은 앞의 비스듬히 광선을 이용 찻잔의 둥근 맛과 재질감 및 철 내부의 둥근 맛을 강조했다.
② 화면의 밸런스에서 새도우 부분에 놓인 철그릇의 나무 뚜껑에 악센트를 주기 위해 거울을 이용했다.
※ 정물을 찍을 때는 포토레이트와 같은 모양으로 주광선으로 전체의 인상과 필름을 만들고, 보조광선이나 반사판에서 명암의 콘트라스트를 정리한다.

5. 글라스 제품

6. 꽃꽂이류

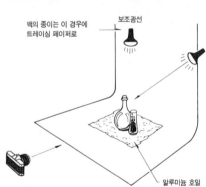

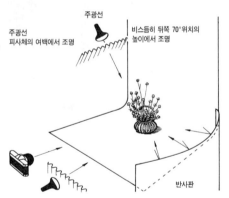

① 글라스의 투명감으로 폼(모습)을 표현하기 위해 피사체의 바로 뒤에서 주광선을 대어서 투과광으로 촬영했다.
② 주광선의 투과를 잘 하기 위해 배경에 폭넓은 트레이싱 페이퍼를 사용했다.
③ 컵의 뚜껑에 악센트를 주기 위해 바로 위에서 보조광을 비추었다.
※ 글라스 제품은 제품 사진 외에 이 사진과 같이 작품으로써 구성해도 흥미있다.

① 꽃꽂이류는 앞쪽에서 조명하면 평면적으로 되기 때문에 주광선을 비스듬히 뒤쪽에서 넣어 배경으로 부상시킨다.
② 꽃을 꽂는 용기류에 대해서는 그 재질이나 형에 맞는 보조적인 라이팅을 설치한다.
③ 생화의 경우는 라이트가 너무 가깝거나 장시간 조명하면 시들기 때문에 주의를 요한다.
④ 주위의 진동이나 공기의 흐름으로 피사체가 움직일 수 있으므로 주의한다.

정물사진의 기술을 발휘하여 촬영

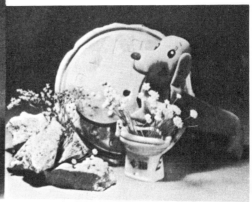

7. 민화풍의 정경

8. 도회(都會)의 개

주광선 비스듬히 45°의 높이

주광선 비스듬히 앞쪽 45°의 높이

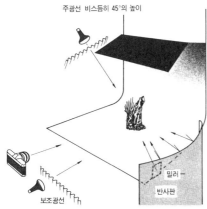

밀러
반사판

보조광선

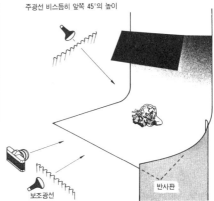

반사판

보조광선

① 석양을 본뜬 주광선을 비스듬히 뒤쪽에서 조명
② 새도우 부분의 인형에 석양의 빛을 본떠서
거울의 반사를 이용했다.
③ 배경은 검은 종이로 그림자를 떨어뜨려 공간
을 연출했다.

※ 정물 촬영의 핀트 맞추기는 피사체의 카메라쪽과 가장 깊숙한 거리의 바로 앞 $\frac{1}{3} \sim \frac{1}{2}$ 의 포인트에
핀트를 맞추고 되도록 조리개를 조여 핀트의 범위를 확보한다. 렌즈는 80㎜~105㎜ 정도가 가장 적당
하다.

제III편 암실편

사진의 기술을 크게 두 가지로
나누면 촬영 기술과 처리 기술로
나누어진다. 각종의 촬영 기술이
최종적으로는 카메라에 담겨 있는
필름에의 노광에 결집되는 것에 비해,
처리 기술은 촬영(기록)된 필름에서
자신의 표현 의도나 제작 목적에
매치되는 화상을 만드는 기술이다.
처리 기술에는 필름 처리 과정과
프린트 처리 과정이 있다. 이들의 처리
과정에 일관되는 흐름은 '눈에 의한
판단'이라고 하는 것이다. 이 눈에
의한 판단이 촬영 기술과 처리 기술을
연결하고 또한 한 장의 인화지에
인간의 감정을 불어 넣는다. '눈에
의한 판단'에 비전은 없다. 체험을
쌓아가는 가운데 이것을 기르기
바란다.

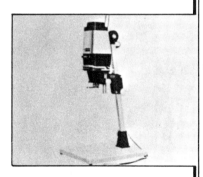

(注) '확대'에서는 바라이타에 의한 확대
처리를 하고 있다. 스피드 마무리의 RC 타입
인화지에서는 헤로 타입 건조를 할 필요가 없고,
열풍 건조나 자연 건조로 한다. RC 타입의 처리에
대해서는 '현상 확대 수첩'을 참조한다.

Ⅲ-1 필름 현상

106. 필름 현상의 도구

① 현상 탱크와 릴
현상 탱크에는 스텐레스제와 플라스틱제가 있다. 성능이나 쉽게 사용함에는 큰 차이가 없지만 현상 중의 보온성이라는 점에서 플라스틱제가 조금 우선한다. 필름을 감는 릴은 보통 탱크에 세트가 된 접는 벨트식, 양구식(兩溝式), 편구식(片溝式)이 있지만, 어느 것이나 요령만 있으면 간단하게 사용할 수 있다. 한 번에 3~5통을 처리하는 것도 있지만 우선은 1통 처리용부터 시작하는 것이 가장 좋다.

② 계량컵과 포트
계량컵은 약물을 조합할 때 물의 계량이나 약물의 모든 양을 측정한다. 포트는 계량컵과 병용해도 좋다. 약물을 따뜻하게 할 때 불에 쬐이면 편리한 것 때문에 스텐레스제나 호로제의 포트를 권하고 싶다. 계량컵은 1 l ~1.5 l 용, 포트는 2 l 용을 준비하자. 매스실린더는 정지액의 빙초산 등 소량의 약물을 계량하기 위한 것으로 100cc용이 좋다. 글라스제와 플라스틱제가 있다. 필름용, 프린트용으로 사용된다.

③ 저장병
저장병은 현상액이나 정착액 등의 약물을 저장하는 것이다. 현상액용, 정착액용 2개는 최소한 준비해 둔다. 병의 크기는 저장하는 약물의 양에 따라 정한다. 처음에는 600cc~1000cc용을 준비하면 될 것이다. 큰 병에 소량의 약물을 넣어 두는 것은 현상액의 경우 바람직하지 못하다. 병의 입구를 깎는 듯이 가득 채운 한 병이 이상적이다.

④ 온도계
현상액이나 정착액 등의 처리 온도나 약액 조합 때 물의 온도 등을 재는 온도계이다. 50℃계와 100℃계가 시판되고 있지만 100℃쪽이

다용도로 사용할 수 있어 편리하다. 또 수은계와 알콜계(적과 청)가 있지만, 프린트 처리에도 사용하려 한다면 청의 알콜계가 보기 쉽다.

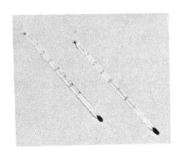

⑤ 필름 클립

수세(水洗)가 끝난 네가 필름의 양 끝을 이 클립에 끼워 끈으로 매달아서 건조하는 것이다. 이 경우 필름 하단을 끼울 클립은 낚시용이 좋다.

⑥ 네가 홀더

건조한 네가 필름을 수납하는 것이다.

형식으로써는 종래부터 있던 접기식의 것과 시트 상태로 되어 있어 정리해서 파일하는 것이 대표적이다. 그 외에 책(book) 형식으로 한쪽 면이 네가 홀더, 또 다른 면이 콘텍트 프린트를 수납하게 되어 있는 것도 있다.

⑦ 다크 백(dark back)

촬영한 필름을 현상 탱크에서 세트할 때에는 완전한 암흑이 필요하지만, 그와 같은 장소를 얻을 수 없는 경우는 다크 백을 이용하면 된다. 또 촬영 중에 카메라 안에서 필름 트러블을 일으킬 때는 다크 백에 카메라를 넣어 안에서 카메라 뚜껑을 열어 조사해 보면 좋다.

- 과정 ①에서 ⑦까지는 완전한 암흑 아래에서 한다.
- 8 이하면 전등 아래에서 하는 것이 좋다.
- 이 책에서는 오토릴 방식을 다루었다.

③ 필름을 릴에 감는다
필름면에 지문이나 상처가 나지 않게 주의한다.

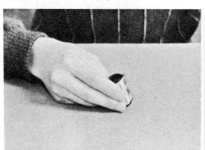

① 파트로네를 연다
나와 있는 쪽의 끝을 바닥에 두드리면 반대쪽의 뚜껑이 간단히 떨어진다. 코닥 필름은 전용 기구가 필요.

④ 스풀을 잘라낸다

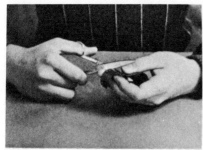

② 필름의 리더 부분을 자른다
완전히 자르면 릴에 세트하기 어려워진다.

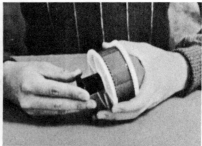

⑤ 릴에 축심을 세트한다

230

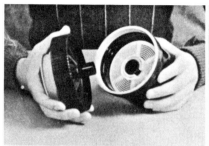

⑥ 릴을 탱크에 넣는다

⑨ 현상액을 주입, 온도 20℃
주입은 재빨리 한다. 동시에 현상 시간의 경과를 잰다.

⑦ 탱크의 뚜껑을 닫는다
정확히 확실하게 닫을 것. 여기까지는 완전한 암흑에
서 행한다.

⑩ 기포 얼룩의 방지(5초간)
현상액을 주입할 때는 필름면에 부착한 거품을 떼어
낸다. 손바닥으로 두드린다.

⑧ 현상액을 20℃에 세트한다
정착액도 미리 20℃에 세트해 둔다.

⑪ 교반(흔들어 섞음)
처음은 30초간 연속해서 한다. 그후 남은 현상 시간
중 30초에 5초간의 교반을 반복한다.

⑫ 현상 종료
현상액을 탱크에서 재빠르게 꺼낸다. 다만 다음 정지
액이 들어갈 때까지가 현상 시간이다.

⑮ 정착액을 주입, 20℃
신속 정착액 1분~3분, 연속 섞음. 보통 타입 정착액
5분~15분, 처음의 1분간은 연속, 후에는 1분마다
10초간 섞음

⑬ 정지액을 주입, 20℃
여기에서 현상이 완전히 정지한다.

⑯ 정착 완료
액을 밖으로 빼고 탱크의 뚜껑을 열어 정착의 완료를
확인한다.

⑭ 정지 완료
정지 처리는 30초간 연속 교반을 한다.

⑰ 수세, 30분간
축심에 호스를 끼워 물을 흘린다.

232

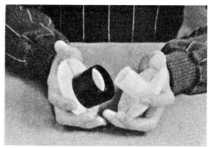

⑱ 릴에서 필름을 떼어낸다
필름에 상처나지 않게.

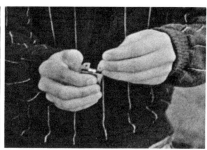

㉑ 건조
먼지 없는 장소에 매달면 자연히 건조한다.

⑲ 수적(水滴) 방지액을 넣는다
수적에 의한 네가 필름의 건조 얼룩을 방지한다.

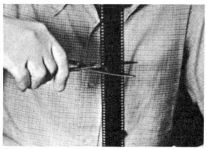

㉒ 커팅
네가 홀더에 수납하기 위해 6장씩 커트한다.

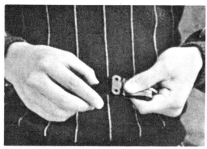

⑳ 네가 클립을 세트한다
필름의 양끝에 네가 클립을 옆으로 붙어 있게 끈을 매단다.

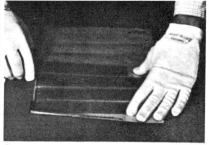

㉓ 네가 홀더에 넣는다
네가 필름에 지문이나 상처를 내지 않도록 한다.

Ⅲ-2 좋은 네가를 만들기 위하여

108. 현상 처리의 약품과 조합

〈현상액에 대하여〉

① 현상제 : 사용 필름 메이커가 지정하는 제품을 사용할 것을 권한다. 대표적인 것으로 미크로파인(후지), 코니돌파인이 있다.

② 현상액의 조합 : 50℃ 온수에서 녹인다. 50℃ 이상에서 녹이면 현상 능력이 저하될 염려가 있고, 50℃ 이하에서는 약품이 녹기 어렵다. 약품을 뒤섞는 데는 사진용 교반봉(攪拌棒)이 편리하다.

〈정지액에 대하여〉……정지액은 한번 쓰고 버린다.

① 정지액의 조합은 물 1000cc에 대해 사진용 빙초산 15cc를 희석하면 된다.

② 잘 뒤섞어서 균질의 용액으로 할 것.

③ 사용하고 버리는 것이므로 현상 처리를 할 때마다 필요량을 조합하면 된다.

〈정착액에 대하여〉

① 정착제 : 정착제에는 신속 타입과 보통 타입이 있다. 신속 타입 쪽이 처리 시간이 빠르다. 대표적 제품으로써 신속 타입에는 슈퍼 후지 훠스(후지), 코니 훠스 래피드(小西六)가 있고, 보통 타입에는 코너 훠스, 후지 훠스가 있다.

② 정착액의 조합 : 30℃의 물에서 녹인다. 30℃ 이상에서 녹이면 정착 능력을 잃을 염려가 있다. 처음 조합해서는 탁하지만 곧 투명해진다.

109. 처리액의 보관

조합한 현상액이나 정착액의 성능을 유지하기 위해서 바르게 보관하지 않으면 안된다.

① 현상액, 정착액의 조합한 날짜를 저장병에 기입한다.

② 현상액, 정착액을 사용하면 날짜와 처리 갯수를 병의 라벨에 기입해 둔다. 과도 사용을 방지하기 위함이다.

③ 현상액은 병의 입구까지 채워서 쓸데없는 공기 산화를 방지한다.

④ 액을 버릴 때는 병 안도 잘 씻을 것.

⑤ 저장액 병은 온도가 낮고 어두운 곳(18℃~22℃)에 보관한다.

110. 현 상

네가 상(像)의 농도, 계조(階調), 콘트라스트, 입상성 등에 대하여 처리 과정으로써 결정적인 작용을 하는 것이 현상 과정이다.

〈현상 온도 20℃〉

① 20℃를 넣으면 현상 농도가 증가하고, 콘트라스트도 증대해 프린트가 어렵게 된다. 그리고 조립자가 되어 화상의 선명성도 저하한다.

A 사전에 액온을 20℃로 세트한다.

B 처리중의 온도 변화를 막는다.

② 20℃ 미만에서는 화상이 필요 이상으로 얇아져 새도우 일부 (저노광부 · 네가의 얇은 부분)의 조자(調子)를 잃는 위험이 생긴다.

〈액체 온도 조정(液溫調整)〉

① 현상을 시작하기 전에 20℃에 세트한다.(A그림)

② 현상 중에도 시종 20℃를 유지하기 위해 B 그림과 같이 보온한다. 여름에는 액체 온도의 상승, 겨울에는 액체 온도의 저하를 방지하는 것이다.

〈현상 시간〉

① 현상 시간은 사용 필름과 사용 현상액의 조합에서 결정한다. 원칙적으로 사용 필름의 메카가 지정하는 현상액을 사용 지정된 시간 안에 현상하면 좋다.

② 현상 시간의 측정은 사진용의 인터벌 타이머가 가장 편리하지만 초침이 붙은 손목 시계나 자명종 시계도 좋다.

〈현상 교반(攪拌)→ 저어서 섞음〉

① 교반에는 몇 개의 방법이 있지만 사용하는 탱크의 지시에 따르면 좋다.

② 교반이 부족하면 화상에 얼룩이 생긴다. 이것을 현상 얼룩이라고 한다.

③ 교반이 과도하게 되면 화상의 농도나 콘트라스트가 증대한다.

〈정리〉

① 현상 온도(20℃)와 현상 시간을 지켜 현상 조건을 일정하게 하는 것이 필름 현상 숙달의 지름길이다.

② 현상제를 구입하면 사용 설명서를 잘 읽고 현상 시간, 처리 갯수, 조합, 사용상의 주의를 확인하는 것이 중요하다.

111. 정 지

현상의 진행을 완전히 정지시키는 과정이다.

① 액체의 온도는 20℃로 세트하는 것이 기준이지만 물의 온도대로 해도 괜찮다.

② 빙초산이 없는 필름 현상을 할 경우, 물로 대용해도 괜찮지만 처리 시간은 탱크 내의 현상액을 씻고 흐를 정도로 남기고 재빨리 정착액을 주입한다. 현상의 진행이 완전히 스톱하지 않기 때문이다.

112. 정 착

현상된 화상만을 필름에 정착하는 과정이다. 정착이 완료될 때까지는 탱크의 뚜껑을 열어서는 안된다.

〈정착 온도 20℃〉

기준은 20℃지만, 20℃ 전후라면 문제가 없다.

〈정착 시간〉

신속 타입 1~3분, 보통 타입 정착액 5~15분.

① 정착 시간이라는 것은 네가 필름의 은화상(銀畵像) 이외의 부분이 투명 상태가 될 때까지의 시간이다.

② 네가 필름의 베이스가 우유빛으로 보이는 경우는 정착 부족이다. 액체의 온도가 극단으로 낮다든지, 교반, 정착 시간의 부족 때문이다. 다시 정착액을 침투시키면 투명해진다.

〈정착액의 능력 테스트〉

정착 불량은 정착액이 새롭고, 교반이 바르게 되어 있으면 일어나지 않는다. 그러나 처리 갯수가 증가함에 따라 정착액은 능력이 저하하므로 처리 시간을 연장시키면 정착 부족을 일으킨다. 간단한 정착액의 능력 테스트를 소개해 둔다.

① 비이커에 소량의 정착액을 넣는다.

② 거기에 미현상의 필름 토막을 넣어서 휘젓는다.

③ 필름 조각이 점점 투명해지는 것을 관찰한다.

④ 거의 투명해진다. ①~④까지의 시간을 재어 둔다.

⑤ ①~④의 시간의 2배가 그 정착액 필요 정착 시간이다.

예를 들면 5분만에 투명해지면 10분 동안 정착하면 된다. 그러나 빠른 타입에서는 3분, 산성 경막(硬膜) 정착액(보통 타입)에서 7~8분이 지나도 투명해지지 않는 경우는 정착 능력에 한계가 온 것이므로 새로운 액을 사용한다.

생필름의 조각

113. 수세(水洗)

수세는 필름 베이스 안에 들어 있는 처리약물을 제거해서 화상의 보존성을 높이기 위해 행한다.

〈수세 시간은 20℃에서 30분간〉

① 겨울은 수온이 저하하므로 10분 정도 연장한다.

② 정착이 끝난 새로운 필름을 수세 도중에 첨가해서는 안된다. 이 경우 나중에 넣은 필름의 수세 시간이 끝날 때까지 앞의 필름도 수세하지 않으면 안된다.

③ 필요 이상으로 장시간 수세하면 화질에 악영향을 미친다.

114. 건 조

건조 방법에는 자연에 건조시키는 자연 건조와 필름 드라이어(사진 참조)를 사용하는 열풍 건조가 있다.

〈자연 건조〉

① 건조 도중에 수분이 남으면 건조 얼룩이 생기므로 수세가 끝난 필름은 수분 방지액을 침투시켜 건조한다.

② 수분 방지액은 원액 3cc를 물 1000cc에 희석해서 사용한다. 너무 진하면 건조 얼룩을 일으킨다. 수분 방지액에는 드라이얼(후지), 니코닥스, 포토후로(코닥) 등이 있다.

③ 수분 방지액을 사용하지 않은 경우는 수세가 끝난 필름을 매달고 사진용 스폰지로 가볍게 물을 훔쳐내면 된다.

④ 티끌이나 먼지가 끼지 않는 장소에 매달아서 건조한다.

〈열풍 건조〉

①, ③의 처리를 한 것을 필름 드라이어 안에 매달아서 건조한다.

〈건조 얼룩〉

네가 필름에 한 번 일어난 건조 얼룩은 수세를 다시 해도 절대 없어지지 않으므로 주의를 요한다. 건조 얼룩의 원인은, 건조 도중까지 남아있는 수분, 붙어 있는 티끌이나 먼지, 수분 방지액이 너무 진한 경우 등등이다. 건조 얼룩의 원인을 그림으로 설명해 둔다.

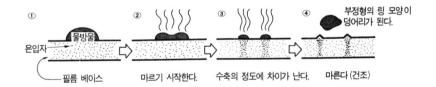

115. 마무리 판정

건조가 끝난 네가 상(像)의 마무리를 체크한다.

① 화상의 농도나 콘트라스트 등, 모든 네가의 조자(調子)를 체크한다.

현상의 부족
화상의 농도가 전체적으로 엷고, 특히 새도우 부분의 단계가 없고 프린트로 재현하는 것은 불가능하다.
주된 원인
① 현상액의 온도가 낮다.
② 현상 시간이 짧다.
③ 섞음의 부족
④ 현상액의 능력 저하

적정한 현상
화상의 전체적인 농도도 양호하고 하이라이트 부분에서 새도우 부분까지의 단계가 아기자기하게 재현되어 프린트가 쉬운 네가상이 형성되고 있다.

현상의 과도
화상의 농도가 전체적으로 너무 짙어 프린트 해도 전체의 단계, 특히 하이라이트 부분의 묘사는 어렵다. 또 상당히 입자가 거칠어질 것이 예상된다.
주된 원인
① 현상액의 온도가 높다.
② 현상 시간이 길다.
③ 섞음을 너무 많이 했다.

② 현상 얼룩이나 상처, 먼지가 붙어있지 않는가를 체크한다.

네가 현상 처리 과정에서 화상의 농도나 콘트라스트에 결정적인 영향을 주는 것은 현상 단계이다.

현상 부족이나 오버로 모처럼의 걸작이 프린트 되지 않는 것 만큼 억울한 일은 없다. 같은 실패를 반복하지 않기 위해 그 원인을 현상 조건에서 잘 뒤돌아보고 체크해 나가는 것이 중요하다.

116. 네가의 보관과 정리

① 현상이 끝난 네가 필름은 상처나 지문이 생기지 않도록 신중하게 취급한다.

② 지문이 있을 때는 그 직후라면 알콜로 훔쳐내지만 건조해 버리면 절대 지워지지 않는다.

③ 네가 필름은 저온, 저습의 장소에 수납할 것. 특히 습기에 주의하지 않으면 안된다. 네가에 곰팡이가 핀다.

④ 촬영이나 현상 처리의 데이타를 네가 시트나 네가 케이스에 기입하는 대로 번호를 붙여 다른 노트에 번호와 테마, 촬영지 등을 일람표로 해 두면 정리가 편리하다.

⑤ 네가 필름과 콘텍트 프린트를 바로 빼낼 수 있도록 해 두면 매우 편리하다. 네가와 콘텍트 프린트를 함께 정리할 수 있는 앨범이 시판되고 있다.

117. 콘텍트 프린트 만드는 방법

① 확대기의 판 위에 6절 사이즈의 인화지보다 조금 큰 듯한 펠트매트 등을 깐다.

② 매트 전체를 빛이 카바하도록 점등해 인화지의 램프 하우스의 높이를 조정해서 소등한다.

③ 매트 위에 인화지를 깐 네가 필름을 쭉 늘어놓는다. 6절 인화지 위에 6장으로 자른 네가를 6개 열거할 수 있다.

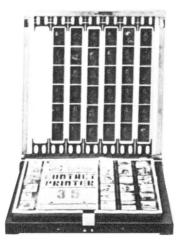

④ 그 위에 글라스를 얹는다.

⑤ 라이트를 점등한다. 네가가 표준적인 농도라면 조리개 F4에서 1~2초의 노광을 하면 좋다.

⑥ 다음은 보통의 프린트 처리를 하면 된다.

콘텍트 프린트는 네가의 그림만이 아니고 계조나 콘트라스트도 판단함으로 바른 노광과 바른 현상을 하는 것이 중요하다.

Ⅲ - 3 확대 프린트

118. 확대 용구의 종류

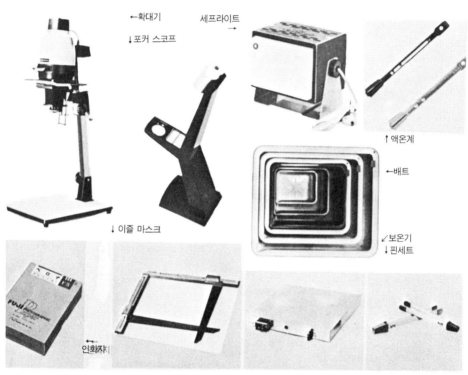

←확대기
세프라이트 →
↓포커 스코프
↑액온계
←배트
↓ 이즐 마스크
↙보온기
↓핀세트
인화지

〈확대기〉
35밀리판 전용의 깃과 35mm 브로니판 겸용기가 있다. 확대 렌즈는 35mm 필름일 경우에는 50mm, 브로니 필름은 75mm을 사용한다.

〈이즐 마스크〉
화면의 크기나 프레임을 정하는 마스크.

〈세프 라이트〉
암실에서 처리할 때 인화지를 비추는 안전광.

〈포커스코프〉
이즐면에 투영된 화상의 핀트를 확인한다. 은입자가 확대되어 보인다.

〈배트〉
현상처리를 행하는 그릇. 현상·정지·정착용의 3개가 필요하다.

〈핀세트〉
현상·정지·정착용의 3개.

〈보온기〉
겨울철의 현상액 온도의 저하를 방지하기 위하여 배트를 얹어서 20℃ 정도로 유지한다.

〈타이머 액온계〉
필름 현상과 공용.

〈프린트 드라이어〉
물로 씻은 다음 인화지를 건조시킨다. 훼로 타입판과 롤러가 세트로 되어 있다.

〈커터〉

〈수정붓과 수정액〉

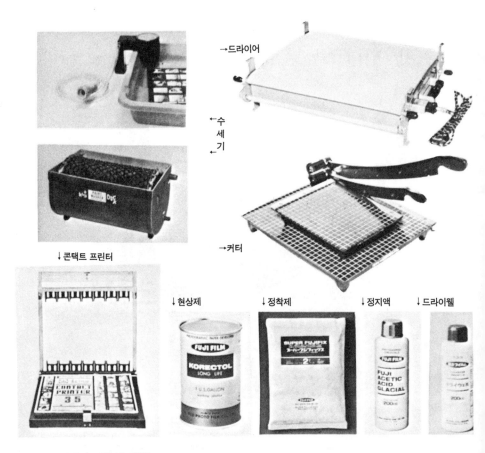

→드라이어

←수
세
기
←

↓콘택트 프린터

→커터

↓현상제   ↓정착제   ↓정지액   ↓드라이웰

〈처리 약품의 배합〉

현상 · 정지 · 정착액의 용해나 배합은 필름 현상의 경우와 같다.

현상제는 50℃, 정착제는 30℃.

- **현상액** : 인화용과 필름용은 다르기 때문에 주의.

  또 인화용은 처리매수의 다소에 상관없이 사용하고 버린다.

- **정지액** : 물 1,000cc에 대하여 빙초산 15cc. 사용하고 버린다.

- **정착액** : 필름용과 같은 것을 사용하지만, 함께 사용해서는 안된다.

- **수세촉진제** : 수세시간을 단축시킨다.

  인화지에 남아있는 정착액의 제거를 촉진한다.

- **광택액(드라이웰)** : 훼로타입 건조로, 깨끗하게 광택을 내기 위한 것.

  수포 방지제와 같다.

244

119. 확대 프린트의 과정

③ 이젤 마스크를 확대 사이즈에 맞춘다.

① 네가 캐리어에 네가를 끼운다.

④ 렌즈의 조리개를 개방해서 화상을 보기 쉽게 한
다.

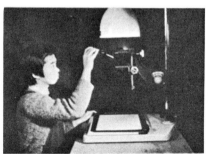

② 네가 캐리어를 확대기에 세트한다. 확대기의 라이
트를 점등한다.

⑤ 확대 사이즈에 맞추어 투영의 높이를 정한다.

⑥ 핀트를 맞춘다
조리개 개방. 화상의 중앙에서 맞춘다.

⑨ 노광
노광 중에 확대기가 움직이지 않게 주의한다.

⑦ 조리개를 조인다
F8을 상용 조리개로 하면 좋다. 조였으면 확대기의
라이트를 끈다.

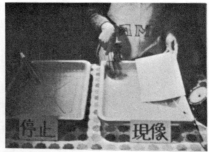

⑩ 현상 개시
액체온도 20℃.
한 번에 넣는다.

⑧ 이젤에 인화지를 세트한다

⑪ 교반
현상 중에는 항상 인화지를 움직일 것

246

⑫ 화상이 나오기 시작한다
현상 개시 후 20초~25초

⑮ 정지
연속 교반 30초

⑬ 현상의 결을 관찰한다
현상 개시 후 60초~90초

⑯ 정착
자주 교반한다
액온 20℃

신속 타입 1분~3분
보통 타입 3분~5분

⑭ 현상 중단
현상액에서 꺼낸다. 현상 개시 후 90초~120초

⑰ 정착 종료
자주 액체에서 꺼내
예비 수세통에 넣는다.

⑱ 예비 수세
정착이 끝난 인화지를 스톡해 둔다.

㉑ 건조
헤로타입 판을 드라이어에 세트한다.

⑲ 수세
얇은 광택지에서 1시간.때때로 잘 섞어 휘젖는다.

㉒ 커팅
사진의 주의를 절단한다.

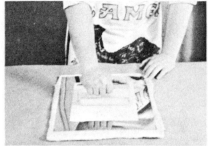

⑳ 건조
헤로타입 판에 인화지를 펼친다

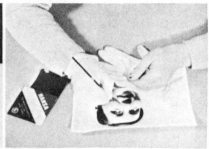

㉓ 스포팅
화면의 흰 부분을
핀홀 등으로 틈을 채워 넣어 수정한다.

Ⅲ-4 좋은 프린트를 만들기 위하여

〈프린트 불능〉
화상 전체의 농도가 너무 얇아 프린트 불능이다. 새도우 부분의 결도 거의 없다. 촬영의 노출 부족이나 현상 부족이 원인이다.

〈적정한 네가〉
각 단계가 바르게 묘사되어 있고 양호한 프린트가 기대된다.

〈프린트 불능〉
화상 전체의 농도가 너무 짙어 프린트 불능이다. 촬영의 노광 오버나 현상 오버가 원인이다.

120. 네가의 판정——확대되는가 그렇지 않은가

확대 프린트의 과정은 확대하고 싶은 네가가 과연 인화되는가 그렇지 않은가를 판정하는 것부터 시작한다. 사진의 일상 용어에서는 프린트한다는 것을 '야꾸'라고 한다.

위에 제시한 네가의 샘플은 전형적인 예이지만, 실제로는 적정한 네가를 중심으로 엷게, 짙게의 양쪽 방향으로 '인화가 조금 어렵다', '인화가 어렵다', '인화할 수 없다'라고 하는 폭이 있다. 적정한 네가, 인화하기 쉬운 네가라는 것은 하이라이트 부분(네가의 짙은 부분), 중간 단계, 새도우 부분(네가의 엷은 부분)까지의 범위가 인화지의 단계 재현 능력의 범위에 적합한 네가를 말한다.

네가의 판정은 네가의 농도나 단계 이외에 핀트의 불량도 판정한다. 이 경우는 확대 사이즈에 따라 가부(可否)의 판단이 가려진다. 작은 만큼 흐릿함이나 흔들림은 눈에 띄지 않는다.

121. 인화지의 선택—몇 호의 인화지를 사용할 것인가

확대용의 인화지에는 메카는 물론, 광택면의 상태 등에 따라 몇 개의 종류가 있지만 이들은 자신의 기호대로 선택하면 된다. 여기서 말하는 선택이라는 것은 인화지 호수(그레이드 넘버)의 선택이다. 몇 호의 인화지를 사용하는가는 네가의 콘트라스트를 기준으로 해서 결정한다.

① 콘트라스트(하이라이트 부분과 새도우 부분의 농도차)가 강한 네가에는 1~2호지를 사용한다.

② 콘트라스트가 약하고, 전체의 농도가 비교적 엷은 네가에는 4~5호지를 사용한다.

③ 하이라이트 부분부터 새도우까지의 단계가 일정해서 콘트라스트, 농도도 모두 표준적인 네가에는 3호지를 사용한다.

즉, 일반적으로 1호지, 5호지는 입수하기 어렵고, 그리고 그만큼 사용하는 일도 거의 없으므로 2호지에서 4호지를 조합하면 된다.

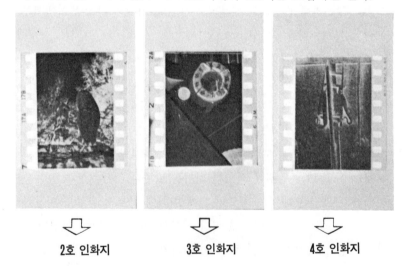

⬇ 2호 인화지   ⬇ 3호 인화지   ⬇ 4호 인화지

위의 샘플은 네가의 조자(調子)의 판정과 확대에 사용하는 인화지의 호수(號數) 조합을 나타낸 것이다. 실제로는 2호나 3호에서도 가능, 3호나 4호에서도 가능한 중간 네가가 존재하지만, 마무리 화면의 세세한 뉘앙스가 다르므로 표현의도 등을 생각해서 맞추어 선택하면 좋다. 콘트라스트가 강한 네가를 3호나 4호에서 프린트하면 보다 하이테크한 화면이 된다. 반대로 콘트라스트가 없는 네가를 2호지에서 프린트하면 억양 없는 화면이 된다.

122. 확대의 핀트 맞춤

〈핀트 맞춤의 포인트〉

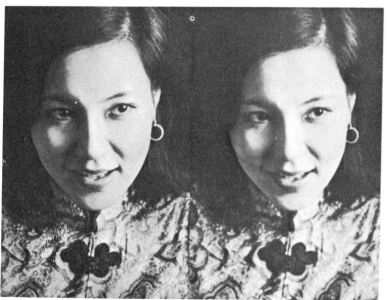

핀트 양호
화상의 은립자가 확실하므로 핀트가 맞추어진 것이 확인된다.

핀트 불량
은립자가 울퉁불퉁 나온 것 같이 보인다. 확대의 핀트 불량이다.

① 렌즈의 조리개를 개방해서 핀트를 보기 쉽게 한다.

② 이젤면(面)에 투영된 화상을 보면서 핀트를 맞춘다.

③ 화면 중앙 부분의 그림의 세세한 부분에서 핀트를 맞추는 것이 좋다.

④ 중앙부에 미세한 그림이 없는 경우는 포커스 스코프에서 화면 중앙부의 은립자를 직접 보면서 핀트를 확인한다.

⑤ 포커스 스코프에 맡겨 버리는 것은 바람직하지 못하다. 될 수 있는 한 육안으로 핀트를 확인할 수 있는 시각을 기를 것.

〈프린트에서의 핀트 판정〉

완성된 프린트에서 확대의 핀트를 확인하는 것에는 은립자를 관찰하면 된다. 정착이 끝난 싯점으로 밝은 곳에서 관찰한다.

123. 노광의 결정—조리개와 노광 시간의 조합

확대 프린트의 노광은 확대 렌즈의 조리개 수치, 카메라의 셔터 스피드에 상당하는 라이트의 점등 시간(노광 시간)의 조합으로 이루어진다.

〈조리개 수치의 세트… F8을 활용하자〉

일반적으로 카메라판 확대 렌즈의 조리개는 F3.5~F16까지이지만 카비네판에서 4절까지를 확대할 경우, F8로 세트하면 좋다.

① 조리개를 너무 열면 주변부의 핀트가 맞지 않게 된다.

② 조리개의 수치를 너무 높이면 쓸데없이 노광 시간이 길어지고 확대 흔들림을 낳기 쉬우므로 바람직하지 않다.

③ 개방 조리개는 핀트 맞출 때 화면을 밝게 해서 핀트를 보기 쉽게 하기 위해서 사용한다.

④ 네가의 농도가 상당히 짙을 때는 부득이 조리개를 F8보다 더

연다.

⑤ 네가의 농도가 상당히 엷을 때는 부득이 F8보다 조여간다.

⑥ 조리개 1개 정도의 광량 변화는 열면 2배, 조이면 $\frac{1}{2}$ 로 된다.

〈노광 시간의 판정〉

조리개 수치가 항상 F8로 일정하면 노광량 그 자체의 조절을 노광 시간의 증감으로 하면 된다.

① 적정한 노광(노광 시간)이라는 것은 프린트한 화상의 하이라이트 부분(밝은 부분), 하우톤(중간 부분), 새도우 부분(어두운 부분)의 각 단계가 일정한 현상 시간 내에 적절하게 재현되는 노광(노광 시간)이다.

② 확대 사이즈의 차이에 의한 표준적 노광 시간은 조리개 F8에서 카비네판 2초~3초, 6절 4초~6초, 4절 6초~8초이다.

③ 확대의 노광 시간을 시각적으로 판정하여 시험삼아 확대해 보면 좋다.

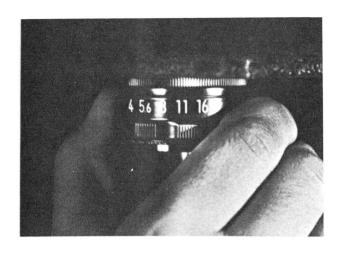

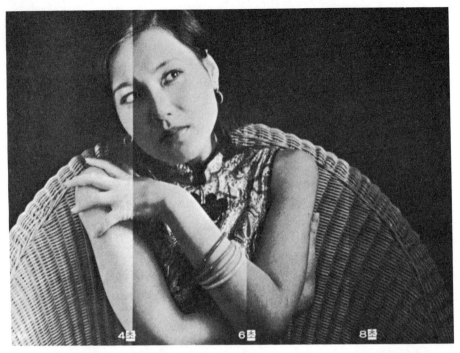

〈인화 시험의 방법〉

① 사진을 확대하고 싶은 사이즈에
화면을 확대해 핀트를 맞춘다.

② 하이라이트, 중간, 새도우의 각
계조(階調)가 포함된 화면의 주요 부분
을 선택, 그 장소에 적당한 크기로 자른
인화지를 세트한다.

③ 조리개를 F8로 세트하고, 확대
사이즈의 표준적 노광 시간을 기준으로 해서 노광 시간을 변화시키
고 세트한 인화지의 끝부터 적당한 폭으로 순차적으로 노광해 간다.

④ 테스트 노광을 한 인화지를 적당 시간, 90초~120초 정도 현
상한다.

⑤ 그 결과를 보고 가장 맞는 단계, 농도가 정리되어 있는 부
분을 판정해 노광 시간을 정한다.

254

124. 현상 과정

아래 샘플은 적정한 노광을 한 경우의
현상의 진행 상태를 나타낸 것이다.

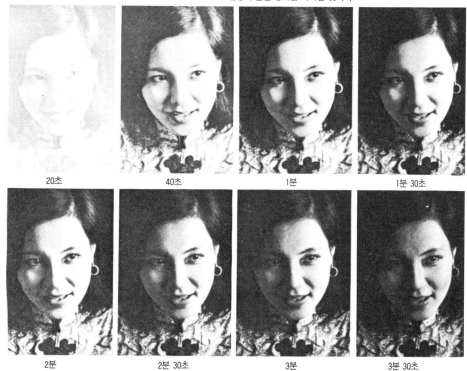

20초 · 40초 · 1분 · 1분 30초

2분 · 2분 30초 · 3분 · 3분 30초

● 현상의 진행과 노광의 과부족

① 현상액에 적정 노출을 시킨 인화지를 넣는다. 현상 개시
② 20초~25초 : 현상이 시작된다.
● 15초 이전에 현상이 시작되는 경우는 노광 오버
● 30초가 지나도 화상이 나타나지 않는 경우는 노광 언더
③ 30초~60초 : 시간의 진행에 따라 화상의 농도가 점점 증가하고
60초 전후에 화면 대부분의 단계가 빠짐없이 나온다.
● 60초가 경과해도 화상이 새하얀 것은 노광 언더
● 60초 전후로 화상이 검게 되는 것은 노광 오버
④ 60초~90초 : 농도의 상승이 무디어 90초 전후에 새도우 부분의
진행은 거의 정지한다. 하이라이트 부분의 농도가 조금씩 상승해 간
다.
⑤ 120초~150초 : 다시 화상의 농도가 증가하기 시작, 180초를 넘으
면 끝나기 시작한다. 국산 확대용 인화지의 표준 현상 시간은 인화
사이즈에 관계없이 90초~120초이다. 이 30초 사이에 계조(階調)를 관
찰하면서 현상을 중단한다.

액에 한 번에 담그지 않았기
때문에 생긴 얼룩

도중에 인화지가 떠버려서 생긴 얼룩

〈현상 얼룩의 방지〉

① 인화지를 현상액에 넣을 때는 인화지 전면을 한 번에 재빠르게 집어 넣는다.

② 넣을 때 시간이 걸리면 얼룩이 생긴다.

③ 현상액에 넣으면 금방 교반(攪拌:저음)을 시작한다. 그렇지 않으면 현상 얼룩이나 기포 얼룩이 생긴다. 기포 얼룩은 인화지에 기포가 부착한 부분이 현상되지 않고 하얗게 남는 것을 말한다.

④ 현상 얼룩은 현상의 진행이 부분적으로 늦어지기 때문에 최후까지 얼룩으로 남는다.

〈현상의 중단〉

① 계조(階調)의 변화를 관찰하면서 90초~120초에서 현상을 중단한다. 노광 오버인 것을 60초 전후에서 끝내거나, 언더인 것을 180초 이상 현상해도 계조, 색조가 불량해진다.

② 현상이 끝나면 인화지를 현상액에서 꺼내 재빠르게 정지액에 넣는다.

③ 현상은 정지액에 넣을 때까지 진행하므로 그 시간을 어림잡아서 현상액으로부터 꺼낸다.

〈현상 온도는 20℃를 유지한다〉

① 현상액은 20℃를 유지하고 부득이한 경우에도 18℃~22℃의

256

범위를 유지한다.

② 이 범위를 넘으면 일단 화상은 나오지만 바른 계조나 색조는 기대할 수 없다.

③ 20℃로 보온하려면 더블 베트 방법을 실시한다. 겨울철에는 보온기가 있으면 편리하다.

〈더블 베트〉

크고 작은 베트를 이중으로 해서 안쪽의 베트에는 현상액을 넣고, 바깥쪽 베트에는 겨울에는 22℃ 정도의 온수를, 여름에는 물에 얼음을 띄워서 현상액 온도를 20℃로 유지한다.

〈현상액의 피로〉

현상액은 단위량 당 일정한 처리 능력이 규정되어 있어 그 이상의 매수를 처리하면 일단 화상은 나오지만 좋은 결과는 나오지 않고, 심한 경우에는 화상이 갈색으로 오염되는 경우도 있다. 현상액은 피로해지면 황색의 기미가 강해지고, 거기에다 더 진행되면 다갈색으로 탁해진다. 따라서 사용 현상액에 표시되어 있는 처리 매수를 지키는 것이 중요하다. 프린트의 현상액 뿐만이 아니라 사진에서는 약물을 아끼는 것은 금물이다.

125. 정지 과정

액체의 온도는 20℃, 처리 시간은 연속 교반(攪拌)에서 30초이다. 현상이 끝난 인화지를 정지액에 넣으면 즉시 교반을 시작한다. 정지액의 역할은 현상의 정지와 정착액에 현상액이 들어오는 것을 방지하는 것이다. 처리가 끝나면 액체를 잘 없애서 정착액에 넣는다.

〈정지 과정의 주의〉

① 정지액은 물1 l 에 대해 빙초산 15cc를 용해해서 조합하지만,

이때 빙초산을 잘 저어서 균질(均質)한 용액으로 만드는 것이 중요하다. 잘 혼합되지 않은 짙은 빙초산에 인화지가 닿으면 변색을 일으킨다.

② 정지액의 처리 능력은 1 *l* 당 6절 인화지 15매~20매이다. 이것 이상의 처리를 하면 변색한다.

126. 정착 과정

정착액에 넣으면 즉시 교반을 한다. 정착 부족은 변색의 원인이 된다.

〈정착 처리 시간〉

- 산성 경막(硬膜) 정착액(보통 타입)에서 5분~10분
- 신속 정착액(래피드 타입) 1분~3분

최초의 1분 동안은 연속적으로 교반한다. 그 후는 수시로 교반을 한다. 처리 매수가 늘어남에 따라 정착 시간도 증가해 간다. 단위량 당 처리 매수는 사용 설명서에 표시되어 있다. 매수를 지키는 것이 중요하다.

《처리액 온도》 18℃~22℃ 사이에 처리하면 좋다. 보통 현상액의 온도에는 신경을 쓰지만, 정착액은 소홀히 하는 경우가 많다. 18℃ 이하가 되면 정착 능력이 극도로 저하한다.

〈정착 과정의 주의〉

① 정착액의 피로도에 주의한다. 처리 매수를 기록해 두면 좋다. 또 정착액의 피로도의 테스트 방법은 필름 정착액과 같이 생(生) 필름을 조각으로 하면 좋지만 테스트액을 사용액으로 취급해서는 안된다.

② 정착중에 때때로 흔들림이 일어난다. 인화지가 포개어진 채로

되지 않도록 한장 한장 벗기면서 행한다.

③ 지나치게 정착해서는 안된다.

127. 수세 과정

인화지 중에 포함되어 있는 정착액, 그 외의 처리액을 제거하기 위해 수세를 한다. 수세를 충분히 하지 않으면 인화지 중에 잔재한 약품로 인하여 화상이 변색한다.

〈수세 방법〉

목욕통에 수도물을 흘러들어가게 해서 수세한다(유수 수세). 물을 구석구석까지 돌도록 목욕통을 경사지게 만들어서 하는 등 연구해서 한다.

예 ①
배트에 경사를 만든다.

예 ②
①+구멍을 낸 배트

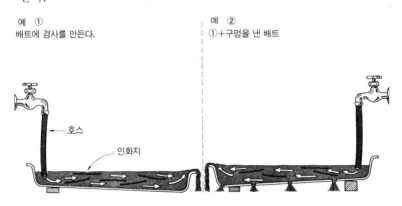

호스

인화지

〈수세 시간〉

처리 매수, 목욕통의 크기, 인화지의 두께, 물의 온도 등의 조건을 참고해서 정하지만 표준적으로는 다음과 같다.

• 보통 타입 정착액의 경우

물의 온도 20℃, 유수(流洙) 수세, 얇은 인화지로 약 1시간이 표준.

※ 신속 타입 정착액의 경우는 위의 조건에서 30분 동안이다.

128. 건조와 커팅(필름의 편집)

〈건조〉

건조에는 훼로 타입 드라이어를 사용한다. 광택지는 인화면을,
미립면의 인화지는 '뒤 붙임'이라고 해서 뒷면을 훼로 타입으로
붙인다.

〈훼로 마무리의 포인트〉

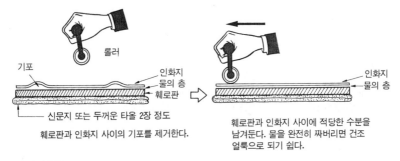

롤러

기포   인화지
                                                물의 층
                                                훼로판

—— 신문지 또는 두꺼운 타올 2장 정도
  훼로판과 인화지 사이의 기포를 제거한다.

인화지
물의 층

훼로판과 인화지 사이에 적당한 수분을
남겨둔다. 물을 완전히 짜버리면 건조
얼룩으로 되기 쉽다.

〈커팅〉

커터의 게이지에 맞추어 주위를 잘라낸다. 네 귀퉁이가 바르게
직각이 되도록 재단한다.

129. 스포팅

네가에 부착되어 있는 먼지나 상처도 화상에 하얗게 인화된다.
스포붓으로 스포팅 칼라를 붙여서 이것을 메우는 것이 스포팅이다.
① 붓을 침으로 적신다. 알맞은 끈기가 있어 물보다 먹붙이기가
좋다.

260

② 엄지손가락의 손톱에 붓으로 먹을 붙인다. 손톱을 파레트 대신
사용한다.

③ 스포팅하는 부분의 농도에 맞게 먹을 넣어간다.

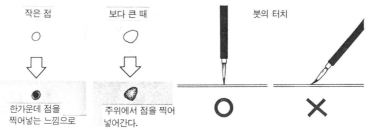

작은 점 보다 큰 때 붓의 터치

한가운데 점을
찍어넣는 느낌으로

주위에서 점을 찍어
넣어간다.

먹은 칠하지 말고 은입자상으로 점을 찍어 주위의 농도와 같게 한다.

130. 인화지의 형상과 사이즈

전지 457×560

반절 356×432

4절 254×305

6절 203×254

카비네 120×165

수표

명함

명함 50×65   배판 65×90   (축소 1 / 4.7)

262

Ⅲ - 5   테크닉

131. 조립자(粗粒子) 효과

네가 현상의 시간이 너무 길거나 온도가 너무 높으면 화면의 콘트라스트가 증대하고 조립자들이 거칠어진다. 보통의 사진에서는 이 조립자의 거칠어짐이 마이너스 요소가 된다. 반면에 조립자(= 거친 입자)의 독특한 박력이나 환타직한 매력도 있다. 조립자의 효과는 극대한 증감 현상을 일으키면 간단하게 되지만 보통 현상액의 오랜 사용을 고온으로 해서 처리하여도 좋다. 어쨌든 처리 자체는 간단하지만 고립자로 인해 생겨난 새로운 인상을 띠는 세계를 추구하는 마음이 중요하다. 그 효과를 50% 계획하고 예측해서 나머지 50%로 무엇이 어떻게 생겨나는지 모르겠다라는 점에 이 효과의 포인트가 있는 것이다.

1/30초 F5 6(ASA 1600)
증감 현상에 의해 어두운
곳도 확실히 찍혀 있다.

밝은 곳은 찍혔지만 어두운
곳은 확실하지 않다.
1/30초 F 2.8(ASA400)

132. 증감 현상

야간이나 실내 등 광선이 약한 장소에서 스냅이나 스포츠 등 움직임이 있는 사진을 촬영할 때에 효과를 발휘하는 것이 증감 현상이다. 이것은 자신이 가지고 있는 필름의 감도로서는 어딘지 부족하다고 생각될 경우에 증감 현상액으로 처리하는 것으로서, 입자는 좀 거칠고 콘트라스트는 증대하지만 프린트가 가능한 네가를 얻을 수 있다. 예를 들면 ASA400의 트라이X 필름을 ASA800~1600 상당의 감도로써 사용하는 것이 가능하게 된다. 일제의 증감 현상액으로써 대표적인 것으로 판돌(후지), 코니돌, 스파가 있다.

한번 노력해서 경험을 쌓으면 현상 시간의 연장이나 현상 온도를 조금씩 높여 데이타를 정리해 두는 것이 좋다.

이젤을 향한다. 렌즈에
가까울수록 영상은 작아진다.

보통으로 잡아 당긴 것

디플베이션하여 앵글 효과를 강조했다.

133. 데포르메션

인화지에서 인화해 프린트를 할 경우 네가 필름면과 인화지면이
서로 평행 평면으로 되어 있어야 하는 것이 전제 조건이었지만, 데포
르메션을 할 때에는 필름면과 인화지면의 평행을 제작 의도에 따라
서 뒤틀리게 한다는 것이다. 늘 익숙해져 있는 것이라도 형태가
삐뚤어지거나 찌그러지거나 하면 거기에 육안의 시야를 뛰어 넘은
신선함이 나타난다. 점점 비뚤어지게 해보자. 실기상의 포인트로써는
인화할 때 렌즈의 조리개를 죄고, 심도 중에 인화지면의 기울기를
카바하는 것이다. 이 테크닉에서 건조물(建造物)의 테두리가 조금
오므라짐을 수직으로 보정하는 것도 같은 원리로 이루어진다.

134. 다중 노광(多重露光)의 세계

보통, 사진은 한 장의 필름으로 하나의 화면을 기록하는 것이지만 다중 노광은 하나의 화면에 두 개 이상의 화면을 찍어서 넣기도 하고, 프린트하기도 해서 보통의 사진에는 없는 인상을 구성해서 표현하는 테크닉이다. 이 테크닉의 흥미는 자유스럽게 대담한 화상을 만들어 내는 것이다. 복잡한 현대 사회나 인간의 감정을 나타내는 시각 표현으로써 사진과 회화의 경계선 주위에 위치하는 흥미 있는 존재이다. 사전에 너무 세세한 계산을 해서 구성하면 감정 없는, 설명적인 이미지가 되기 쉽다. 어쨌든 자유롭고, 즐겁고 모험적으로 하는 것이 이 테크닉의 성공 포인트이다.

ⓐ   프린트 때 구성한 작품으로 ⓐ와 ⓑ 사진을 네가 합성한 것   ⓑ

135. 다중 노광의 테크닉

〈촬영할 때의 방법〉

① 한 장 촬영하고 나면 필름 되감기 보턴을 누르면서 감아올리기
레바를 돌려 다음의 셔터 찬스에 이중 노광한다.

② 한 통의 필름을 몇 번이라도 촬영해 본다.

〈프린트할 때의 방법〉

① 한 장의 인화지에 다른 네가를 인화시켜 간다.

② 두 장의 네가를 막의 면에 합쳐서 캐리어에 끼워 한 번에 인화
하면 ①과 같은 이미지가 된다(네가 합성).

① 원고 포지티브

② 물에 적셔서 붙인다.　③ 원고를 위로하여 노광(露光).,
　　　　　　　　　　　　　　현상처리를 한다.

④ 전사 네가티브

⑤
②③의 공정을 반복한다.　⑥ 완성

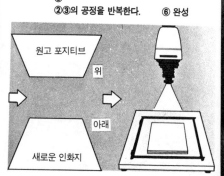

원고 포지티브

위

아래

새로운 인화지

136. 인화전사법(印畫轉寫法)

　인화 전사(印畫轉寫)라는 것은 인화지에 찍혀 있는 화상을 새로운
인화지에 몇 번 전사(옮겨 뜸)해서 새로운 이미지를 만드는 방법이
다. 포지티브에서 네가, 네가에서 포지티브로 전사(轉寫)하는 동안
콘트라스트가 강한 화면으로 되어간다. 이 기본 프로세스에 다른
화면을 넣어서 합성 사진을 만들거나, 포토그램의 기법을 첨가해
보기도 해서 어쨌든 자유롭게 이미지를 추구해 나간다. 이 방법에서
반절이나 전지의 큰 화면을 만드는 것은 작업도 대단하고 재료비도
비싸기 때문에 우선 캐비네 사이즈 정도로 작품을 만들고, 그 사진을
복사해서 반절이나 전지의 사이즈로 인화하면 된다.

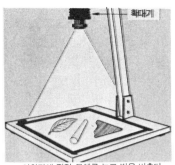

인화지에 직접 물체를 놓고 빛을 비춘다.

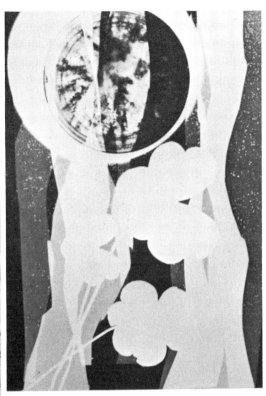

137. 포토그램

포토그램에는 카메라를 사용하지 않는다. 인화지와 빛과 물체의
게임이다. 인화지 위에다 물체를 놓고 빛을 쬐는 것이 원리이다. 빛은
인화지가 있으면 네가를 넣지 않은 상태에서 노광하면 좋겠지만 전기
스탠드 따위로도 상관없다. 물체도 완전히 빛을 통과시키지 않는 것이
나 반투명의 유동물(流動物) 등을 자유롭게 조합하면 좋다. 이 테크
닉은 찍는다는 것보다 창조해낸다는 점에 흥미가 있다. 또 풍경 사진
이나 포토레이트 등의 작품을 놓고 인화해서 노광을 하면 그 모양이
찍혀 회화적인 분위기가 난다. 어쨌든 즐기는 느낌으로 해보자.

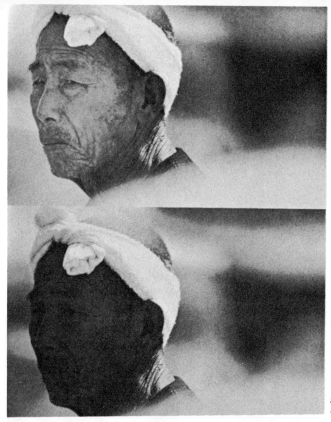

138. 덮기 인화라는 것은

네가 상(像)의 하이라이트 부분(고노광 부분·네가의 짙은 부분)
과 새도우 부분(저노광 부분·네가의 얇은 부분)의 콘트라스트가
크기 때문에 하이라이트 부분 중심의 프린트 노광을 하면 프린트에서
새도우 부분이 검게 인화되어 엉망이 되어 버린다. 이와 같은 경우,
프린트의 단계를 조절하기 위해 새도우 부분에로의 노광을 부분적으
로 조절, 즉 감소시키는 것이다. 화면의 주변 부분이라면 검고 두꺼운
종이나 손바닥으로 해도 되지만 화면 안의 경우나 작은 부분의 경우
는 위의 그림과 같은 도구를 사용해서 한다. 그러나 주의점으로는
어느 정도(시간) 가리면 되는가를 미리 시험 인화를 해서 파악해
두는 것이 좋다. 또 도구류는 까다롭게 움직여서 사용하지 않으면
안된다.

139. 인화 넣기라고 하는 것은

인화 넣기는 덮기 인화의 반대 테크닉이다. 즉 네가의 콘트라스트
가 크면 중간 부분에서 새도우 부분 중심의 프린트 노광에서는 하이
라이트 부분의 결이 나오지 않는 것이다. 이와 같은 때에 하이라이트
부분(네가의 검은 부분)에만 특히 긴 노광(시간)을 하는 것이다.
인화지면보다도 조금, 큰 검고 두꺼운 종이에 구멍을 뚫어 빛을 통과
해 인화 부분만을 노광한다. 이 경우, 구멍을 인화지에 너무 가깝게
하지 않는 것과 노광 중 두꺼운 종이를 끊임없이 계속 움직이게 하는
것은 덮기 인화의 요령과 같다. 또 표현 효과로써 화면의 주변 부분를
의도적으로 인화 넣기하는 경우도 있다.

〈시중에서 파는 판넬〉

킹 판넬 프레임

킹 우드 프레임

QS 컷폼 판넬

QS 판넬 U

〈스스로 판넬을 만드는 법〉

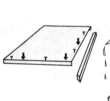

① 확대한 화면의 크기에 맞추어 베니어판을 자른다.

② 테두리를 작은 못으로 박는다. 혹은 강력 접착제로 붙인다.

③ 흐르는 채로 인화지를 놓고 끝을 접어 호치켓으로 끝을 박는다. 자연 건조로 말린다.

④ 칼라 테이프 등으로 테두리를 정리한다.

272

제 Ⅳ 편 자료편

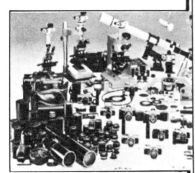

1. AE카메라는 어떤 구조로 되어 있는가

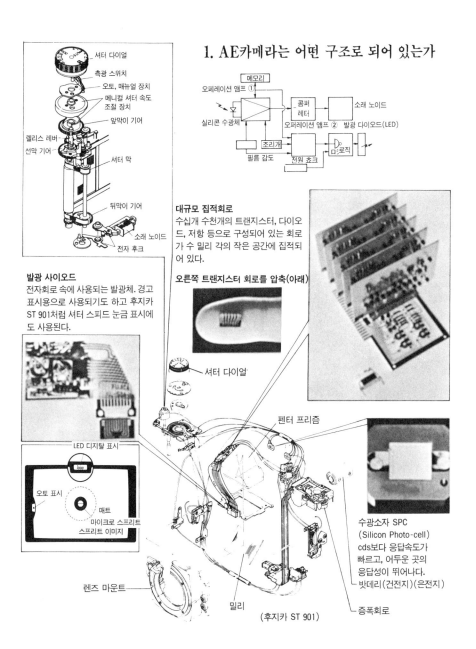

셔터 다이얼
측광 스위치
오토, 매뉴얼 장치
메니컬 셔터 속도 조절 장치
앞막이 기어
렐리스 레버
선막 기어
셔터 막
뒤막이 기어
소래 노이드
전자 후크

대규모 집적회로
수십개 수천개의 트랜지스터, 다이오드, 저항 등으로 구성되어 있는 회로가 수 밀리 각의 작은 공간에 집적되어 있다.

오른쪽 트랜지스터 회로를 압축(아래)

발광 사이오드
전자회로 속에 사용되는 발광체. 경고 표시용으로 사용되기도 하고 후지카 ST 901처럼 셔터 스피드 눈금 표시에도 사용된다.

LED 디지탈 표시

오토 표시
매트
마이크로 스프리트
스프리트 이미지

셔터 다이얼

펜터 프리즘

수광소자 SPC
(Silicon Photo-cell)
cds보다 응답속도가 빠르고, 어두운 곳의 응답성이 뛰어나다.
밧데리(건전지)(은전지)

렌즈 마운트

밀리

(후지카 ST 901)

증폭회로

오페레이션 앰프 ①
메모리
실리콘 수광체
콤퍼레터
소래 노이드
오퍼레이션 앰프 ② 발광 다이오드(LED)
필름 감도
조리개
전원 쵸크
D:로직

2. 렌즈 구성은 어떻게 되어 있는가

SMC PENTAX FISHEYE
17mm F4

SMC PENTAX
15mm F3.5

SMC PENTAX
20mm F4

SMC PENTAX
24mm F3.5

SMC PENTAX
28mm F2

SMC PENTAX
35mm F2

SMC PENTAX
50mm F1.2

SMC PENTAX
85mm F1.8

SMC PENTAX
105mm F2.8

SMC PENTAX ZOOM
85~210mm F4.5

SMC PENTAX
135mm F3.5

SMC PENTAX
135mm F2.5

SMC PENTAX
200mm F4

SMC PENTAX
400mm F5.6

SMC PENTAX
500mm F4.5

5°
4개/4K
52mm
F4.5
10m
126.5×440mm
3.330g

276

3. 일안 레프렉스 카메라의 선택 방법

수많은 카메라 가운데서 자신의 카메라를 고르려고 할 때 이것으로 할까 저것으로 할까 갈피를 못잡는 경우가 많다. 그러한 사람을 위해 어떤 카메라를 선택하면 좋을까, 카메라를 살 때의 주의점을 살펴 보자.

〈무엇을 위해 카메라가 필요한가를 생각해서 고른다〉

여행이나 가족의 기념 사진만을 찍을 것이라면 작고 가벼운 EE 카메라로 충분하다. 일의 메모 대신 사용하는 것이라면 포켓 카메라가 좋을 것이다. 그러면 일안 레프렉스 카메라는 어떤 경우에 필요한 것인가. 현대가 일안 레프렉스의 시대라고 해서 쉽게 구입해도, 충분히 익숙하게 사용하지 않으면 딱딱하고 무거울 뿐이다. 무드로써 광각이나 망원 렌즈를 사용하면 어쩐지 잘 찍히는 것 같다라든지, 근사하기 때문이라든지, 고급스런 느낌이 들기 때문이라고 하는 점에서 사는 사람이 많은 것은 아닐까. 오늘날 사진은, 단순히 찍는 것이 취미인 사람만이 아니라 여러 방면에서 사용되고 있다. 전차를 좋아하는 사람은 그것을 사진으로 찍어 모으고, 식물이나 곤충 등의 생태 사진을 모으거나 연구하고 자료로써 사용하는 등 여러 가지 목적으로 사진을 찍고 있다. 그들이 폭넓은 목적으로 찍을 수 있는 카메라가 일안 레프렉스 카메라이다. 때문에 우선 자신은 그것들의 기능의 어느 것을 이용해서 찍을까를 생각해서 일안 레프렉스 카메라+교환 렌즈+악세사리를 고르는 것이다.

〈모양을 두번째로 하고 우선 실용적인 카메라를 고른다〉

요즘의 카메라는 어떤 메이커의 것을 사용해도 실패하지 않고 잘 찍힌다. 더 발전시켜 보다 샤프해지면 미세한 곳에서 약간의 차이가 있긴 하지만 일반적으로는 큰 차이가 없다. 다만 카메라의 디자인 크기나 각부 기구의 형태, 장소, 구조 등이 달라지기 때문에 자신이 갖기 쉽고, 사용하기 쉽다고 생각되는 카메라를 고르는 것이 좋다. 또 렌즈의 헬리코이드가 메이커에 따라 근거리—원거리의 핀트 맞춤 돌리는 방법이 서로 다르기도 하다. 그리고 배경의 흐린 상태 등도 각 메이커에 따라 조금씩 다르다. 그것은 팜플렛 등을 조사해서 결정하도록 한다. 모양이 좋아도 사용하는 것이 자꾸 귀찮아진다든지 하면 카메라는 생생하게 사용되어질 수 없다. 실질적인 선택 후에 좋은 디자인을 고른다.

4. 레소지 파인더식과 일안 레프렉스 카메라
　——그 차이점과 이점은?

레소지 파인더식 카메라는 헬리코이드를 돌려 파인더 안의 2중의 상(像)을 합쳐서 핀트 맞추기를 한다→ 자동 거리 계식(連動距離計式)이라고도 한다. 파인더와 촬영 렌즈가 따로 있기 때문에 일안 레프렉스와 같이 파인더에서 보는 상이 100% 찍히는 것은 아니다. 이 점에 있어서는 일안 레프렉스가 유리하지만, 셔터가 눌려지는 순간 미러의 위 아래가 없으므로 셔터할 때의 쇼크가 적어 소리도 적고, 파인더가 밝다거나 또는 카메라가 가볍다는 것 등의 점으로 미루어 스냅 촬영에서는 레소지 파인더 쪽이 편리하다. 따라서 그다지 교환렌즈에 구애되지 않고 육안의 시야를 중시하는 사람에게 주목받고 있다.

EE 카메라 → 레소지 파인더, 레소지 셔터식

라이카 M5, 라이츠 미놀타 CL→레소지 파인더, 포우컬 플래인 셔터식(렌즈 교환이 된다),일안 레프렉스 카메라는 촬영 대상이 폭넓은 사람에게 알맞다. 카메라 전체가 무겁고 셔터 음이 큰 것이 결점이

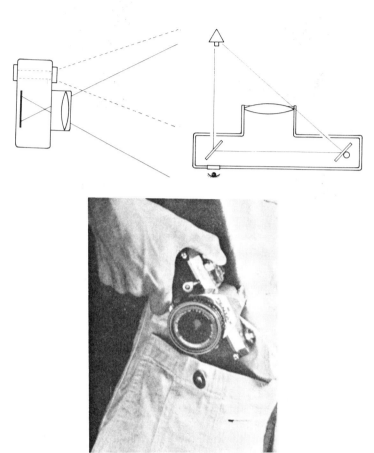

포켓에도 들어가는 소형 일안 카메라
아사히 펜닥스 MX·ME

지만 요즈음은 소형이나 경량으로 점차 개선되어 가고 있다. 사용
횟수가 많은 사람이나 여러 가지 조건하에서 폭넓은 촬영을 하는
사람은 탄탄하고 중후한 카메라를 선호한다.

5. 파인더는 교환할 수 있는 것인가

일안 레프렉스의 파인더(카메라 상부의 펜터프리즘)는 카메라에

〈예〉 니콘 F2

아이레벨 파인더(DE-1)	고배율 파인더(DW-2)
일반 파인더로 눈 높이에서 본다.	접사 등으로 작은 부분이 확대되어 보인다.
액션 파인더(DA-1)	니콘 포토믹 파인더(DP-1)
파인더 접안부에서 눈을 떼어도 전시야가 보인다. 스포츠 촬영, 모터 드라이브 등을 촬영할 때 효과가 있다.	
웨레스레벨 파인더(DW-1)	니콘 포토믹스 S 화인더(DP-2)
위로부터 접사(식물·곤충 등)나, 로우 앵글에서의 촬영에 쓰이고 있다.	노출계가 부착된 화인더

따라서 눈의 높이로 보는 아이 레벨 파인더뿐으로 교환 불가능한 것과 원터치인 것으로 교환할 수 있는 카메라가 있다. 아이 레벨 파인더는 눈의 위치에서 찍는 일반 촬영으로는 상식적인 아이 레벨이지만, 로우 앵글 때에는 위에서 들여다 보고 싶어진다, 아이피스에서 떨어져 파인더를 보고 싶다 등, 촬영 목적에 따라 보다 찍기 쉽게 하기 위한 몇 개의 파인더가 있다.

280

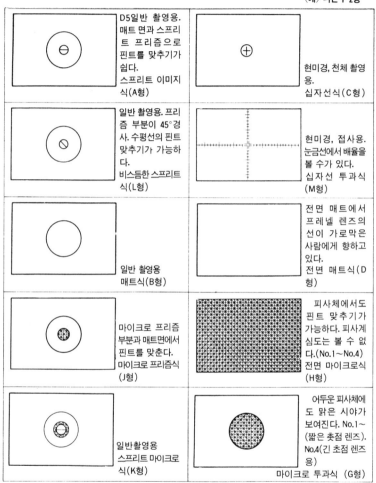

⊖	D5일반 촬영용. 매트 면과 스프리트 프리즘으로 핀트를 맞추기가 쉽다. 스프리트 이미지식(A형)	⊕	현미경, 천체 촬영용. 십자선식(C형)
⊘	일반 촬영용. 프리즘 부분이 45°경사. 수평선의 핀트 맞추기가 가능하다. 비스듬한 스프리트식(L형)		현미경, 접사용. 눈금선에서 배율을 볼 수가 있다. 십자선 투과식(M형)
◯	일반 촬영용 매트식(B형)		전면 매트에서 프레넬 렌즈의 선이 가로막은 사람에게 향하고 있다. 전면 매트식(D형)
⊛	마이크로 프리즘 부분과 매트면에서 핀트를 맞춘다. 마이크로 프리즘식(J형)		피사체에서도 핀트 맞추기가 가능하다. 피사계 심도는 볼 수 없다.(No.1~No.4) 전면 마이크로식(H형)
◎	일반촬영용 스프리트 마이크로식(K형)		어두운 피사체에도 맑은 시야가 보여진다. No.1~(짧은 촛점 렌즈). No.4(긴 초점 렌즈용) 마이크로 투과식 (G형)

6. 핀트 맞춤의 스크린에는 어떤 것이 있는가

파인더와 같이 핀트 맞춤을 하는 스크린도 기호에 따라 맞추기 쉬운 것으로 교환할 수 있도록 되어 있다.

카메라에 사용되는 전지 　　　■ 수광소자

수은전지

니켈전지. NZ13. 산화은전지. 4G 13, G13

메이커에 따라서 수광체는 여러 가지가 있다.
• 필름면 바로 앞, 렌즈와 프리즘의 중간, 밀리 부분, 펜터 프리즘, 아피스 부분 등

렌즈 　　　필름 　　　셔터막

평균 측광방식

후지카 ST 901
페트리 AE-1
토프콘 수퍼 DM
로우 라이프렉스 SL 35
코우 UW 190
페트리 FTⅡ

화면 전체의 평균적인 밝기를 측정하는 것으로, 오차가 없고, 빨리 측정된다. 그러나 주요 피사체가 평균보다 밝거나 어둡거나 역광일 때 등은 노광 오버가 되거나 노광 부족이 되기도 한다.

스포트 부분 측광방식

평균·스포트
측광전환 방식
토프콘 유니렉스 마미야
오토 X TL,
1000 D TL

피사체의 부분을 측정한다. 평균 측광과 같은 속사성에는 약하지만, 보다 정확한 밝기를 잡을 수가 있다.

중앙중점측광방식

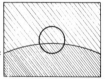

캐논 AEI
니코매트 EL
니콘 F2
올림퍼스 OM1, OM2
미놀타 X-1
코니카 T3
라이카 후렉스

평균 측광과 부분 측광을 배합한 것으로 역광일 때 등에는 위력을 발휘한다. 화면 전체를 재면서도 특히 중앙부분을 중점적으로 측광한다.

분할측광방식

미놀타 XE
미놀타 X-1

맑은 날 인물 촬영 등에서 자연광을 많이 쐬는 사진 등, 자연광이 강하고, 인물이 아래로 되기도 한다. 그래서 상하 각각으로 재어서 강한 쪽의 영향을 줄이도록 하는 방식.

7. TTL측광 방식에는 어떤 것이 있는가

대부분의 카메라는 조리개 개방 상태에서 밝기를 측정하는 '개방측광방식'으로 되어 있다. 조리개를 조인 상태에서 측광하는 방식을 '조리개 조임 측광'이라고 한다.

개방 측광, 게다가 어느 부분에 측광하는가에 따라 몇 개의 스타일이 있다.

282

8. 전지의 수명은 어느 정도인가

요즈음의 카메라에는 전지가 필수품으로 되어 있다. 수은 전지, 은 전지가 힘이 있다. TTL 노출계를 위해서만이 아니고, AE의 전자 콘트롤 셔터까지를 움직이는 데에는 고성능 전지가 필요한 것이다. 전지의 수명은 1년이 기준으로 되어 있다. 그러나 이것은 어디까지나 평균이고, 사용하는 양에 따라서 다르고, 사용하지 않아도 스위치를 ON 상태로 방치해 두거나 필름과 같은 상태, 은전지에서는 고온에 약하기 때문에 고온 상태의 보존에서 감소해 버리는 것이다. 또 까다로운 이야기이지만, 셔터 보턴을 조금 누르면 회로가 움직이게 되어 있기 때문에 오래 셔터 보턴을 누르거나 찍지 않아도 닳거나 감소하게 된다. 밧데리 첵커(checker)로 확인해서 역시 1년을 기준으로 바꾸는 편이 좋다.

9. 전자 셔터의 장점과 단점은

장점 : 빛의 변화에 따라서 셔터 스피드가 조정되고, 단계없이 노출
    이 제어된다.

⟨**AE 작동원리**⟩

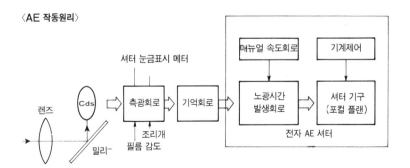

장시간 노출이 가능하다→1초 이상이 넘는 슬로우도 자동적으로 가능. 안정된 셔터 스피드를 얻을 수 있다. 접사나 현미경 촬영에서도 자동 노출이 가능.

단점 : 전지가 없으면 사용하지 못한다. 전지가 다 되면 자동적으로 기계적 제어로 바뀌어서 일정의 셔터 스피드로 된다.

니꼬메이트EL→$\frac{1}{90}$ 초. 미놀타X-1→$\frac{1}{100}$ 초 아사히펜탁스 K2→$\frac{1}{250}$ 초 이하.

전지의 특성이 저온에 약하고, 비용이 많이 든다.

10. 왜 단독 노출계가 있는 것인가

일안 레프렉스 카메라는 노출계가 전부 들어 있는 TTL 방식으로 되어 있기 때문에 일반 촬영에서는 단독 노출계를 따로 갖는 경우란 매우 드물다. 그러나 노출계가 내장되어 있지 않은 카메라나 대형 카메라에서의 촬영이나 칼라 촬영 등에서 보다 정확하게 노출을 측정하려면 독자의 노출계가 필요한 것이다. 노출계에는 반사광식, 입사광식, 부분 측광식이 있다.

반사광식은 피사체에 비치는 빛이 반사해 오는 빛을 잰다. 일안 레프 카메라의 TTL은 이 방식이다. 이 방식은 화면의 강한 쪽의 반사광을 재는 것으로 눈오는 날이라든가 역광의 경우에는 보정(補正)이 필요하다.

입사광식은 피사체에 비치는 빛의 강함을 잰다. 노출계는 피사체의 위치에 두지 않으면 안된다. 스튜디오 촬영에 주로 사용. 피사체가 검거나 하얗더라도 같은 측정치로 되기 때문에 피사치에 따라서는 보정이 필요하다.

284

부분측광

스포트 미터는 수광각이 1도~3도. 멀리 떨어진 피사체의 일부분을 측정할 때나 무대 등에서 가깝지 않은 경우에 사용한다. 하이라이트 부분, 새도우 부분 각각의 부분의 성능을 측정하는 IRE 스케일 방식도 있다.→아사히 펜탁스 · 스토프 미터

↑입사광식 노출계(미놀타)

←스폿트 노출계(미놀타)

11. 스트로보의 메카니즘은 어떻게 되어 있는가

스트로보는 크세논 가스가 주입된 방전관(放電管)이 싱크로 접점에서 토리거 코일의 스위치가 넣어져서 자극을 받아 발광한다.

오토 스트로보의 구조

스트로보에서 발사된 광선이 피사체를 비치고 있는 반사광을 스트로보의 정면에 있는 수광소자에 측광해서 사용하는 필름의 감도에 대해서 적당한 노광이 되도록 조광(調光)된 기구로 되어있다. 수광소자에는 빛에 대한 응답속도가 빠른 실리콘 포토 다이오드가 사용되고 있다.

조광(調光) 메카니즘
〈바이패스관 방식〉

① 수광소자는 피사체의 반사광을 광전류에 교환하고 각각 적산한다.

② 미리 사용 필름의 ASA 치와 조리개치가 세트된 적분회로로 적정수광량을 판정한다.

③ 적산수광량이 적정하게 되면 방전관의 발광을 정지시키기 위하여 사이리스터에 신호를 보내고 바이패스관의 트리거를 작동시켜 방전관에 흐르는 전류를 바이패스관에 흐르게 하여 발광시킨다.

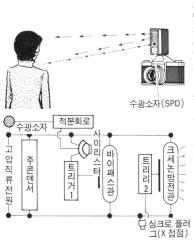

수광소자(SPD)

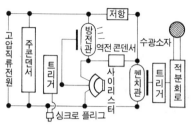

직렬 제어 방식

① 적분회로가 수광량의 적부(適否)를 판정하고, 제어신호를 내는 부분까지는 바이패스관 방식과 같다.

② 적분회로로부터의 제어 신호를 퀜치관의 트리거가 받고, 동시에 역전 콘덴서와 직렬 제어용 사이 리스터에 의해서, 방전관으로의 전류를 정지시킨다. 여분의 전기 에너지는 주 콘덴서에 의해 축적되어져 남는다. 오토 스트로보에는 두 개의 방식이 있지만 전기 소비량의 면에서 효율적인 직렬 제어 방식이 주류를 이루고 있다.

12. 브로니 사이즈의 필름에는 어떤 효과가 있는가

• 4개의 화면 사이즈

브로니 필름을 사용하는 카메라로는 6×4.5 사이즈의 일안 레프렉스, 6×6 사이즈의 일안 레프렉스와 이안 레프렉스, 6×7 사이즈의 일안 레프렉스, 6×9 사이즈의 카메라 등이 있다. 35밀리 카메라가 거의 일안 레프식으로 되어있고, 브로니 필름을 사용하는 카메라도 일안 레프화 되어있다.

• 필름이 크면 클수록 입자가 가늘다

필름 화상의 입상성(粒狀性)·조자(調子)는 저감도 필름일수록 뛰어나지만 필름 사이즈가 35밀리→6×6센티(6×7.6×9)→4×5센티→8×10센티가 될수록 샤프해진다. 그러나 필름이 크다고 하는 것은

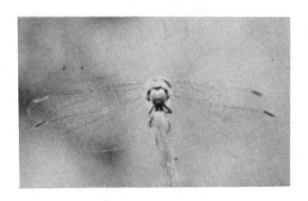

286

카메라도 크다는 것이기 때문에 기동력에 있어서는 뭐니뭐니해도 35밀리 카메라가 적합하지 않다. 하지만 정물이나 풍경 등 쭉 설치해서 노려야 하는 피사체에서부터 세세한 부분까지 샤프하게 찍을 수 있도록 하려면 그들 중형 카메라→대형 카메라의 효과는 최고이다.

브로니 필름은 6×6센치 사이즈가 대부분이지만, 35밀리 사이즈가 일반인에게 쉽게 친숙해지도록 되어 있고, 또 인화지나 인쇄물 규격 사이즈가 장방형으로 되어 있기 때문에 6×7센티 사이즈, 6×4.5센티 사이즈의 카메라를 보급하고 있다.

13. 6×6 사이즈를 어떻게 사용하는가

6×4.5, 6×7 사이즈의 화면은 가로로 길어 그다지 저항없이 프레임을 볼 수 있지만 6×6센티 사이즈의 카메라가 되면 정방형이기 때문에 시각적으로 보는 방법도 달라진다. 정방형의 화면이라는 것은 시선을 테두리의 안으로 끌어들인다. 좌우로 넓어져 가는 인상이

아니고, 사각의 화면 안에 뭔가를 보려고 하는 효과가 나는 것이다. 또 펜탁스의 6×7 등은 35밀리 카메라의 형태에서 대형화하고 있지만, 6×6 사이즈는 브로니카 EC, 코아식스, 헛셀브랫 그리고 이안 레프렉스 카메라와 페스트레벨 파인더로, 위에서 보는 스타일이 있다. 그래서 피사체를 보는 방법으로써 정방형의 파인더 안에 신경이 집중된다. 6×6 사이즈를 사용하는 것에는 사용함에 있어서는 사용 방법보다도 이 사이즈를 어떻게 살리는가가 포인트이다.

● 가로, 세로 트리밍이 자유자재이다

6×6 사이즈는 세운 위치에서 확대할 수도, 옆의 위치로 자를 수도 있는 자유로움이 있고, 사용하는 목적에 따라서는 편리한 카메라라고 말할 수 있다. 그러나 정방형의 시각에서 보는 것과 이 트리밍의 것과는 완전히 다른 눈, 다른 사용 방법이라는 것을 이해해야 한다.

14. 필름의 구조는 어떻게 되어 있는가

■ 모노크로 필름의 구조

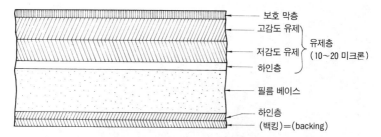

● 보호막층 : 필름의 표면을 문지르거나 했을 때, 찰상이 없도록 하는 것이다. 젤라틴으로 되어 있다.

● 유제층(乳劑層) : 계조(階調)가 정리되도록 고감도 유제, 저감도 유제로 되어 있다. 사진용 젤라틴 중에서 고순도(高純度)의 초산은

288

용액과 옥화카릴름, 취화카릴름의 혼합용을 서로 화합시켜서 만든
다. 그리고 증감제나 증감성 색소를 넣어서 감도를 올리고 계조(階
調)를 정리, 카프리를 억제하기 위해 억제제를 넣는다.

- 하인층(下引層) : 필름에 유제(乳劑)를 바르기 쉽게 한다.
- 필름 베이스 : 타지 않도록 아세테이트, 폴리에스텔수지 등의
투명한 얇은 회색으로 착색시킨 것으로 되어 있다.

두께 0.12~0.17mm
■ 칼라 필름의 구조

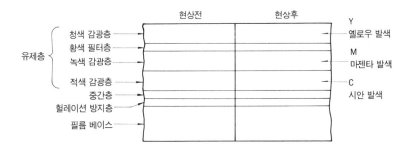

- 보호막 : 젤라틴의 얇은 막, 유제층에 상처가 나지 않도록 보호한
다.
- 청감성(靑感性) 유제층 : 자외선의 일부와 청색빛만을 감광한다
→발색 현상 후는 황색으로 발색한다.
- 황색 필터층 : 청색빛이 아래로 전달되지 않도록 한다.
- 녹감성(線感性) 유제층 : 녹색빛만을 감광한다→발색 현상 후는
마젠타색으로 발색한다.
- 적감성(赤感性) 유제층 : 적색빛만을 감광한다→발색 현상 후는
시안색으로 발색한다.
- 중간층 : 주로 녹감성 유제와 적감성 유제의 확산을 방지한다.
- 헐레이션(halation) 방지층 : 유제면을 통과한 빛이 필름 베이스

에 반사해서 유제층에 감광하는 것을 방지한다.

 • 필름 베이스 : 유제층의 지지체(支持體)

■ 빛

nm(나노미터). nm=mμ

1nm=1 / 1000μ

γ 선	X 선	자외선	가시광선	적외선	전 파
0.01nm	10nm			10μ	10nm

자 외 선	자	청	녹	황	등	적	적외선 (근적외선)	원적외선 열선
자외선 근자외선								
380nm						770nm		

사진의 대상이 되는 것이 가시광선에서 광원의 형이나 색, 물체를 투과한 빛→투과성, 물체에 반사해 온 빛→반사광에 의해 빛을 받는다.

γ선은, 원자핵 건판으로 X선

자외선은 보통의 필름에 감광, 적외선에는 감광성이 없다.

적외선은 적외선 필름에서 열선(熱線)까지 찍힐 수가 있다.

전파는 찍히지 않는다.

가시광선 이외의 전자파(電磁波)는 일반 사진에 유해하다.

■ 감광성 물질

빛에 느껴져 변화를 일으키는 물질

사진(필름 · 인화지)→은염(할로겐화은-염화은, 취화은, 옥화은).

청사진→철염

사무 복사(copy)→쟈조늄염

인쇄 : 凸판, 凹판→중크롬산염

전자 사진(제록스, 전자 카피)→셀레늄, 산화아연 등의 반도체나 유기 반도체.

인쇄용→감광성수지

■ 빛의 삼원색

290

인간이 느끼는 색의 빛, 적·청·녹을 빛의 삼원색이라고 한다. 칼라 필름은, 이 삼원색을 이용해서 3층의 감광 유제로 나뉘어지고 있다.

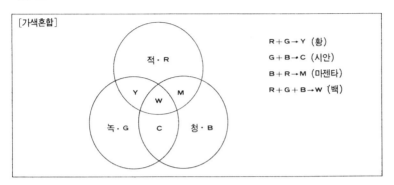

[가색혼합]

적·R

Y W M

녹·G C 청·B

R＋G→Y (황)
G＋B→C (시안)
B＋R→M (마젠타)
R＋G＋B→W (백)

■ 색의 삼원색

빛의 삼원색의 보색 관계. 이 색의 삼원색이 칼라 필름의 발색 색소로 사용되고 있다.

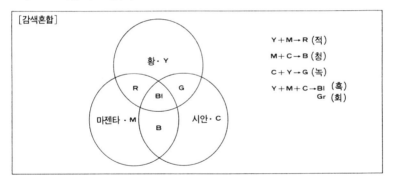

[감색혼합]

황·Y

R Bl G

마젠타·M B 시안·C

Y＋M→R (적)
M＋C→B (청)
C＋Y→G (녹)
Y＋M＋C→Bl (흑)
　　　　　 Gr (회)

15. 사진 용어

■ 카메라 타입(형식)

전자 자동 노출 제어식

전자 셔터 회로와 노출 결정 회로가 결부되어 자동적으로 노출.

AE카메라

Auto Exposure, 자동 노출 카메라. EE는 Electric Eye의 약자.

■ 렌즈

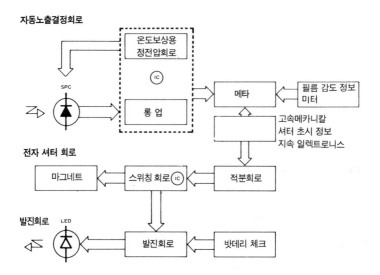

바요넷트 마운드

3~4개의 발톱 모양으로 렌즈의 착탈(着脱)을 일으키는 방식. 마운드는 렌즈를 카메라에 부착하기 위한 좌금(座金)을 말한다.

■ 파인더

펜터 프리즘

5각형 팔면체의 일안 레프렉스 카메라의 파인더로 이용되는 프리즘으로 렌즈에서 들어오는 빛이 반사해서 정위상(正位像)이 보인다.

아이 레벨

눈의 높이에서 촬영하는 카메라의 위치→아이 레벨 파인더.

포우커 싱크 스크린, 핀트 글라스

292

핀트를 맞추는 초점판.

스프리트 마이크로 프리즘식, 맷트면

'6. 핀트 맞춤의 스크린에는 어떤 것이 있는가' 참조.

아이피스

파인더의 접안부에 붙어 있는 렌즈.

파인더 시야율

일안 레프렉스 카메라는 본 그대로가 찍힌다고 해도 실제로는 필름 면에 찍힌 화상 쪽이 파인더 내에서 보이는 상보다도 더 넓게 찍힌 다. 이 비율을 파인더 시야율이라 한다. 상하 92%, 좌우 93%라고 할까, 표준 화면에 대해서 94% 등으로 쓰여지고 있다.

파인더 내정보, 내표시(內情報, 內表示)

AE카메라는 파인더 가운데 사용 셔터 스피드나 조리개 눈대중, 메 타 지침, 또는 노출 부족의 위험을 알리는 마크 따위가 표시되어 있다.

파인더 어터치먼트

여러 가지 각도에서 보이는 파인더 등의 부속품.

마이컵

접안부의 밖으로부터 빛이 들어오지 않도록 눈과 파인더를 밀착시 키는 것.

■ 측광 방식

셔터 스피드 F 넘버	1″	½	¼	⅛	⅟15	⅟30	⅟60	⅟125	⅟250	⅟500	⅟1000
1	0	1	2	3	4	5	6	7	8	9	10
1.4	1	2	3	4	5	6	7	8	9	10	11
2	2	3	4	5	6	7	8	9	10	11	12
2.8	3	4	5	6	7	8	9	10	11	12	13
4	4	5	6	7	8	9	10	11	12	13	14
5.6	5	6	7	8	9	10	11	12	13	14	15
8	6	7	8	9	10	11	12	13	14	15	16
11	7	8	9	10	11	12	13	14	15	16	17
16	8	9	10	11	12	13	14	15	16	17	18
22	9	10	11	12	13	14	15	16	17	18	19
32	10	11	12	13	14	15	16	17	18	19	20

EV

Exposure Value의 약자. 일정의 촬영 조건에서 같은 노출 효과를 주는 모든 노출 시간과 F수치의 조합을 나타낸 수치이다. ASA 100의 필름에서 조리개 F1.0, 1초를 기준해서 EVO. 이것이 조리개 또는 셔터 스피드가 1단계 조여지거나 빨라지면 EV 수치는 1씩 증가한다. F1.2(F1.4) · 1초→EV1. EV17에서는, F11 · $\dfrac{1}{1000}$ F16 · $\dfrac{1}{500}$ F22 · $\dfrac{1}{250}$ F32 · $\dfrac{1}{125}$, EV1~EV17이라는 것은 자동노출이 작동하는 범위를 나타낸다.

±2EV 보정

역광 때나 검은 피사체인 때에 노출을 자동적으로 1단, 2단 열거나 막아서 찍는 노출 보정 장치.

노출 기억 기구

피사체의 조건(역광 때)에 따라서 노출의 과부족을 컨트롤한다.

■ 셔터

메탈 포우컬 플래인 셔터

금속제의 셔터로 포제 옆으로 슬릿이 달리는 기구와는 달리 상하, 종으로 달리는 구조로 되어 있다.

셔터 스피드

B→(밸브) 셔터 보턴을 누른 채로 있으면 셔터막이 열린 채로 있게 된다.

X→ 스트로보에 맞추는 셔터 스피드. 1 / 125초. 포막 좌우의 셔터에서는 1 / 60초이지만, AE카메라는 거의 1 / 125초로 되어 있다(1 / 90초).

메뉴얼 메카니컬

AE카메라는 전지로 작동한다. 전지가 끊기면 일정의 셔터 스피드

밖에 사용할 수 없게 된다. 카메라에 따라서는 몇 개의 셔터 스피드를 사용할 수 있다.

샐프타이머

자동 셔터

밧데리 쳌커

전지의 능력을 점검하기 위한 기구로, 빨간 램프의 점멸(点滅)이나 침의 흔들림으로 알 수 있다.

■ 카메라 각부

악세서리슈 : 스트로보 등을 부착하는 부분.

홋토슈 : 논코드에서 스트로보가 사용되는 접점.

이지로우딩 : 필름 장진(裝塡)의 간소화 기구.

필름 말기 레버 : 1동작 레버, 말아올리기식, 예비각, 조금씩 말아올

	준비각	각도
니콘 F2	20°	120°
미놀타 X-1	20°	120°
올림퍼스 OM-1	30°	150°
캐논 F-1	15°	180°
아사히 팬닥스 MX	20°	162°
미놀타 XEb	30°	130°
코니카 T3	30°	162°

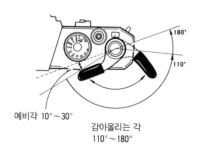

예비각 10°~30°

감아올리는 각
110°~180°

리기(작은 각도 안에서 조금씩 말아올린다).

아이피스 셔터

파인더 접안부에서 눈을 떨어뜨려 촬영할 때 밖으로부터 빛이 들어오지 않도록 닫는다.

16. 카메라와 렌즈에 관한 그 밖의 용어

악세서리 : 촬영을 위한 카메라의 부속품이나 보조 용구→악세서리 슈

어터치먼트 : 클로우즈업을 하기 위한 접사용 보조 렌즈

어댑터 : 접속용 보조 용구.

이미지 서클 : 렌즈는 광축(光軸)에 수직인 촛점면에 원형의 상을 만든다. 이 상(像) 범위의 원.

FP 접점 : 플래시 밸브를 사용할 때의 접점. 일안 레프→FP급 렌즈 셔터용으로 AG타입이 있다→X접점에서 $\frac{1}{30}$ 초 이하. M접점→접속 동조의 M급 섬광 전구.

게라레 : 화면의 4구석이 후드 등에 의해 광량 부족이 된다.

고스트 : 고스트 이미지. 역광 등으로 렌즈의 내면에 빛이 반사해서 화면에 흐릿함이 생긴다.

코팅 : 렌즈면에 굴절의 낮은 얇은 막을 붙여 표면 반사를 적게 한 렌즈.

콤바젼 렌즈 : 콤바타 렌즈. 렌즈와 카메라 몸통 사이에 장치하는 보조 렌즈.

샤프네스 : 선예도(鮮鋭度). 핀트가 확실히 맞추어진 사진이나 렌즈의 해상력(解像力)이 뛰어날 때, '샤프하다'라고 한다.

시스템: 모든 촬영을 가능하게 하는 일안 레프렉스 기능의 모두.

싱크로: 싱크로 나이즈 플래시의 약자. 스트로보나 플래시 밸브를 사용해서 촬영하는 것을 '싱크로 촬영'이라고 한다→ 한낮의 스트로보 플래시 촬영은 '데라이트 싱크로'.

스트럽: 네크스트럽, 카메라를 머리나 어깨로부터 아래로 매단 끈. 짧은 스트럽을 '핸드 스트럽'이라 한다.

스프로켓: 스프로켓 기어 필름의 양 끝에 있는 구멍으로부터 균형을 잡아서 필름을 넣는 곳.

슬로우 셔터: $\frac{1}{125}$ 초 정도를 보통의 셔터 스피드로써 $\frac{1}{30}$ 초 이하를 일반적으로 슬로우 셔터라고 한다. $\frac{1}{500}$ $\frac{1}{1000}$ 초→하이 스피드 셔터.

TTL: Through The Taking Lens의 약자. 촬영 렌즈에서 들어오는 빛을, 카메라 내부의 수광부(受光部)가 받아서 접사체의 밝기를 측정한다. 완전 자동 노출 기구의 카메라를 TTL AE라고 한다.

데이스트션: 화상의 주변이 비뚤어진 렌즈의 성질→ 광각 렌즈.

데포르메이션: 왜곡. 상을 변형하여 찍는다→어안 렌즈.

패럴렉스: 시차. 렌즈 셔터식 EE카메라(렌지 파인더식)나 이안 레프 카메라에서는 파인더와 촬영 렌즈가 다르기 때문에 근접하면 오차가 난다.

피사계 심도: 피사체 쪽의 핀트를 맞추는 범위→촛점 심도→필름면.

헬리코이드: 핀트를 맞추기 위한 렌즈의 풀기.

라이카판: 24×36미리 사이즈의 필름. 독일의 라이카에서 시작된 것으로 35밀리 카메라를 라이카판이라고 말하고 있다.

17. 필름과 인화지에 관한 용어

ASA : 아사라고 부른다. American Standard Association의 약자. 아메리카의 규격에 의한 감도 표시 기호.

A S A	25	32	64	80	100	125	160	200	400
J I S	25	32	64	80	100	125	160	200	400
D I N	15	16	19	20	21	22	23	24	27

인터 네가 : 칼라 포지 필름에서 프린트를 만들기 위해서는 네가를 만든다. 그를 위해 카피하는 네가.

색온도(色溫度) : 광원의 광질을 나타내는 단위. 캘빈도($^\circ$K)로 표시되어 있다. 태양광 · 스트로보→ 5000~6000°K, 사진 전구→ 3200−3400°K.

에밀션 : 필름, 인화지의 베이스(base) 위에 바르는 감광 재료.

에잇 바이 텐 : 8×10 사이즈의 인화지→6절 대형 카메라에서 이 사이즈의 필름이 있다.

카부리 : 필요 이외의 빛에 감광해서 필름의 선예도가 나빠지는 것.

거링 : 필름, 인화지가 평면으로 되어 있고 휘어지는 것.

감광도 : 감도라고도 한다→ ASA 필름 등 감광 재료가 빛에 느껴지는 정도.

감색성 : 감광 재료가 색광에 느껴지는 정도

관용도 : 터치 츄드. 필름, 인화지의 적정 노출량을 중심으로 한 전후의 폭. 칼라 필름보다 모노크로 필름 쪽이 넓다.

콘텍트 : 콘텍트 프린트 한통의 필름을 인화지 위에 나란히 만드는 밀착 인화→베다 인화(밀착 사진 인화). 8×10 사이즈의 인화지에 36장 촬영 필름 1통분이 들어 있다.

실효감도 : ASA100이나 ASA200이라고 표시된 감도는, 현상 처리의

298

단계에서 ASA 800, ASA 1600 상태로 올라갈 수가 있다. 실제로 얻어
진 감도를 말한다.

시트 필름 : 한 장씩 홀더에 넣어서 사용하는 대형 카메라용 필름.
카메라, 인화지에 빛이 비치면 눈에 보이지 않지만 유제의 할로겐화은
은 빛의 영향으로 상을 만든다. 이 보이지 않는 상을 말한다.

타입 A : 카메라 필름은 광원에 맞추어서 필름이 나뉘어진다. 타입
A→플랫 램프(3400°K), B→스타지오라이트, D→디라이트(낮광용)
(5500−6000°K), T→인공광용(3200−3400°K), L→장시간 노광용,
S→단시간 노광용.

네가 : 네가티브 필름. 촬영한 필름에 현상해 낸 음화(陰畫) 명암이
반사되어 있다.↔포지(陽畫).

파트로네 : 35밀리 필름이 들어 있는 용기.

파포레이션 : 35밀리 필름의 양 끝에 있는 구멍.

브로니 필름 : 6cm×6cm 사이즈의 필름→120 사이즈. 12매 촬영.
(110 필름) 24매 찍는 필름을 220필름이라고 한다.

유효 기한 : 필름, 인화지가 정상으로 사용되는 기한. 필름의 패키지
에 PROCESS BEFORE SEP 1978 등으로 표기되어 있다.

리더페이퍼 : 브로니 필름의 뒷면.

18. 촬영에 관한 용어

아웃 포커스 : 핀트를 의도적으로 흐릿하게 하는 것.

악센트 : 명암 콘트라스트나 색채, 화면 구성에서 눈을 끄는 듯한
강한 형태를 만들어 화면에 포인트를 주는 것.

뒤판(뒤 포인트) : 핀트를 맞춘 곳이 흐려서 핀트가 뒤쪽에 있는

사진. 반대로 앞쪽에 있는 사진을 앞판(앞 포인트)이라고 한다.

언더: 노출 부족↔오버(노출 과다).

캐치 라이트: 눈동자의 검은 부분에 점이 되어서 빛나는 빛. 인물 사진의 포인트.

주광선: 메인 라이트. 피사체에 비치는 광량이 많은 빛. 보조적으로 주는 빛을 보조광(서브 라이트)이라고 한다.

셔터 찬스: 셔터를 누르는 순간 언제 어디에서 누를 것인가, 표적에 맞는 움직임을 찍는 것.

디프: 디프리켓, 복제라는 것.

톱 라이트: 바로 위에서의 광선. 횡으로부터의 광선→ 사이드 라이트.

판포커스: 바로 앞부터 원경까지 쭉 핀트를 맞추는 것.

패럴렉스: 시차. 렌지 파인더식의 카메라에서 파인더의 화면과 필름면의 상이 어긋나는 것.

당김: 카메라를 피사체로부터 떨어뜨리는 것. 좁은 방 등에서 배경을 잡을 수 없을 때 '당김이 없다'라고 말한다.

트리밍: 파인더 사각의 테에서 잘라 내는 것. 인화할 때의 불필요한 부분을 자르는 것을 트리밍이라고 한다. 카메라 앵글(카메라를 잡는 각도), 카메라의 데스턴스(카메라 거리), 카메라 포지션(촬영 위치) 등이 종합되어 정리되어진다.

프레어: 역광 때 생기는 빛의 줄기나 흐림 같은 현상으로, 빛이 렌즈의 안쪽이나 조리개 날개에 반사해서 조리개의 형태가 비치는 것을 고스트 이미지라고 한다.

쨍~하고: 맑은 하늘의 직사 일광이 강한 상태.

메센: 피사체 인물의 시선.

노출: 조리개(F수치)와 셔터 스피드를 조합시켜 광량을 조절하는

300

것. 사용 필름의 감도에 맞는 광량을 주는 것을 적정 노출이라고 한다. 필름면에 빛이 비치는 것을 노광이라고 한다.

19. 암실처리, 조사에 관한 표어

데이텔 : 네가나 인화의 세부의 결(調子).

D · P · E : Developing(현상), Printing(인화), Enlarging(확대)의 약자.

연조(軟調) : 네가나 인화의 콘트라스트(명암의 비)가 없고, 연약한 모양(調子).

   ↔경조(硬調) (콘트라스트가 강한 것).

하이키 : 하얀 사진.

   ↔로키(검은 사진).

미립자 : 화상의 입자가 잘고 고른 것.

   ↔粗粒子(확대되어 큰입자).

플랫트 : 결이 깨끗하지 않은 상태＝플랫트톤(활기 없는 결) 등을 말한다. 결이 나오지 않고 검어서 엉망이 된 것(베다).

입자 : 필름, 인화지의 유제(乳劑)에 포함되어 있는 은립자. 이 입자에서 화상이 나온다.

입상성 : 현상해서 가능한 네가상의 상태.

제 V 편
잠수와
수중 촬영편

훌륭한 잠수(潛水)의 세계

이 장의 첫 페이지에 있는 해중 대전망은 잠수의 베테랑이 그린 것이다. 주인공은 1970년의 만국 박람회 이전부터 수중 영화 촬영으로 활약하고 있는 예술대학 출신의 카메라맨 다이버이다.

수중 촬영 로케이션으로, 세계 각지의 바다에 잠수하고 있는 체험에서 물론 해저에 대해서는 정통해 있고, 따라서 여기에 그려진 삽화에는 해중 경관의 훌륭함, 잠수의 즐거움이 가득 넘치고 있다. 여러 가지 형태와 시추에이션의 다이버들이 선명하게 그려져서 우리들을 수중의 세계로 유혹해 준다.

이 책은 수중 사진의 입문서이다. 그러나 수중 사진은 잠수없이는 성립하지 않는다. 잠수와 수중 촬영의 역사와 전망에 대한 오리엔테이션이 이 장이다.

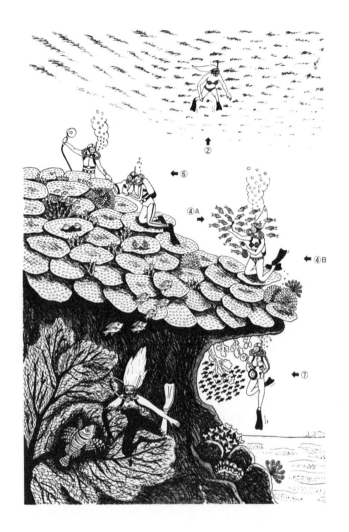

1. 잠수의 역사

지구는 수구(水球)라고 불리는 편이 오히려 어울릴 정도로 땅보다도 물이 차지하는 면적이 많다. 사람은 그 출현의 원시부터 물속을 자유롭게 행동하고 싶다, 공중을 자유롭게 날고 싶다고 하는 소망을 가졌음에 틀림없다. 하늘을 나는 쪽의 소망은 이루어질 때까지 오랜 시간이 경과해야 했지만, 물에 잠수하는 쪽은 간단했다. 그렇지만, 불과 바다끝의 그 일부분에 들어갔을 뿐이지만, 어쨌든 인간은 물에 잠수해서 물고기나 조개를 채집하여 식료로 사용했다.

서양이나 동양에서도 남아 있는 오래된 문서는 잠수에 대한 기술을 볼 수 있다. B.C 4세기에 알렉산더 대왕이 유리통에 들어가서 잠수했다고 하는 전언(傳言)이 있다.

잠수 기술은 해면, 진주 조개, 식료가 되는 어패류나 조류 채집 등의 침몰한 배에서 가치있는 물건의 인양 등을 목적으로 발달하고 여러 가지 형태와 종류의 잠수구가 제작되고 사용이 시도되고 실용화되었다. 그들 중에서 가장 성공하고, 오늘날에도 널리 사용되고 있는 것은 헬멧식 잠수기로 그 원형은 1840년 영국의 시베(Augustus Siebe)에 의해 개발되었다. 이 헬멧식 잠수기의 개발과 보급에 의해 인간이 상당한 양의 작업을 수중에서 할 수 있게 되었다.

그러나, 헬멧식 잠수기는 수중에 공기를 보내는 펌프(또는 콤프레서)와 호스, 펌프를 싣는 배, 선상에서 펌프와 호스를 조작하는 몇 명의 사람이 필요하고, 장비는 무거워서 간단히 잠수할 수 있다고 할 수 없었다.

제2차 세계대전 중 수중을 자유롭게 헤엄치고 이동해서 공격하는 무기로서의 자급기식 잠수기의 개발이 각국에서 시도되어 그 중의 몇 가지는 큰 성공을 거두었다. 프랑스에서 개발된 아퀴 랭(aqua lung)이 가장 유명

하지만, 이와 같은 자급기식의 수명 호흡장치를 총칭해서 스쿠버(SCU-
BA) 라고 부르고 있다.

　대전 후 수중을 자유롭게 이동하는 잠수 기술이, 이 기술을 습득한
군인들이 민간으로 복귀하는 것과 함께 퍼져서 인간의 수중으로의 진출
은 새로운 시도를 맞이했다. 스포츠로서의 잠수, 과학자에 의한 잠수가
시작되었다.

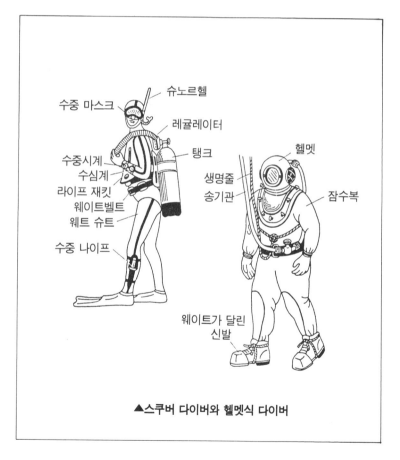

▲스쿠버 다이버와 헬멧식 다이버

스쿠버는 다이버에게 공급하는 공기를 채우고 있는 고압 봄베(150 kg / cm²까지 충전, 내용적 12~14 ℓ, 중량 13~16kg)와 이것을 짊어지는 백 팩(배부구), 봄베의 고압 공기를 다이버가 잠수하고 있는 심도의 수압과 같은 압력까지 감압해서 다이버에게 공급하는 레귤레이터의 3가지로 구성되어 있다.

2. 수중 촬영의 현상과 장래

다겔의 은판 사진이 1839년이고 부탄(Louis Boutun)이 아크 등이나 마그네슘 플레시를 수중에 가지고 들어가서 수중 사진 촬영에 성공한 것이 1893년이니까 수중 사진의 역사도 상당히 깊다고 말할 수 있다. 나중에 서술하는 것 같은 수중에서 사진을 촬영할 때에 일어나는 몇 가지의 문제에 해결을 주려고 하는 시도도 탁수중의 클리어 사이트는 1900년에 핀(Etienne Pean)이 구면상의 포트(port)는 1931년에 드나츠(Dratz)가 시험하고 있다.

□잠수와 수중 촬영

이와 같이 수중 사진 기술은 역사로서 충분한 것을 갖고 있는데, 수중 촬영은 어렵고 특별한 것으로 생각되고 그 기술적인 상세는 베일에 쌓인 상태에 놓여 있었다. 그 이유는 특별히 이상한 것이 아니고, 인간이 촬영하기 위해서 물에 잠수하는 그 잠수 기술이 특별한 아주 소수의 사람이 갖고 있는 기술이었기 때문이다.

수중에서 촬영을 하는 것이 과학자나 스포츠맨 사이에 폭넓게 퍼진 것은 스쿠버에 의한 잠수가 널리 이루어지게 되고 나서의 일이다. 수중 촬영을 하기 위해서는 잠수 기술을 포함해서 바다에서 활동하는 기술과 지식을 몸에 익혀야 한다. 이 책이 잠수 기술에 대해서도 페이지를 할애하고 있는 것도 그 때문이다.

□어째서 인간은 수중 사진을 찍는가?

수중에서 과연 사진을 촬영할 수 있을까? 라고 하는 기술적인 호기심은 우선 별개로서 제쳐두고, 수중에서 사진을 촬영하는 동기와 목적은 육상이나 공중에서 사진을 촬영하려고 하는 동기, 목적과 큰 차이는 없다.

촬영의 동기, 목적은 3가지로 크게 나누어서 생각할 수 있다. 우선, 촬영에 의해서 대상물을 측정, 조사하거나 대상물이 있었던 모습의 기록과 증거를 남겨 두려고 하는 응용사진, 과학사진이라고 불리는 것 같은 분야가 있다. 또한, 물속을 자신의 눈과 마음으로 본 다이버가 그 감동을 사진으로서 정착시키려고 시도하는 예술적이라고도 말할 수 있는 분야가 있다. 또 하나는 상업적인 필연성에서 촬영이 이루어지는 분야이다.

이들의 어느 분야에도 취미—놀이로서 촬영을 하는 사람과 전문가 즉 일로서 그것을 하는 사람이 있다. 물론 3가지의 분야는 서로 섞여 있어서 확실히 구별할 수 없는 경우도 있다. 촬영을 하는 사람의 입장에 대해서도 같은 말을 할 수 있다.

□수중 촬영의 방법과 테크닉

각각, 수중 촬영의 목적, 촬영을 하는 사람의 입장, 바다의 상황 등에 따라서 여러 가지 수중 카메라, 수중 촬영 장치가 이용되고, 여러 가지 기법이 이용된다. 여기에서는 카메라를 넓게 해석해서 스틸 카메라, 무비 카메라, TV 카메라까지를 포함하기로 하자.

카메라를 수중에서 사용하는 경우에 이해해야 하는 장해인 수압과

▶
수중 TV에 의한
어초 조사

▲타이머 부착 수중 카메라의 설치(왼쪽)와 수중 카메라의 예행 시스템

수중에서의
무비 촬영▶

312

수심, 그리고 광학적인 모든 문제는 기본적으로는 스틸, 무비 그리고 TV에 공통이다. 물속에 카메라를 갖고 들어가서 피사체에 접근하는 기술에도 변함은 없다. 바다속을 카메라 렌즈에 의해 잘라내서 재구성하는 기술과 센스도 기본적으로는 큰 차이가 없다고 생각해도 좋을 것이다. 따라서, 뒷장에서 서술하는 테마가 스틸 카메라의 기법을 중심으로 전개되어도 그것은 TV 카메라에도 무비 카메라에도 적합한 것이라고 생각해도 좋다.

스틸과 무비, TV 질의 차이는 시간축에 대응하는 차이라고 생각할 수 있다. 스틸은 피사체의 순간의 상태를 동결시키는 것으로 시간축상에는 점으로 표현된다. 무비는 한 컷트의 길이가 수 초에서 수 분으로 시간축상에는 짧은 선으로 표현할 수 있다. TV 카메라는 수 10분에서 수 시간에 걸치는 연속한 촬영도 가능하기 때문에 시간축상에 긴 선을 그을 수 있다.

스틸 사진은 점이지만 무비와 TV는 모두 선으로 무비에서 TV로는 쉽게 상을 옮길 수 있다. TV와 무비는 원리적으로는 완전히 이질의 것이지만 기술적으로는 매우 가까운 존재라고 말할 수 있다.

TV와 VTR의 조합은 동시성, 연속성에 있어서 뛰어나지만 VTR이 각 가정에 보급하게 되어도 수중에서의 TV촬영은 전원이나 장비의 점에서 아마추어에게는 손이 닿지 않는 존재일지도 모른다. 그점에서 무비는 행동의 자유는 전혀 방해받는 일도 없이 현재 단계에서는 영상의 일도 TV 카메라에 비해서 우수하다.

본 시리즈의 사진이라고 하는 말은 스틸을 의미하기 때문에 TV 시스템을 언급하는 것은 상당한 탈선일지도 모른다. 그러나, 수중 사진의 촬영 방법을 서술하는 경우 야외에서의 행동 방법, 운용 방법에 대해서도 많이 서술하게 되어, 이 견지에서 보면, 스틸 사진과 TV 장치, 무비는 정보를 수집해서 표현하기 위해 시스템으로서 정리되어 운용되는 경향이 점점 강해지고 있다.

이 난에서는 이 뒤의 항에서 TV에 대해서는 거의 언급하지 않지만, 수중뿐만 아니라 야외에서 카메라를 구사하는 기술을 서술하려고 할 때에 스틸만, 무비만, TV만을 논하는 편이 오히려 무리한 시대에 들어왔다고 말할 수 있을 지도 모른다.

□수중에서의 카메라 조작

수중에서 촬영을 하기 위해서는 수중에서 카메라를 조작해야 하지만, 카메라를 조작하는 방법은 ① 인간이 잠수해서 인간의 손으로 카메라를 조작한다. ② 수면상(선상 또는 육상)에서 신호를 보내서 카메라를 조작한다. ③ 타이머 등에 의해 미리 설정되어 있는 대로 자동적으로 작동시킨다. ④ 잠수정을 사용해서 촬영한다의 4 가지로 크게 나눠진다.

이 책에서는 ①의 인간이 잠수해서 촬영하는 방법을 중심으로 해서 이야기를 진행하고 싶다. ②, ③에 대해서도 자세히 서술하고 싶지만, 여기에서는 개략에 대해서 서술하는데 그치자.

수중에서는 그 속에서 행동하는 인간에 대해서 물리적, 생리적으로 많은 제약이 있고, 다이버가 수중에서 행동할 수 있는 시간은 짧고 잠수해 갈 수 있는 심도도 그 효율을 생각하면 50m가 한도이다. 인간을 50 m 이상의 심도에 특별한 기재와 다액의 비용을 투자해서 더구나 생명을 위험에 노출시켜서까지 보내는 이유는 다른 것이 대신할 수 없는 인간의 손과 두뇌를 보내는 점이 주안이다. 촬영만이 목적이라면 심도 60m 이상에 인간을 보내서는 안 된다고 생각해야 한다.

촬영을 위해서 인간을 보내서는 안 되는 심도에서 촬영하기 위해서 또한, 인간이 수중에 머물 수 없을 만큼 긴시간 촬영을 연속해서 하기

▲ 맨 잠수에서의 수중 촬영

위해 ②, ③의 조작 방법이 이용된다.

수면상에서 신호를 보내어 카메라를 조작하는 방법으로서는 Ⓐ 해저에 카메라를 설치한다. Ⓑ 선상에서 카메라를 매단다. Ⓒ 배에서 카메라를 예행한다. Ⓓ 카메라 그 자체가 자주하는 능력을 갖고 있다의 4가지의 단계가 있다. 그 어느쪽이 TV 카메라를 눈으로서 스틸, 혹은 무비도 촬영하는 로보트라고 생각된다.

장시간에 걸쳐서 관찰을 계속하는 것도 카메라가 가진 중요한 기능의 하나이다. 타이머를 사용해서 미리 설정한 시간에 촬영을 계속하는 방법은 야외 과학에 있어서 유효한 정보 수집 수단이다.

특히 깊은 심도(수 천 m)에서 촬영하는 경우, 카메라 조작의 신호를 보내는 케이블의 중량과 용적이 중대한 장해가 된다. 케이블의 문제를 해결하기 위해서 케이블을 생략하고 바다에 투입되어 침하해 가서 해저에서 일정한 촬영을 한 후에 자동적으로 부상해서, 그 위치를 알리는 신호를 보내 배에 회수되는 카메라도 생각되고 있다. 또한, 깊은 바다에서 장시간에 걸쳐 촬영을 계속하기 위해서 타이머를 사용하여 자동적으로 카메라를 조작하는 방법도 연구하고 있다. 이런 수중 촬영은 카메라를 중개로 한 인간의 바다로의 변화라고 말할 수 있다.

제1장

잠수 입문(潛水入門)

수중에서 촬영을 하기 위해서는 잠수 기술을 몸에 익히는 것이 전제 조건이 되는 것은 말할 필요도 없다.

해저에 카메라를 설치하기 위해서도 또한, 배에서 촬영 장치를 예행한다고 해도 그것을 자신의 손으로 완수하려고 하는 한 준비 단계는 물론, 모든 경우에 역시 잠수가 필요가 있다.

가령, 자신의 키가 서는 듯한 얕은 여울이라도 수중 촬영인 이상 잠수를 할 수 없으므로 촬영을 안전하게 할 수 없다.

엄격하게 말하자면 사진부터 들어가서 수중 촬영에 열중해 있는 사람들의 경우, 잠수부터 들어가서 카메라를 손에 넣은 저자의 입장에서 보면, 매우 위험하고 정시할 수 없는 잠수 기술의 소유자가 많다. 안전을 위한 그리고 보다 좋은 사진을 찍기 위한 잠수의 기초 기술 습득에 대한 어드바이스가 이 장이다.

1. 앞으로 잠수를 배우려고 하는 사람을 위해서

수중 촬영에 가장 적합한 잠수 방법으로 현대 잠수 기술의 기본이라고도 할 만한 것은 스쿠버를 사용하는 잠수이다. 스쿠버에 의한 잠수는 누구나 쉽게 할 수 있다고 하는 사전 선전으로 널리 세상에 선전되고 이 선전 때문에 잠수 전문가 이외의 많은 사람들이 물에 잠수하게 되고 그리고 또한 수중 촬영도 널리 이루어지게 되었다.

그러나 정말로 스쿠버에 의한 잠수는 간단히 할 수 있고, 더구나 안전한 것일까?

□트레이닝의 의미

이제부터 잠수를 시작한다고 하는 것은 잠수를 배우기 시작한다고 하는 의미이다. 이것은 너무 당연할 만큼 당연한 사실인데, 이 당연한 사실이 잠수를 시작하려고 하는 사람들에게 널리 받아 들여져서 정착하기 시작한 것은 최근의 일이다. 잠수를 시작한다고 하는 것은 잠수 기재를 사는 것이라고 믿고 있던 사람이 많았던 것은 아닐까 라고 조차 생각한다.

수중에서 뭔가 목적이 있는 행동을 하려고 할 때에는 주도한 준비와 트레이닝, 그리고 일에 이르러서는 기민한 판단력과 행동력이 요구된다. 카메라도 저가격 시대에 들어왔지만, '사진'이라고 일컬어지는 것을 촬영하기 위해서는 그 나름대로의 기초 지식과 습작이 필요하다. 수중 촬영도 예외는 아니다. '촬영'에 있어서는 공기와 물의 굴절률이 다르고, '잠수'에 관해서는 인간의 어머니인 바다로서의 복귀라고 하는 큰 환경 변화에 대한 적응이 필요하다.

□잠수를 가르쳐 주는 곳

현재, 정식으로 잠수를 가르치고 있는 것은 다음의 3가지 기관이다.

① 학교(수산 · 해양관계의 학부를 가진 대학, 수산고교 등등)

② 연구 기관(해양과학기술센터 등)

③ 잠수 지도원의 자격을 가진 교사가 가르치고 있는 다이빙 스쿨, 다이빙숍

①의 학교는 현재 일반인을 받아 들이고 있는 곳은 없는 것 같다.

②의 해양과학기술 센터의 강습 코스는 설비 · 내용 모두 더할 나위 없지만, 시간에 여유가 있고 경제적으로 윤택한 사람이 아니면 개인으로서 참가하는 것은 어려울 지도 모른다. 기업이 다이버를 양성하려고 하는 경우에 가장 적합한 잠수 강습이다.

③는 누구나 언제라도 받아 들여 주고, 배우려고 하는 사람의 시간에 맞춰서 프로그램을 짜게 하는 것도 가능하기 때문에 일반인에게 있어서는 좀더 이용하기 쉽다. 현재 다이버의 대부분은 ③의 코스로 잠수 초보자 강습을 받았다고 해도 과언은 아닐 것이다.

잠수 기술은 이들 ①, ②, ③ 중 하나에 의해서 배워야 한다. 예를 들면, 이 책을 한손에 들고 독습을 해서는 안 된다. 또한, 아무런 자격도 갖고 있지 않은 지인, 형제 등으로부터 배우는 것도 위험하다. 왜냐하면, 잠수는 스포츠로서 즐긴다고 해도 위험한 스포츠이고 아무리 주의해도 100% 안전한 스포츠는 될 수 없다. 적어도 잠수라고 하는 행위에 관해서는 100% 완전하게 사고를 막을 수 없고, 노력해서 100% 가깝게 하는 것임을 마음에 새겨 두기 바란다.

반복해서 말한다. 잠수 기술은 반드시 상기 ①, ②, ③ 중 하나로 올바르게 배우기 바란다. 그리고 이 장에서 서술되고 있는 것은 반드시 유익한 어드바이스가 될 것이다.

320

□당신의 몸은 잠수에 적합할까?

일반적으로 이루어지고 있는 잠수 강습은 누구나 받아 들여 준다고 서술했지만, 일정한 건강 상태를 유지하고, 일정한 운동 능력을 갖추고 있는 사람이라면 누구나 라고 하는 의미이다. 앞으로 잠수를 시작하는 사람은 다음과 같은 항목에 대해서 건강 진단을 하고, 안심하게 잠수할 수 있도록 해 주기 바란다.

● **이비인후과**……압력의 변화에 대응하는 것을 방해할 가능성이 있는 만성 혹은 급성의 질환에 대해서 조사한다.

물에 잠수하면 아주 조금의 깊이라도 우선 귀가 아파진다. 해수욕에 가서 잠수 흉내를 낸 경험이 있는 사람은 누구나 심하게 찌르는 듯한 귀의 통증을 알고 있다. 다이버는 어떻게 해서 귀의 통증을 견디는 것일까?

귀속의 장소부터 고막의 안쪽(중이강)으로 통해 있는 가는 통로(유스타키씨관)가 있어 다이버의 잠강중에는 의식적으로 이 통로로 공기를 고막 안쪽으로 보내 주어 고막의 안과 밖의 압력을 똑같이 하면서 잠수해 간다.

찌르는 듯한 귀의 통증은 고막이 수압으로 눌리는 통증으로 이 이상 압박이 계속되면 고막이 찢어진다 라고 하는 경보이기도 하다.

코에서 중이강으로 통하는 통로가 가는 사람, 불완전한 사람, 이 부분에 염증이 있어서 통로가 열리지 않는 사람은 우선 잠수 부적격이다.

순환 기계……활발한 운동을 할 수 없는 것 같은 병이 있는 지 어떤지 조사한다. 심전도 검사를 하는 것이 바람직하다.

다이버의 사망사고 뿐만 아니라 수영의 사망 선고는 그 원인을 '심장마비'라고 여기는 경우가 많다. 확실히 최종적으로는 '심장마비'일지도 모르지만, 그것을 일으킨 잠수 시스템의 불비, 계획의 잘못, 본인의 기술 미숙함은 문초당하지 않는다. 어쨌든, 갑자기 심장이 멈춰 버린다면 불가항력에 가깝다고 간주되어 버린다.

어쨌든, 하드한 환경에 놓였을 때에 환경의 급격한 변화, 심리적인 압박감 등에 잘 견딜 수 있는 심장임을 확인해 둘 필요가 있다.

호흡 기계……충분한 호흡과 가스 교환이 가능한 것을 확인한다. 흉부 X선 검사를 한다.

다이버는 큰 폐활량을 필요로 한다고 생각하고 있는 사람이 많지만, 스쿠버를 사용하는 잠수에서는 특히 큰 폐활량은 요구되지 않는다. 물론, 폐활량은 클수록 좋다. 숨을 참고, 폐속의 산소만으로 물속으로 행동하는 '맨 잠수'에서는 폐활량이 큰만큼 잠수 시간을 길게 해서 깊이까지 잠수할 수 있는 가능성이 있다.

폐결핵 등 격렬한 운동이 허락되지 않는 병의 경우에는 잠수는 금지된다.

기타……건강 상태가 정상인 범위 내에 있는 것을 이하의 항목에 대해서 조사한다.

○위장 : 잠수 중인 다이버에게 있어서 신체의 중심 부분에 격통을 느끼는 것은 매우 두렵다. 육상이라면 길가에서 쓰러져 있어도 누군가가 구급차를 불러서 도와 주지만, 수중에서는 격통을 견디면서 스스로 자기 자신을 구조해야 한다. 위장 뿐만 아니라 내장에 질환이 있으면 잠수 사고를 일으킬 가능성은 커진다.

○**중추 신경의 이상** : 수중에서의 갑자기 의식을 잃는 것은 다이버에서 있어 치명적인 결과가 되는 경우가 많다. 갑자기 의식을 잃을 가능성이 있는 질환을 갖고 있는 사람, 예를 들면 심한 저혈압, 고혈압, 간질 등은 잠수 부적격자이다.

○**근육 · 신경** : 수족의 경련, 운동의 부정합도 그것이 일어나는 상황에 따라서는 치명적인 결과가 된다. 과거에 큰 상처를 입은 적이 있는 사람, 그 밖의 스포츠에서 힘줄이나 건을 다친 사람, 근육의 경련을 일으키기 쉬운 사람 등은 요주의이다.

○**시력** : 안경을 벗어 버리면 거의 아무것도 분간할 수 없게 되어 버리는 것 같은 시력의 사람은 잠수에는 적합하지 않다. 수중에서 사용하는 마스크에 안경을 부착한 것을 잠수중에 망가뜨리거나 잃어버리지 않도록 충분히 주의해야 한다.

○**정신 상태** : 당황하고 안달해 버리면 자신을 잃어 버리는 경향이 있는 사람, 흥분 상태가 되면 무엇을 하고 있는지 모르게 되는 것 같은 사람을 수중에서 쉽게 패닉 상태가 되어 버려 매우 위험하다.

□당신은 어느 정도 수영할 수 있는가?(운동 능력 테스트)

이제부터 잠수의 강습 과정을 받으려고 하는 사람은 잠수용 기재를 사용하지 않고(다리 지느러미, 슈노르헬 등을 착용하지 않고), 다음의 수영 테스트 항목을 자신을 갖고 완수할 수 있는 것이 바람직하다.

① 크롤, 평영으로 각 100m씩 수영한다. 가능하면 각 200m씩 수영할 수 있는 것이 바람직하다.

② 20m 잠영

③ 20분 간의 입영

의외스럽게 프로 다이버가 상당히 실적이 있는 수중 카메라맨 등에서 다리 지느러미를 벗어 버리면 거의 수영할 수 없는 사람이 있다. '수영을 못해서 남으로부터 업신여겨지기 때문에 잠수를 했다' 등이라고 이와 같은 사람들은 말한다. 이와 같은 예는 적지는 않기 때문에 확실히 수영할 수 없어도 잠수는 할 수 있다. 그러나, 잠수를 가르치는 쪽에서 보면, 수영을 잘하는 사람은 숙달이 빨라서 가르치기 쉽고, 강습 중에 사고를 일으킬 확률이 낮다.

그래서 현재의 잠수 지도 프로그램은 수영을 할 수 있는 사람을 대상으로 해서 만들어져 있다. 수영을 할 수 없어도 잠수는 할 수 있을 지도 모르지만, 잠수 지도의 프로그램은 적어도 ①, ②, ③의 수영 능력이 없으면 극복할 수 없다.

▶
안전하고 즐거운 잠수를 위해서도
수영에 능숙하기 바란다.

2. 잠수의 기초 지식①

이제부터 잠수를 시작하려고 하는 사람의 요구는 수중에서 촬영을 할 수 있게 되고 싶다. 아주 조그마한 남쪽의 산호초에서 잠수해 보고 싶다 등등 여러 가지이다. 이것을 모두 같은 프로그램으로 처리하려고 하는 것은 조금 무리가 있다. 또한 다이빙 숍이나 스쿨이 소속하는 잠수 지도 단계에 따라서도 프로그램 항목을 재구성해서 해설했다. 잠수란 어떤 것인가, 스쿠버란 어떤 것인가를 이해시키는 것이 목적이다.

□잠수 물리

압력 부력, 기체의 압력과 용해 열의 전도 등이 잠수 이론에 필요한 물리적 지식이다. 모두, 중학교 초년도의 이과에서 가르쳐지는 정도의 것이다. 하나 하나의 항목은 이과의 수업과 마찬가지로 지루할지도 모른다. 그러나, 개개의 현상으로서 이해하는 것이 아니고, 서로 관련 지어서 듣는(배우는) 태도가 이 경우에 매우 중요하다.

그 관련을 이해하지 못하면 다음의 잠수 생리학을 이해할 수 없다. 생리학을 이해하지 않고서도 잠수는 불가능하다. 그러나, 그 결과로서 감압증이 다발하게, 일어나지 않아도 종종 슬픈 사고가 생긴다.

그런데, 압력은 물체에 대해서 모두 균일한 방향으로 작용한다. 수중에서 다이버가 자유롭게 활동할 수 있는 것은 그 때문이다. 대기압은 지상에서 대략 $1kg / cm^2$이지만 수중에서는 심도 10m 증가할 때마다 $1kg / cm^2$씩 압력이 쌓인다. 그것이 지상과 수중과의 인간의 생리에 미치는 큰 차이이다.

부력은 물체가 배제한 액체의 중량과 같은 만큼의 부력을 얻는다. 소위 아르키메데스의 법칙이다. 그 물체의 무게와 그 물체와 동체적인 물의

스쿠버 다이버를 위한 표준적 트레이닝 프로그램

다이빙 숍이나 스쿨이 소속하는 잠수지도 단체에 따라서, 트레이닝 프로그램에는 차이가 있지만, 이하에 서술하는 것 같은 일반적인 항목은 만족되어 있어야 한다.

I 강의	II 잠수 실습
적어도 이하의 항목을 포함하는 10~12 시간의 강의가 필순이다.	적어도 10~15 시간의 수중 실기 훈련이 필요하다.
a) 잠수 물리	a) 신체의 모든 부분, 특히 눈과 귀가
1. 압력, 2. 부력, 3. 기체의 법칙, 4.	해수에 직접 닿는 것을 참을 수 있도록
열의 전도, 5. 빛과 소리	한다.
b) 잠수 생리학과 잠수 사고	b) 슈노르헬에 의한 호흡, 마스크 클리
1. 저산소증—맨 잠수—하이퍼 벤틸레	어
이션, 2. 탄산가스중독, 일산화탄소중	c) 잠수기재의 장착, 스쿠버에 의한
독, 3. 산소중독, 4. 잠강 중 및 부상	호흡법
중에 받는 압력변화에 의한 영향. 스퀴	d) 부력 조정→수영 방법
즈, 에어엠볼리즘 등. 5. 감압증, 6.	e) 긴급 부상→수심 2m 이내에서 한
반복잠수(되풀이 잠수)와 감압 정지,	다.
7. 질소 중독, 8. 히트 로스, 9. 피로,	f) 입수, 출수
10. 패닉, 11. 악수	g) 전장비 스노틸링
c) 구급법	h) 바디 브리징
d) 수중 커뮤니케이션—바디 시스템의	i) 웨이트 벨트의 버리는 법, 라이프
유지	재킷의 사용법
e) 잠수 계획	j) 수중 탈착
f) 잠수 기재의 사용법과 손질	k) 스쿠버를 사용해서 하는 구조와
g) 잠수 환경과 해양 생물	인공호흡
h) 스쿠버를 사용해서 하는 경도한	l) 저투시도 잠수와 수중 나비게이션.
수중 작업에 대한 상식	또한 수강자 강습 종료 후에 잠수했
	을 때에 만난다고 생각되는 심도와
	해저의 상황과 흡사한 조건의 바다에서
	최저 2회의 잠수를 실시한다.

무게와의 차이는 그 물체는 뜨고 가라 앉는다.

기체의 압력에 관해서는 보일의 법칙(기체의 용적은 압력에 반비례한다)고 돌턴의 압력의 법칙(혼합 기체를 구성하는 기체 각각의 분압의 비는 각각의 기체의 체적의 비와 같다)과 헨리의 용해 법칙(액체에 용해하는 가스량은 그 가스의 분압에 비례한다)을 배운다. 공기는 약 80%의 질소와 20%의 산소로 이루어지는 혼합 기체이다.

열의 전도에서는 물의 열전도률이 공기와 그것의 약 25배나 되는 점에 주목하기 바란다. 체온 36℃의 인간이 기온 20℃의 공기 중에 벌거벗고 있어도 그다지 추위는 느끼지 않지만, 수온 20℃의 물에 벌거 벗고 들어가면 체열은 순식간에 빼앗긴다. 장시간의 잠수에 웨트 슈트나 드라이 슈트가 필요하다고 생각되는 이유이다.

□잠수 생리학과 잠수 사고

잠수 사고는 잠수 생리학에 대한 무지에서 생긴다. 육상과 달리, 수중에서의 호흡의 생리는 정신적 분발로서는 완전히 조정할 수 없는 요인을 갖는다. 그것을 무시하고서의 분발은 때로 목숨을 앗아간다.

수 년전, '과도하게 숨을 참고 있던 다이버가 수면 가까이에서 실신하는' 사고가 속출하고 사망한 스킨 다이버(숨 참기 다이버, 즉 맨 잠수)가 상당한 수에 이르렀다. 이 맨 잠수는 스쿠버 사용의 잠수에 비해서 체력에 따라서 안전한 것이라고 생각되고 있었기 때문에 상당히 쇼킹한 사건이었다. 원인은 완전히 잠수 생리학적인 것으로 하이퍼벤틸레이션이라고 하는 잠수 기법이 그것을 조장한 것이었다.

○호흡의 생리 : 인간의 호흡 기능을 조절하는 것은 호흡에 의해 생기는 체내의 탄산가스량──즉 탄산가스의 분압으로 그것이 높아지면 호흡

중추를 자극해서 호흡에 의한 산소의 보급을 재촉한다. 상대적으로 탄산 가스의 분압을 저하해서 그 상태로 돌아간다. 숨을 멈추면 참을 수 없도록 하고 보통으로 숨을 쉬고 있으면 호흡수를 증가시킨다. 이와 같이 인간의 생체 기능과 호흡(가스 교환)과의 관계는 기체의 분압에 의해 조절되고 있다. 산소 분압의 증가는 활력 증강 등에 능동적으로 사용하지만 분압의 저하는 결과만이 나타나기 때문에 무섭다. 예를 들면 저산소의 영향에 가장 약한 '뇌'에!

□맨 잠수의 잠수 생리──깨닫지 못하는 저산소증

숨을 참는 맨 잠수는 다이버의 신체속의 탄산 가스의 분압을 높여서 호흡 중추를 자극한다. 숨을 참는 시간을 오래 하는 방법에 전술의 하이퍼벤틸레이션(hyper ventiration＝초환기)이 있다. 강한 심호흡을 20회 이상 반복함으로써 체내의 탄산가스량을 인위적으로 적게 한 상태에서 잠수하는 방법이다. 확실히, 탄산가스 분압이 호흡 중추를 자극해서 숨을 멈추고 있을 수 없는 상태가 될 때까지의 시간은 길어진다.

문제는 산소 분압의 저하이다. 정확하게는 산소가 소비되어 절대량이 감소하고 있음에도 불구하고, 수압의 영향으로 외관의 산소 분압이 높아서 생체에 대한 영향이 나타나지 않는 것이다. 상태보다 낮은 탄산가스 분압이 겨우 호흡 중추를 자극하는 영역까지 이르러서 다이버는 부상을 개시한다. 수면이 가까와져서 수압이 낮아짐과 동시에 체내의 산소 분압은 급격히 저하한다. 순간적인 산결상태로 다이버는 실신. 이것이 하이퍼벤틸레이션에 의한 '사고'의 원인이다.

□스쿠버의 잠수 생리──기체에 의한 사고

스쿠버 다이버는 다이버의 인체와 스쿠버를 조합시킨 맨 머신 시스템으로 하나의 잠수정이라고 생각할 수도 있다. 진짜 잠수정이라면 정내의 탄산가스 분압과 산소 분압은 메타로 리얼 타임으로 표시되겠지만 맨 ─머신 시스템의 다이버측은 생체로 생체내의 가스 분압에 대해서는 잠수 이론의 지식을 감각 변화에 살려서 상황을 판단할 수 밖에 없다. 그리고 머신(스쿠버)의 특성을 충분히 파악할 필요가 있다.

○**탄산 가스중독** : 스쿠버의 경우, 맨 잠수의 산결에 비교할 수 있는 사고에 탄산가스 중독이 있다. 탄산 가스 분압이 증가하면 호흡수의 증가, 절박을 낳는다. 또한 탄산가스의 분압이 올라가면 두통, 불쾌감, 구역질, 근육의 경직과 경련 등을 낳는다.

스쿠버는 개인용의 공기 탱크를 지고 있기 때문에 그런 일은 있을 수 없다고 생각할 지도 모르지만, 다이버의 운동이 격렬해지면 그 환기량도 커진다. 스쿠버가 이 단위 시간의 환기량을 공급할 수 있는 범위라면 잠수는 아무런 장해도 없이 할 수 있을 것이다.

최초의 스쿠버 레귤레이터는 고성능이 되었지만, 그래도 레귤레이터를 통한 호흡은 육상에서의 대기압하에서의 호흡에 비하면 저항감이 있다. 적어도 육상에서 숨의 헐떡거림이 원래대로 돌아가지 않는 것 같은 격렬한 동작에 필적하는 동작을 만일 수중에서 스쿠버 사용의 상황에서 했다고 한다면 스쿠버에서의 환기는 충분히 이루어지지 않아 다이버의 체내의 탄산가스 분압은 상승해서 점점 더 호흡을 어렵게 한다. 스쿠버 다이버는 만일 숨이 헐떡거리는 상태가 되면 움직임을 억제하고 호흡의 정상적인 회복을 꾀해야 한다.

○**일산화탄소 중독** : 이것은 스쿠버의 봄베에 공기를 충전하는 과정에서의 문제가 많다. 예를 들면 엔진의 배기 가스를 콤프레서가 들이마시거

나 콤프레서가 과열해서 오일이 불완전 연소하여 과잉의 탄산가스나 동시에 일산화탄소가 봄베에 충전되어 버리는 경우이다. 일산화탄소는 논외라고 해도 탄산가스 분압의 상승이 어떻게 수중에서의 트러블의 원인이 되는지, 독자는 이미 충분히 알고 있는 사실일 것이다.

○**산소 중독** : 지금도 많은 사람들이 스쿠버의 봄베에는 산소가 채워져 있다고 생각하고 있다. 신문의 잠수 사고, 보도에 대개 '산소 봄베'라고 쓰이는 데에서의 오해이다. 그러나, 인간은 산소 분압 $2kg/cm^2$ 이상의 기체를 흡입하면 경련, 구역질, 실신 등의 중독 증상을 일으킨다. 대기압까지라면 어쨌든 수심 10m 이상에서는 순산소는 호흡할 수 없다.

3. 잠수의 기초지식②

①에서는 잠수의 생리에 대해서 호흡의 가스 교환——산소와 탄산가스의 영향을 주로 서술했다. 여기에서는 다이버가 호흡하는 공기의 80%를 차지하는 질소 가스의 영향을 주로 잠수 생리와 사고에 대해서 생각하고 보다 구체적인 잠수 행동의 기준이나 기초적인 방법에 대해서 ①과 마찬가지로 최소한 필요한 정도도 이론적으로 검토한다.

□가장 기초적인 수중에서의 행동 기준 위치와 상태의 인식

자신이 지금 부상하고 있는지, 가라앉고 있는지, 수평으로 수영하고 있는지, 수중에 뜨지도 가라앉지도 않고 그저 떠돌고 있는지 등, 자신이 지금 어떤 상태에 있는지, 수중에서는 항상 확실히 인식하고 있어야 한다. 그리고, 수중에서의 이동은 의식적으로 확실한 의도를 갖고 실시할 것. 가라앉는 셈이 부상해 버렸다 등이라고 하는 것은 초보자에게는 흔히 있는 일로 엑스퍼트라도 파도가 있을 때에 심도가 얕은 장소에 잠수하면 이와 같이 된다.

○**부상할 때** : 반드시 수면을 올려다 보듯이 위를 향하고 부상해 간다. 위를 향하지 않으면 수면과의 거리를 모르고 위를 향하면 인후부가 퍼져서 기도가 열리고 폐속의 공기는 자동적으로 입으로 나간다. 수심 20m 정도부터 부상한다면 부상의 스피드에는 그다지 구애받지 않아도 된다.

수면으로부터 3m의 위치, 즉 심도 3m까지 부상하면 그곳에서 반드시 일단 정지한다. 그리고, 적어도 30초는 멈춰서 수면의 상황을 관찰한다.

① 접근해 오는 배는 없는지, ② 머리 위에 장해물은 없는지……

드디어 수면에 나올 때에는 의식적으로 숨을 내쉬면서 나머지 3m를 천천히 부상한다.

수심 5m 정도의 잠수에서는 이와 같이 정확히 부상할 수 없다. 스쿠버 잠수에서는 초보자에게 있어서 얕은 잠수야말로 주의해야 한다.

□**잠강 및 부상중에 받는 압력 변화**

비는 주머니에 물을 가득 채우고, 수천 m의 심초에 가라앉아도 아무런 변화는 없다. 한편, 내부에 다소의 공간이 있는 청량 음료수 캔을 가라앉히면 심도 20m에서 우그러들어 버린다.

○**스퀴즈**(squeeze) : 다이버의 신체에도 공간이 전혀 없어 물을 채운 비닐 주머니와 같다면, 수압에 의해 물리적인 영향은 일절 받지 않아도 된다. 유감스럽게도 다이버의 신체 중에는 폐중이강(고막 안쪽), 부비강(두개골을 가볍게 하고 있는 얼굴 전면에 있는 장소) 등등의 공간이 있어

▲부상(浮上)의 기본 자세

▲스쿠버 다이버의 기본 장비

▲감압 정지중의 다이버

▲수중에서의 협의

332

마스크를 얼굴에 착용하면 그 안쪽은 공간이 되고, 잠수복 안쪽도 공간이 된다. 이들 공간이 수압에 의해 압축되는 것을 스퀴즈라고 부르고 있다. 수압에 의해 귀가 찌르듯이 아픈 것을 중이 스퀴즈, 마스크가 얼굴에 강하게 눌려서 눈이 빠질 듯이 되는 것을 마크스 스퀴즈라고 부르고 있다.

스퀴즈를 일으킬 것 같이 되어 있는 공간에 외부의 압력과 같은 압력을 가진 기체를 도입해 주면, 안과 밖의 압력은 같아져서 스퀴즈는 해소해 버린다. 전출과 같이 코와 중이강을 연결하는 통로(유스타기씨관)를 통해서 공기를 보내어 중이 스퀴즈를 해소해 주는 것을 귀 빼기라고 부르고 있다.

○ **스쿠버와 폐의 관계** : 다비어의 폐는 기관에 의해 입 그리고 입술을 통해서 밖으로 개구하고 있기 때문에 특히 귀 빼기와 같은 행위를 하지 않아도 폐속에 공기를 받아들일 수 있다. 단, 폐가 받고 있는 압력과 같은 압력의 기체가 아니면 빨아 들일 수 없다. 스쿠버는 요컨대 다이버의 폐가 눌리고 있는 수압과 같은 압력의 호흡 기체를 공급할 수 있도록 만들어져 있는 호흡 장치이다.

이 스쿠버를 사용해서 잠수하고 있는 다이버가 뭔가에 놀라서 갑자기 수면까지 부상했다고 가정한다. 너무 놀랐기 때문에 숨을 멈춘 채로 더구나 상승이 급했기 때문에 호흡이 원래대로 돌아갈 여유도 없었다. 수압과 같은 압력이 공기가 들어가 있던 폐는 주위의 압력이 상승으로 인해 감소하기 때문에 팽창한다. 팽창이 한계를 넘으면, 폐는 파열되어 버린다. 파열된 폐로 혈관에 공기가 들어가서 혈관을 막는다.(공기 색전)

이것은 매우 위험하고 사망률은 높다.

무서운 공기 색전(에어 엠볼리즘)을 막기 위해서는 '절대로 호흡을 정지하지 말 것'을 우선 염두에 두는 것이 중요하다.

□ 감압증──소위 잠수병

다이버가 호흡하는 공기의 80%를 차지하는 질소는 호흡에 관계하는 산소나 탄산가스와 같이 생체에는 적극적으로 작용하지 않는 불활성 기체이다. 이 질소는 다이버의 체내에서 소비도 생성도 되지 않지만, 역시 분압에 비례해서(헨리의 용해 법칙) 조금씩 조금씩 다이버의 신체 속에 녹아 들어간다. 깊이 잠수하면 잠수할수록, 질소 가스는 신체속에 녹아 들어간다.

질소는 조금씩 신체에 녹아 들고, 배출도 조금씩 이루어진다. 그래서, 깜박 부상을 서두르면 충분히 녹아든 가스는 배출의 여유도 없이 더구나 분압 저하에 의해 물리적으로 용해할 수 있는 가스량은 적어지고, 신체속에서 급속히 기포화한다. 이 비의 현상 때문에 일어나는 장해가 '감압증'이다.

중증형은 중추를 다쳐서 사망이나 반신 마비, 경증형에서는 거의 관절이 다치고, 만성화하면 뼈가 흐물흐물 물러질 우려가 있다. 감압증의 치료는 치료 재압 탱크에 수용해서 기포가 소실한 때까지 압력을 가하고, 이번에 천천히 감압해서 가스 배출량에 따른 분압의 저하를 실시한다. 전술의 공기 색전증도 감압증과 같은 치료를 한다.

□ 감압표와 감압 정지

○ 감압표 : 감압증은 수심 10m 이상에 장기간 잠수하고, 급속히 부상했을 경우에 심도와 시간에 비례해서 격렬하게 증상이 나타나는 사실을 알고 있었다. 1900년 영국의 홀덴(J.S Halden)은 $2kg / cm^2$(수심 10m 상당)의 압력하에 장시간 지난 후 인간이 아무런 증상도 일어나지 않는

사실에 착안해서 4기압에서 6기압, 2기압에서 3기압으로의 감압도 안전하다고 생각하고, 이 2:1 감압을 근거로 계산해서 감압표를 만들어 냈다. 현재 우리들이 사용하고 있는 감압표는 미국 해군의 표준 감압표와 노동성이 제정한 것 2종류이다. 모두 홀덴의 이론에서 출발한 것이다. 다이버는 이 감압표에 정해진 스케줄에 따라서 잠수하고 부상한다. 예를 들어 수심 30m에 30분 잠수했다면 부상 도중에서 심도 3m의 위치에 3분간 정지하고 부상한다. 이것이 감압 정지이다.

○감압 정지의 효과 : 3m의 위치에 3분간 정지하는 일은 그다지 고통스러운 것은 아니다. 전술한 행동 기준에서는 3m에 최저 30초간은 정지해서 수면의 상황을 확인하도록 습관지우고 있기 때문에 그것에 다시 2분, 30분 더할 뿐이다. 프로 다이버가 아닌 한 심도 30m에 30분 잠수한다고 하는 것은 한계에 가까운 행동이다. 이상은 무모라고 해도 과언이 아니다. 그렇다면, 아마추어에게 허락되는 잠수에서는 항상 3m의 심도에 3분간 정지한다면 감압증에는 걸리지 않는다고 해도 좋다.

□반복 잠수의 문제점──가산되는 질소 분압

그러나, 1일에 2회 잠수하게 되면 문제는 더욱 복잡해진다. 전기의 잠수를 한 사람이 감압 정지해서 부상해 온 상태는 잠수를 시작했을 때의 상태가 아니다. 체내의 질소 분압은 반드시 높아져 있다.

알기 쉽도록 그 날 제1회째의 잠수를 개시하려고 할 때의 다이버의 체내에 녹아 있는 질소의 분압을 1이라고 한다. 홀덴의 2:1 감압 이론에 따르면, 다이버의 체내의 질소 분압이 부상해 왔을 때에 대기압하에서 2를 넘고 있지 않으면, 감압증에 걸리지 않는다. 대기압하의 질소 분압은 약 $0.8kg / cm^2$이기 때문에 체내에 녹아 있는 질소의 분압이 $1.6kg / cm^2$

잠수 기록 카드[일반용, 수중 촬영용]

○○년 ○○월 ○○일(○요일)

잠수 장소	잠수 목적
다이버 성명	

잠수 개시 AM 10:20　　잠수 종료 AM 10:46　　잠수 시간　20

잠수 심도 38m 지형 코스 피사체 위치 등의 스케치 타이머 세트 　설치 　　　카메라 　　　다이버 코스	**촬영 데이타**
	카메라 : 니코노스
	렌즈 : VW 닛콜 15mm
	필름 : 네오판 400
	조명 :
	투시도 : 8~10m
	지정감도 ASA 1600
	중요 피사체의 데이타
	거리 : 1.5
	F : 5.6
	셔터 스피드 : 1/60

감압 스케줄		해황	위치 관측
재잠수기호　잠수 심도 38m		관측시 : AM 11:20	
수정 시간 + 실제 잠수 시간		날씨 : 맑음	
=잠수 시간 20		풍속 : 3~5	
잠수 시간 20		풍향 : SF	
감압 정지　3m	3m	파고 : 1m	
6m	6m	해황 기호 :	
9m	9m	석속 :	
12m	12m	석향 :	
재잠수기호			
휴식시간			
재잠수기호			

336

를 넘지 않으면 되는 것이다.

감압 정지를 종료하고 부상해 온 다이버 체내의 질소 분압은 한도인 2에 대해서 1.8일 지도 모른다. 그대로 곧 제2회째의 잠수를 개시하면, 이번은 스타트가 1.8이기 때문에 제1회째와 동일 시간(수심 30m에 30분) 잠수하고, 동일 감압 정지(수심 3m에 3분 정지)해서 부상하면, 질소의 분압은 확실히 2를 넘어 버린다. 이것은 반복 잠수가 피할 수 없는 숙명이고, 비참한 감압증의 희생자를 낳은 원인이다. 반복 잠수의 경우에는 감압표를 기준으로 엄밀한 잠수 스케줄을 세우고 그것에 근거하여 확실히 잠수를 해야 한다.

앞의 표는 일반 다이버들이 조사를 위해서 잠수하는 경우에 기입하는 잠수 기록 용지(Form C)이다. 잠수를 개시하기 전에 감압표를 조사해서 이 용지의 감압 플랜난에 기입해 둔다.

□질소 중독

공기를 호흡하고 있는 다이버가 심도 30m를 넘으면 좀 취한 듯한 느낌이 된다. 심도 40m가 되면 취한 사실이 자각되기 시작하고 심도 60m에서는 대부분의 다이버는 자유롭게 작업을 계속할 수 없게 되고 심도 70m가 되면 의식을 잃어 버리는 다이버도 나타나서 위험하다.

아마추어 다이버는 30m를 넘는 잠수를 해서는 안 된다.

이 중독은 질소가 주요 원인이라고 하는 것이 지금까지의 정설로 그 때문에 '질소 중독'이라고 불리고 있지만 탄산 가스와도 밀접한 관계가 있다고 생각된다. 깊이 잠수하면 다이버가 호흡하는 공기는 밀도가 높아지고 빨아 들이는 다이버의 혀에 공기의 무거운 흐름이 느껴지게 된다. 이렇게 되면 호흡의 저항도 증가해서 탄산 가스의 배출이 생각대로 되지 않는다. 다이버의 급하강은 탄산 가스 분압도 증가시킨다. 이 탄산 가스와 질소의 분압이 높아지는 것의 상승 작용으로 중독 증상이 나타난다.

□그 밖의 신체 상황

○히트 로스 : 물은 열을 잘 전달해서 다이버의 신체로부터 다량의 열을 빼앗아 간다. 피부가 식으면, 열은 신체의 중심부에서 표면으로 이동한다.

신체 중심부의 온도는 직장온으로 알 수 있다. 직장온은 보통 상태에서는 36℃이지만 이것이 34℃까지 내려가면 위험해진다. 웨트슈트 또는 드라이 슈트는 다이버가 열을 잃지 않도록 방호하기 위한 것이다.

○피로 : 이미 서술했듯이, 잠수중에 한도를 넘어서 신체를 지나치게 움직이면 쉽게 회복하지 않는다. 탄산 가스의 축적에 따라서 호흡 곤란, 구역질, 탈력감에 빠져서 곧 활동을 정지하지 않으면 위험한 상태가 된다.

○패닉 : 경험 풍부한 다이버가 패닉 상태가 되는 경우는 적다. 초보자가 바다와 잠수 기구에 대한 미숙함 때문에 사소한 트러블로 패닉 상태가 되어, 사고로 이어지는 것이다. 구체적인 사례 대책은 다음 절에서 언급하기로 한다.

4. 안전한 잠수 시스템과 사고 대책

잠수는 지금까지 서술해 왔듯이 인간의 생리면에서 많은 문제를 안고 있다. 복잡한 현대 사회는 항상 피할 수 없는 위험과 표리 관계에 있음에는 틀림 없지만, 잠수는 아직 자기 자신의 주의와 신중한 행동이 있으면 자기의 책임에 없는 사고까지 떠맡는 일은 없는 세계라고 말할 수 없다. 그 때문에도 안전한 잠수 시스템과 안일의 사고 대책에 대해서 알아 두기 바란다.

□바디 시스템과 그 유지

스쿠버 잠수는 2인 1조의 팀을 2개 갖고 4명을 최저 단위로 하는 것이 이상이다. 다인수를 필요로 할 때에는 6인, 8인, 10인 등으로 늘려 간다. 이 최소 단위의 2인 1조가 되어 행동하는 것을 바디 시스템이라고 하며, 이것은 잠수를 할 때의 행동 패틴의 철칙이다.

초보자 교육을 위한 바디를 차치하고 시스템으로써의 바디는 서로 상대를 구조하는 기술을 크건 작건 몸에 익히고 있는 사람끼리를 2인 1조로 하지 않으면 그 효과는 확실히 반감한다.

수중에서 2인의 조가 떨어져 버리지 않기 위해서는,

① 반드시 상대를 자신의 감각 내에 넣고 행동한다. 감각이란, 시각 · 청각 · 촉각이다.

② 상대가 자신의 감각으로부터 사라졌다면 반드시 그 때 하고 있는 작업, 혹은 동작을 중지하고 수저로부터 떨어져서 부상을 개시한다.

360° 회전해서 둘러 보면서 부상하면 상대가 되는 기포가 눈에 들어올 테니까 기포를 더듬어서 접근하여 합친다.

③ 발견할 수 없었다면 그대로 부상한다. 수면상에서 반드시 상태를 발견할 수 있다.

이 3가지의 룰을 절대적인 것으로서 지켜야 한다.

잠수는 팀 플레이다. 리더는 자신들 팀의 팀 워크가 최량의 상태로 유지되도록 노력을 기울여야 한다. 팀 워크에 각각의 생명이 달려 있기 때문에 이것은 모든 것에 우선한다. 바디 시스템을 도저히 지킬 수 없는 사람은 신속하게 팀으로부터 떠나야 한다.

□잠수 계획

잠수는 그 준비부터 운용에 이르기까지 모두 계획적으로 이루어져야
한다. 그리고 계획은 일정한 서식에 기입되어 있는 것에 바람직하다.

Form C의 잠수 기록 용지를 사용하는 경우, 바디 시스템 2조의 팀에서
4명 중의 리더는 행동 목적의 수심부터 감압표에 의한 감압 플랜과 작업
혹은 행동 지시를 각 사람마다 작성한다.

플랜은 전원에 의해 검토되고 그 계획과 내용을 충분히 이해한 후,
비로소 잠수 개시의 준비를 한다. 잠수는 우선 2명이 실시하기 때문에
나머지 2명의 바디는 잠수 바디의 기구 체크·창착을 돕고 잠수 중은
잠수 시간의 계측을 한다. 물론, 잔류 바디도 구급 잠수나 교잠에 대비해
서 상호 점검해서 언제라도 잠수할 수 있도록 준비한다.

□익수와 구급

물속에서 사고가 일어난다. 그 사고의 종류도 프로세스도 여러 가지이
지만 최종적으로는 물에 빠지고 그리고 운이 나쁘면 죽는다. 물에 빠져도
폐에 물을 빨아 들이지 않으면, 이것은 단순한 질식과 마찬가지로 단시간
사이에 구조되면 살아날 가능성이 있다. 그러나, 폐에 다량의 물을 빨아
들이면 폐의 가스 교환 능력이 상실되어 인공 호흡으로 숨을 되불어도
다시 질식해 버리는 경우도 있고, 폐렴을 병발하면 살아날 찬스는 적어진
다.

스쿠버 다이버는 실신해도 마우스피스를 입에서 떼어서는 안 된다.
또한, 동료가 빠지기 시작하고 있을 때, 마우스피스를 입에서 떼게 해서
는 안 된다. 또한 모든 다이버는,

① 인공 호흡법(마우스 투 마우스(mouth to mouth))와 가디약마사지(심장 마사지), 즉 호흡과 심장의 고동을 회복하는 방법

② 익자를 수중에서 끌어 올려, 수면 예행하면서 인공 호흡을 실시할 것을 언제 어디에서나 곧 실시할 수 있도록 훈련되어 있어야 한다. 이것을 할 수 없으면 초보자 영역에도 이르고 있지 않다. 여성이나 어린이나 다이버로서 활동하는 이상은 구급법 습득은 필수 조건이다.

□패닉

수중에서의 패닉은 중대하다. 특히 초보자의 사고는 일단의 감습을 종료하고 처음 바다에 잠수했을 때와 2~3회째까지의 잠수에서 가장 많이 발생한다. 이 정도까지의 초보자는 바다에 들어가는 데에 긴장해 있고, 불안감으로 가득하다. 아주 하잘것 없는 일로 패닉 상태가 되어 사고로 이어진다.

○**초보자에 한 대책** : 문 마우스 피스로 물이 들어왔다고 한다. 고장나지 않는 레귤레이터라면 숨을 조금 세게 내뱉으면 순식간에 물은 배출되어 버린다. 그런데 패닉 상태가 된 초보자 다이버는 입에서 마우스 피스를 떼어 수면상의 공기를 마시려고 애태운다. 수면으로 얼굴을 내밀려고 하면 스쿠버의 장구는 무겁다. 라이프 자켓을 부풀리려고 하지만, 양손은 수면의 물을 긁고 발버둥치고 있기 때문에 이것도 할 수 없다. 완전히 익사 상태에 들어간다.

초보자를 잠수시킬 때는 구조 태세를 안전하게 갖추고, 잠수하는 초보자에게는 모든 주위의 상태를 이해시키고 그가 빠져 들어갈 패닉에 대해서도 충분히 설명한 후에 잠수를 개시해야 한다.

○ 프로페셔널한 대응 : 이제부터 일어나는 모두 사태를 예상할 수 있다면 패닉은 되지 않는다. 그러나, 만일 예측할 수 없는 것 같은 일이 일어난다면 자신이 그것을 극복하는 잠재적인 능력이 있기를 소원하고 믿는 수 밖에 없을 것 같다.

베테랑 프로페셔널 다이버는 다른 다이버는 어쨌든 자신만은 죽지 않는다고 생각하고 잠수한다. 그렇지만, 그가 잠수하고 있는 상황에서는 만일 사고가 일어났다면 도저히 다른 사람의 도움을 받을 수 있을 것 같은 상태가 아님도 알고 있다. 자신의 힘만으로 극복해야 하기 때문에 잠수할 때까지의 절차에 신중하다. 이 신중함이 모든 레벨의 다이버에게 요망되는 것은 말할 필요도 없다.

5. 수중 촬영을 위한 잠수 테크닉

잠수는 수저에 도달하기 위한 수단이다. 지금까지 해설한 잠수 기술이나 지식은 어디까지나 기초적인 것이기 때문에 수중 촬영을 위해서는 이 기초 테크닉을 응용한 잠수 방법을 생각하는 편이 능률적임을 말할 필요도 없다. 수중 촬영을 위해서 필요한 잠수 용구의 선택법이나 사용법을 여기에서는 4항목으로 나눠서 실천적으로 생각해 보자.

□수중 촬영을 위한 수중 마스크

촬영을 위해서 중요한 액션은 가능한 한 광범위한 범위의 관찰과 피사체나 카메라의 인디케이터류의 확인을 보다 신속하게 하는 것이다.

수중에서는 등에 단잠 수구나 수압 등의 영향으로 민속한 행동이 방해받아 버리기 때문에 수중 마스크는 두부에 저항이 없는 소형의 것으로 더구나 가능한 한 시야가 넓은 것을 사용하기 바란다. 그러기 위해서는

342

▲렌즈 부착 수중 카메라

◀ 단안식으로 심플한 마스크가 좋다.

▲물갈퀴에 의한 모래진흙의 일어남을 막기 위해 라이트맨은 물갈퀴를 벗고
있다.

단안식의 심플한 형태로 유리가 가능한 한 눈의 위치에 가까운 것을 선택하면 좋다.(사진)

이 형태의 마스크는 단순한 구조이기 때문에 소형 경량이고, 더구나 시야가 넓다. 따라서 주위의 상황 인식이 하기 쉽고, 카메라의 파인더도 들여다 보기 쉽다.

눈이 나쁜 사람을 위해서는 마스크의 전면 유리에 렌즈를 붙일 수도 있다.

수중 마스크는 수중 카메라맨의 제2의 눈이다. 이것이 없으면 사람의 눈은 수중에서 완전히 초점을 맺지 못해 사물이 모두 희미하게 밖에 보이지 않는다. 파손, 분실하는 경우를 생각하여 항상 2개 이상의 예비를 휴행해서 위급한 경우에 대비하자.

□수중 촬영과 물갈퀴(핀)

수중 촬영 잠수는 피사체를 찾아서 헤엄쳐 다니는 것과 발견한 피사체에 카메라를 향하고 셔터를 누르는 실제 촬영의 액션으로 구분된다.

능률적으로 헤엄쳐 다니기 위해서는 큰 물갈퀴가 필요하지만, 한군데에 머물러 찍기 위해서는 작은 물갈퀴가 편리하다.

물갈퀴는 서툴게 움직이면 수저의 모래 진흙을 부채질해서 시계를 흐려 버린다. 이 탁함을 촬영에 있어서 큰 장해가 되기 때문에 익숙한 카메라맨은 피사체의 위치가 정해지면 물갈퀴를 벗어버리고 수저를 걸어서 행동한다.

수저에 조류가 있는 경우는 벗은 물갈퀴를 흘려 버리기 때문에 무거운 암석으로 눌러 둔다든가, 벨트 사이에 끼워서 갖고 다니도록 한다.

또한 최근의 물갈퀴는 물에 뜨도록 만들어져 있는 것이 많아 벗는 순간에 수면을 향해서 떠올라가 버리므로 주의하기 바란다.

촬영을 위해서는 비교적 자그마한 부력이 없는 탈착이 용이한 형태의 것을 사용하면 편리하지만 익숙치 않은 동안은 무거운 카메라를 손에 들고 멀리 헤엄쳐 나가거나 함부로 물갈퀴를 벗는 것은 피하는 편이 좋다. 물갈퀴를 잃었기 때문에 빠져 버리거나 중요한 카메라를 버리지 않으면 배나 해안으로 돌아갈 수 없게 될 지도 모른다.

□수중 촬영과 웨이트 벨트(부력 조절)

촬영을 위해서는 웨이트 벨트는 조금 무겁게 하는 편이 수중에서 신체가 안정한다. 그렇지만, 물 사이에 멈춰서 카메라를 준비하는 것 같은 때에는 신체가 자연히 가라앉아 버리기 때문에 중량 오버는 금물이다.

촬영을 위한 웨이트 밸런스는 어디까지나 촬영하는 수심을 예측할 수 있는 경우에 한해서 그 수심에서 다소 무거워지도록 생각하고, 공기를 폐에 가득 들이 마셨을 때 부력이 0이 될 정도로 조절하면 된다.

최근 보급하고 있는 발란심 베스트라고 불리는 부력 조절 용구가 있다. 이것은 목부터 가슴에 장착한 공기 주머니에 레귤레이터를 통해서 에어를 주입해서 부력을 얻는 것으로 신체에 다른 웨이트 벨트의 중량을 약간 무겁게 해 두면 이 베스트의 부력과의 밸런스를 조정함으로써, 어느 심도에서도 자유롭게 부력 0의 상태를 유지할 수 있다.

이 베스트는 수면에서 라이프 재킷도 되어 그 다용성이 선전되고 있지만 장비가 크고 복잡해서 취급에 숙련이 필요하다. 그리고 수중 촬영을 위해서는 가슴 앞의 큰 주머니가 카메라 조작의 방해가 되어 버리는 경우도 있으므로 활용에는 한도가 있다.

또한, 라이프 재킷에 관해서는 촬영을 위해서 신체를 움직이는 방해가 되지 않는 것 같은 컴팩트하고 심플한 것을 사용할 것을 권하고 싶다.

▲발란징 베스트(왼쪽)와 라이프 재킷
(오른쪽)
◀기본적인 웨이트 밸런스는 웨이트 벨트의
조절로

▲싱글 호스(왼쪽)와 더블 호스(오른쪽)의
배기포(排氣泡) 차이

▲셔터 찬스에 강한 안정 자세, 그리고 숨을 죽인 후는 완전히 폐 속의 배기를▲

□수중 촬영과 자동 호흡기(레귤레이터)와 호흡법

레귤레이터에는 싱글 호스식과 더블식이 있다. 싱글 호스식은 입의 양끝으로 배기포가 토출되지만, 더블 호스식 배기는 다이버의 등으로 돌아가서 토출된다.

물고기 등의 생태를 찍을 때, 싱글 호스식에서는 얼굴 측면으로 배출되는 거품과 소음이 피사체를 놀라게 해 버려서 놓치는 경우가 있기 때문에 후자를 사용하는 편이 그런 트러블을 피할 수 있다.

최근에는 싱글 호스식이 보급하고 더블 호스식의 것은 적어져 버렸지만, 생태 촬영을 위해서는 더블 호스식 쪽이 유리하다.

촬영 중에 핀트를 맞추면서 다이버는 숨을 죽이고 셔터 찬스를 기다리지만 그대로 신체가 떠올라가 버리면 특히 얕은 수심에서는 공기 색전을 일으킬 가능성이 있어 위험하다.

또한 셔터 찬스를 노리고 과도한 숨 참기를 반복하면 다음에 계속되는 호흡이 얕아져서 공기를 헛되이 낭비할 뿐만 아니라 체내에 탄산 가스가 축적되어 중독 증상을 일으킨다.

호흡은 어디까지나 천천히 잔뜩 들이 마시고 완전히 내뱉도록 하고 셔터 찬스의 숨 참기 후에는 폐속의 완전한 환기를 유의하자.

이상의 사항을 아울러서 생각하면 카메라를 능숙하게 조작하기 위해서는 좋은 시계를 얻어 물을 흐르지 않도록 안전한 폼으로 능숙하게 피사체에 대응하기 위해서 신체의 부력을 조정하면서 자유자재로 전신의 상태를 변화시키는 매우 고등한 기술이 요구받는 사실을 알 수 있을 것이다.

특히, 웨이트 조정과 능숙한 호흡법에 익숙해지기 위해서는 시간을 들인 경험이 필요하다.

제 2 장
수중 촬영 기재의 기초 지식

우리 나라에 있어서 수중 촬영의 역사는 짧다. 니코노스라고 하는 우수한 수중 카메라의 개발과 양산으로 카메라 왕국의 면목은 유지하고 있지만, 그 이외의 수중 카메라(하우징)의 개발은, 수중 촬영에 도전한 선진적인 카메라맨의 멈출래야 멈출 수 없는 개인적 노력에 힘입고 있다.

사진은 모드 분야에서의 연구 · 조사 활동에 불가결한 것이 되고 있지만, 수중 사진의 분야에 한해서 말하자면 해양 개발의 필요가 외쳐지고 오랜 지금도 현상은 이런 것이다.

이 장에서는 수중 촬영 기재에 대해서 개설한다. 저자도 기재의 개발 개량에 아직 노력하고 있기 때문에 다소의 감개가 행간에 넘치는 점을 양해해 주시기 바란다.

1. 수중 카메라와 그 악세사리

우리나라만큼 수 많은 카메라가 생산되고 또 사용되고 있는 나라는 세계에서 유례를 볼 수 없다. 또한 바다에 관해서 말하자면 삼면이 풍부한 해안선에 둘러싸여 해중의 촬영 필드에도 매우 축복받고 있다. 이와 같이 '바다'에도 '카메라의 생산 체제'에도 좋은 조건을 갖추고 있는데, 우리나라는 수중 촬영 기재의 발달에 관해서 구미에 한 걸음 추월당하고 있다. 니코노스는 세계에서 단 하나의 완벽한 수중 카메라로 인정받고 있지만, 현재 일본에서 제작되어 전세계의 수중 카메라맨에게 애용되고 있다. 이 카메라의 본래 태생은 프랑스이다.

□수중 카메라의 시스템

수중 카메라는 전천후형의 '니코노스' 이외는 시판 카메라를 기종 마다의 전용 하우징에 수납해야 비로소 수중 카메라가 된다. 따라서, 카메라의 기종은 같아도 하우징의 기종에 따라서 각각 독자의 수중 카메라로서 호칭된다. 예를 들면 '브로니카마린 R116형'이라든가 '브로니카 서브마리너 100형'이라고 하듯이 말이다.

○니코노스 : 유일한 수중 촬영용 단체 카메라로 렌즈 교환이 가능하다. 그것은 렌즈 자체가 하우징화되어 보디와 일체가 되어 전체가 하나의 수중 하우징이 되기 때문이다. 전천후형이라고 하는 것은 교환 렌즈 중, 80mm의 망원과 35mm의 광각을 수륙양용에 사용할 수 있기 때문으로 나머지 2개의 광각 렌즈——15mm와 28mm는 수중 촬영 전용 렌즈이다.
  어째서 수중 촬영 전용 렌즈가 필요한가 하면 아시는 바와 같이 공기중과 수중에서는 빛의 굴절률에 차이가 있어 수중의 사각은 같은 초점 거리의 렌즈의 경우에 육상의 3 / 4로 감소하고, 광각 렌즈가 될수록 주변부에서의 비뚤어짐(왜곡 수차)이 커지기 때문이다. 니코스노의 15mm는 전면 유리가 동모양의 렌즈(돔 포토라고 부른다)로 되어 있고 28mm는 오목형으로 완곡한 렌즈로 렌즈 본체의 수중에 있어서 수차 보정을 하고 있다.

O 하우징 사용의 수중 카메라 : 각종의 수중 하우징에 대해서는 이 다음에 소개되지만 여기에서 하우징의 기능의 개략을 정리해 두자.

수중 하우징은 요컨대 전방에 촬영용의 방수창 유리, 후방에 프리즘 파인더 혹은 파인더용 들여다보기창을 갖고 수용한 카메라의 촬영 조작용 노브류를 바깥쪽에 가진 수창 캡슐이다.

하우징 전면의 촬영창의 방수 유리에는 평행 평면의 것과 상술의 돔 포토의 것이 있다. 앞으로 평면의 것은 '플레인 포토', 돔 포토는 그대로 '돔 포토'라고 부르고 촬영 그 자체를 총칭해서 '포토'라고 부르기로 한다.

▲하우징식의 롤라이 마린   ▲15mm 수중 전용 렌즈를 부착한 니코노스Ⅲ

6×6판의 카메라에서는 40mm 렌즈는 35mm판의 24mm, 50mm에서도 30mm에 상당하는 광각 렌즈이기 때문에 플레인 포토의 하우징에서는 상당한 왜곡수차, 색수차에 의한 흐림이나 색이 번짐을 각오해야 한다.

그 점 돔 포토 부착의 하우징은 광각렌즈의 성능을 살리도록 설계되어 있다.

□니코노스 Ⅲ

4종류의 교환 렌즈, 접사 장치, 플레시건 등이 갖춰져 있고, 아마추어부터 프로까지 수중 사진을 지향하는 사람이라면 누구나 한대는 갖고 있다.

Ⅲ형이 되어 필름 감아 올리기 기구나 플레시건의 커넥팅 접점이 개량되어 사용하기 쉬워졌다. 35mm 사이즈 카메라의 주류가 된 1안 리플렉스 카메라에 비교하면 이 니코노스의 목측식 파인더는 수중에서의 프레밍이나 거리 조절이 어렵고 사각이 좁은 80mm 렌즈에서는 핀트 맞춤이나 구도 결정은 곤란하다.

각 렌즈 중에서도 15mm 수중 전용 렌즈는 수중에서 발전의 선예도를 갖고, 광각 성능과 서로 어울려서 발군의 성능을 발휘한다. 결정을 말하자면 아마추어가 구입하는 데에는 좀 가격이 너무 비싸다.

35mm 필름 사이즈이기 때문에 보다 큰 화면을 요구하는 프로를 만족시키지 않는 경우도 있지만, 수중 하우징을 필요로 하지 않는 그 소형 경량이 수중 카메라로서 다른 추종을 불허한다.

○**브로니카용이 수중 하우징** : 젠저브로니카 C2, S2는 6×6 화면의 카메라로서 가장 많이 수중용에 사용된다. 일본에서는 4종 미국에서 5종 이상의 수중 하우징이 발표되고 있어 브로니카 필름을 사용하는 수중

니코노스Ⅲ의 시스템
우측은 접사용 유니트, 중앙 좌측부터
80, 35, 28mm 부착 니코노스Ⅲ와 수
중 파인더 및 플래시건. 중앙 아래는
15mm 렌즈와 그 파인더.

▲브로니카 마린 R116

▲브로니카 하우징(합성 수지제)

▲타테이시 브로니카 마린 Ⅲ형

▲브로니카 서브마리너 100

354

촬영 시스템으로서 완성의 영역에 접근해 왔다. 그런데 메이커는 수중 촬영의 문제 등 일절 아랑곳하지 않고, S₂형의 카메라의 제조·판매를 중지해 버렸다.

새로운 브로니카 카메라(EC형과 ETR형) 중, 특히 ETR 형은 소형 (6×4형)으로 1안 리플렉스 파인더, 스트로보 전속동조의 렌즈 셔터 부착으로 우수한 설계라면 하우징도 니코노스보다 조금 큼직한 정도의 사이즈에 담는다고 하는 수중 카메라맨이 패망한 수중 카메라 시스템이 될 수 있는 가능성이 있다. 그러나, 브로니카 수중 하우징을 제작하고 있던 각 메이커는 약소하고 카메라 메이커의 형식 변경에 따르는 자금력도 없고, 열의도 상실해 버리고 있는 것 같다.

○ **브로니카 마린 R116** : 젠저브로니카 S2를 내장하는 내수압 100m의 알미늄 하우징. 파인더에는 30도의 각도에서 들여다볼 수 있는 프리즘을 장착하고 수중에서의 촬영 자세가 편해지도록 설계되어 있다. 또한 전면 포토에는 광각 50mm 렌즈를 보정하는 돔 포토가 채용되어 있어 상재현의 성능을 높이고 있다. 수중 중량도 400g으로 가볍고 보유 밸런스도 적절하다.

○ **브로니카 서브리나 100** : 일본에서 가장 오래된 역사를 가진 S2용 하우징으로 내수압은 명칭이 나타내는 대로 100m.(플레인 포토)

○ **타테이시 브로니카 마린 Ⅲ형** : 유명한 수중 카메라맨의 이름을 위에 붙인 프로 기호의 블랙 마무리의 S2용 하우징.(플레인 포토)

○ **브로니카 하우징** : 위의 3 기종은 모두 고가이지만, 이것은 합성수지

의 하우징을 사용한 저가격의 보급기.(플레인 포토)

□롤라이 마린

세계에서 가장 오래된 역사를 가진 수중 카메라 하우징이다. 기본적인
형태가 완전히 변해 버린 브로니카와는 달리 기본적인 형태를 변화시키
지 않고 신형을 내 온 롤러이 플렉스를 내장하고 있다. 프리즘을 사용해
서 파인더에 30도의 각도를 주어 편한 자세에서 대형 노브에 의한 가벼운
터치의 포컷싱과 셔터 조작을 할 수 있는 인간 공학적으로 뛰어난 설계에
의해 현재도 많은 지지자를 얻고 있다. 광각 렌즈를 사용할 수 없다고
하는 결점이 있지만, 이 정도의 화각이라면 상의 비뚤어짐이 없다고 하는
점도 있어서 수중 생물 촬영에는 적합하고 부족은 없다.

□핫블러드

세계적으로 유명한 스웨덴제의 6×6 카메라, 핫셀블러드를 내장하는
내수압 150m의 고급 수중 카메라 시스템 하우징. 광각 렌즈의 왜곡을
보정하는 큰 돔 포토, 색수차를 보정하는 보조 렌즈가 준비되어 있다.
그러나, 시스템의 가격은 너무나도 비싸서 그림의 떡이다.

□펜탁스 6×7 마린

브로니 필름을 사용해서 6×7 화면 사이즈의 촬영이 가능한 아사히
펜탁스 6×7 카메라를 내장하는 수중 하우징이다.
전술한 프론트 하우징에 대해서 설명해 두자.

O표준용:55mm, 75mm, 105mm를 사용할 수 있는 프론트 하우징이
다. 플레인 포토이기 때문에 55mm 광각에서는 얼마간의 보정이 필요하

▲펜탁스 6×7 마린의 정면과 측면

고, 이 때문에 색수차를 제거하는 55mm용 보정 렌즈가 있다.

○어안용 : SMC 피사아이타쿠마 6×7 35mm F5.5를 사용한다. 이 35 mm 어안은 35mm 필름 사이즈의 17mm 어안과 같은 렌즈로 이 렌즈계는 수중에서 사용했을 경우에 렌즈 개유의 왜곡이 물에 의한 왜곡과 서로 상쇄하는 듯이 의외스런 좋은 결과를 얻을 수 있다. 프론트 하우징의 포토는 완만한 돔으로 되어 있지만 이것으로 충분하다.

○마크로용 : 135mm, 150mm, 200mm를 사용하기 때문에 포토가 계속 투입되었다. 장초점 렌즈에서는 보정 포토의 필요는 없다.

이만큼 많은 교환 렌즈를 사용할 수 있는 하우징은 세계에서는 유례가 없다. 수중에서는 육상의 경우와 달리, 현장에서 렌즈 교환을 할 수 있는 것이 아니기 때문에 미리 사용 상황을 예상하고 렌즈를 결정해 가야 하지 만, 다종의 렌즈 사용 가능한 점이 편리한 것은 틀림없다.

다종의 렌즈를 구사하기 위해서는 우수한 파인더계가 필요하다. 이

▲오렌시 박스
OM1, OM2용 하우징, 마크로 렌즈의
장착 가능
◀니콘 F 마린
돔 포토, 수중 노출계, 소형 스트로보를
장비한 스타일

마린에는 2가지의 파인더계가 준비되어 있다.

정입상 파인더 루페는 핀트면이 확대되어 핀트 맞춤은 쉬워지지만 파인더 접안부와 다이버의 눈과는 수중에서 사용하는 상태에서는 멀리 떨어져 버리기 때문에 눈을 움직여서 노력하지 않으면 1안 리플렉스 파인더면을 전부 볼 수 없다. 1안 리플렉스 파인더를 천천히 보면서 구도를 정하고 핀트를 맞추면서 촬영하기는 곤란할 것이다. 그러나, 익숙해짐에 의해 실용상 별 지장없는 정도로까지는 이 파인더계를 구사할 수 있게 되어 있다.

이상으로서는 6×6이 큰 1안 리플렉스 파인더를 편한 자세에서 구석구석까지 검토하면서 촬영하고 싶다. 이 때문에 미러 파인더가 준비되어 있지만, 이것이 앗 하고 놀라는 역상이다. 이것은 펜타프리즘의 파인더를 만들어 주는 것이 아니면 펜탁스라고 하는 이름이 운다고 하는 것이다. 수 10년 전에 개발된 롤라이 마린이 그리고 니코노스가 수중 촬영의 새로운 페이지를 열었듯이 이 펜탁스 마린도 또 새로운 페이지를 열도록 키워가고 싶다. 수중 사진 기술자의 애호자의 절실한 바램이다.

□ 니콘 F 마린

니콘 F, 니콘 FⅡ의 교환 파인더에는 접안면으로부터 40~60mm 떨어진 상태에서도 파인더면을 100% 볼 수 있는 액션 파인더라고 불리는 것이 있다. 이것을 사용할 수 있는 니콘 F 마린은 장초점 렌즈나 마크로 렌즈를 사용한 수중 생물의 촬영에 다른 카메라의 추종을 불허한다.

그러나, 광각 렌즈를 사용하는 경우에는 완전히 가깝게 보정된 렌즈계, UW 닛콜, 15mm, 28mm를 사용할 수 있는 니코노스에는 미치지 않는다. 그래서 '니코노스가 1안 리플렉스였다면'이라고 카메라맨은 바란다.

□ 올림퍼스 OM1, OM2 하우징(오렌지 박스)

니콘 F 마린은 35mm 사이즈의 수중 하우징으로서는 대형으로 특히 모터 드라이브를 달면 6×6 사이즈의 카메라에 가까운 크기가 되어 버린다. 소형의 35mm 1안 리플렉스 시스템 카메라 OM1과 OM2 를 사용해서 니코노스에 육박하는 소형으로 1안 리플렉스의

▶ 핫셀블러드를 담은
이케라이트

수중 카메라를 만들려고 한 것이 이 하우징이다. OM2를 사용하면 AE 기구도 사용할 수 있고, 전용 스트로보를 사용하면 적정 노광을 항상 얻을 수 있기 때문에 수중 생물의 사진, 특히 접사에는 편리하다. 포토는 광각 렌즈의 사용에 대해서 특별한 보정을 하고 있지 않기 때문에 광각에 대해서는 UW 닛콜 15mm에는 미치지 않는다.

□아이크 라이트(또는 이케 라이트)

미국의 Ikelite사의 제품이다. 상자 모양의 투명 플라스틱제로 하나의 원형 하우징 속의 기어나 세팅 어댑터를 교환함으로써 니콘도 캐논도, 그외 시판되고 있는 거의 모든 카메라를 세트할 수 있다. 그러나, 구입 후에 개조하거나 조정하거나 해야 하는 부분도 있기 때문에 기계에 강하지 않으면 구사할 수 없다. 유명한 카메라가 가진 훌륭한 기능을 수중에서 구사할 수 있는 즐거움이 있지만, 그 대신에 인간 공학적인 배려를 바라는 것이 무리이기 때문에 상당히 사용하기 어렵고, 사용하는 인간 쪽이 불편에 익숙해져 버리도록 해야 한다.

□수중 접사 장치

피사체에 접근해서 실시하는 클로즈업 촬영은 수중의 투시도가 낮아도 가능한 촬영 분야이다. 찍힌 사진도 미지의 해저를 포착했다고 하는 경향의 것이 많아 수중 사진의 가치를 높이는 촬영 분야로써 점점 더 중요시 될 것이다.

접사에는 마스터 렌즈의 전면에 클로즈업용의 보조 렌즈를 달아서 실시하는 방법, 마스터 렌즈와 카메라 보디 사이에 중간 링을 끼워서 실시하는 방법, 특별히 아무것도 달지 않고 접사가 가능한 마크로 렌즈를 사용하는 방법 등, 이 수중 촬영에서는 이루어지고 있다.

접사용 중간 링을 단 니코노스Ⅱ ▶

▼ 니코노스 접사 장치와
  플래시의 유니트

니코노스용에는 접사 보조 렌즈를 사용한 니코노스 접사 장치가 일본 광학에서 접사용 중간 링이 시안도시, 그 외에서 매출되고 있다.

니코노스용 접사 보조 렌즈의 최대 메리트는 수중에서 착탈이 가능한 점일 것이다. 수중 현장에서 렌즈 교환이 전혀 불가능한 수중 촬영에서 단 하나 1대의 카메라로 2개의 이질 사진을 촬영할 수 있는 방법이다. 수중 생물의 촬영에서는 접사 준비를 해 가면 대형 물고기떼를 만나거나 하는 경우가 있다.

니코노스용의 접사용 중간 링은 5종류의 중간 링이 준비되어 있고, 등배까지의 접사가 가능하다. 수중에서의 특수 촬영 진짜 접사가 가능한 것은 이 방법이다.

니코노스용의 이들 2종의 접사 장치는 피사체를 정해진 틀 속에 담고 찍도록 되어 있다. 이 방법은 반위땅이나 모래땅에 고착한 피사체를 찍는 데에는 편리하지만, 빨리 이동하는 생물을 노리는 것은 어렵다. 실상 파인더를 들여다 볼 수 있는 1안 리플렉스 카메라에 마크로 렌즈 혹은 접사 렌즈를 장착하면 움직이는 피사체의 촬영도 가능해진다.

□수중 노출계

천별 만화의 빛과 그늘의 세계는 수중에 한한 것은 아니지만, 순광, 역광, 백사의 위, 바위 뒤, 깊은 곳, 얕은 곳, 투명도의 양부 등 수중은 인간의 감에 의해 노광을 결정하기에는 조건이 너무 복잡해서 항상 불안이 따른다. 보다 정확한 노광치를 알기 위해서 수중 노출계는 카메라 본체의 일부라고 생각하고 반드시 휴행하도록 하기 바란다.

세크닉마린 미터는 현재 시판되고 있는 유일한 수륙 양용의 노출계로 좋아도 나빠도 우리들은 이것을 애용하지 않을 수 없다. 그리고, 위급시에 수중에서 바늘이 움직이지 않거나 노출계의 고장 때문에 실패해서

▲취급은 신중히!

◀유일한 수중 노출계 「세코닉 마린 미터」

애먹거나 하는 경험을 거듭한다.

이것은 정밀한 기구를 가진 델리케이트한 계측기인 노출계를 난폭하게 취급한 결과일 지도 모른다. 그러나, 파도가 거친 바다에서 자신의 신체를 지키는데 노력이 필요한 때에는 아무래도 노출계 등은 정성껏 다루고는 있을 수 없다. 노출계의 취급에는 세심한 주의를 기울여야 하는 것은 당연한 일이지만 내던져도 고장나지 않는 수중 노출계의 출현을 열망하고 싶다.

세코닉마린 미터는 사슬에 연결해서 휴행하는 것 같은 형태로 시판되고 있지만, 벨트로 손목에 고정하거나 설치들을 만들어서(시판되고도 있다) 카메라 본체에 고정해 버리는 편이 사용하기 쉽고, 또한 쉽게 고장나지 않는다.

2. 조명 기구와 그 조건

수중에서 컬러 사진을 촬영하려고 할 때, 대부분의 경우에 인공 광원의 신세를 진다. 수중 촬영(스틸 사진)의 인공 광원에는 플래시 벨브와 스트로보가 주로 사용되고 있다. 육상에서는 아마추어도 프로도 여러 가지 타입의 스트로보가 주류를 차지하고 플래시 밸브는 시대에 뒤쳐져 버렸지만, 수중 촬영에서는 아직 뿌리 깊게 사용되고 있다. 그것은 그 나름의 이유가 있기 때문으로 '어째서'인지를 아는 것은 자기 자신의 수중 사진술을 개척해 나가기 위해서는 절대로 필요한 일이라고 생각한다.

□스트로보나 플래시 밸브나

양자, 1장 1단이 있다고 해서는 지나치게 노골적이라 맛도 정취도 없지만, 유지비가 싼 스트로보도 수중용이 되면 예를 들어 프로용의 대형 스트로보는 대개 10만엔 이상이 된다. 소형의 수중용 스트로보는 구하기 쉬운 가격이 되어 왔지만, 나중에 자세히 서술되듯이 수중에서는 피사체까지의 거리 1~2m 이내의 접근 촬영이 고작으로 광범위를 강력하게 조사하기 위해서는 대형의 플래시 밸브가 필요해진다.

플래시 밸브의 발광 장치(건)는 스트로보보다 싸지만, 일발마다의 밸브 단가가 비싸다고 하는 결점이 있다. 결국은 촬영 목적(광각 촬영이냐 접사냐)에 따라서 선태한다. 혹은 적절히 사용할 필요가 있다고 하는 것이다.

□플래시 조명 장치(플래시건)

상술과 같이 플래시 밸브는 일발당의 단가는 비싸지만, 발광 장치의 구입 비용은 대형 스트로보의 1/3 정도로 광량도 대형 수중 스트로보 이상이고 고장도 적다.

○ **플래시 밸브의 종류** : 플래시 밸브 사용자의 수가 상대적으로는 줄어들고 있기 때문에 플래시 밸브의 종류도 적어지고 있다. 밸브 꼭지쇠

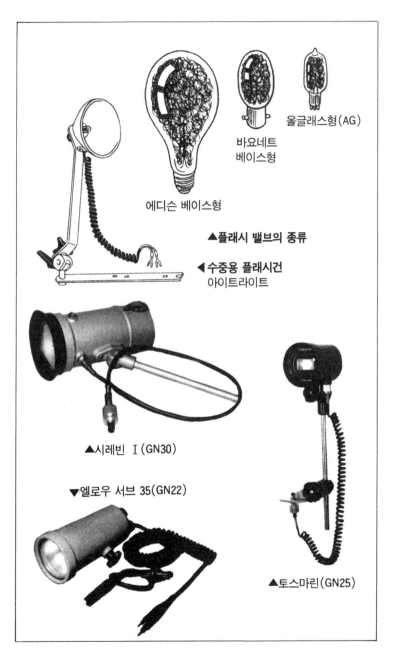

올글래스형(AG)

바요네트
베이스형

에디슨 베이스형

▲플래시 밸브의 종류

◀수중용 플래시건
아이트라이트

▲시레빈 Ⅰ(GN30)

▼엘로우 서브 35(GN22)

▲토스마린(GN25)

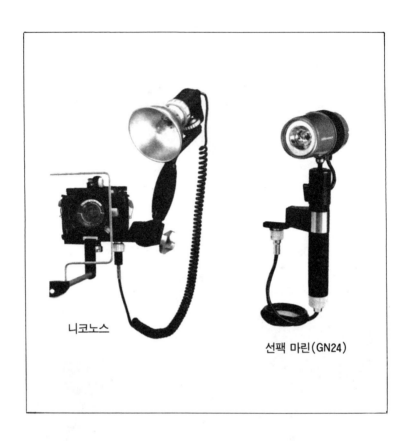

니코노스

선팩 마린(GN24)

부분의 형체를 3가지로 크게 나눌 수 있다.

AG형(올글라스형) : 가장 소형의 밸브로 소형 스트로보와 동량의 광량이라고 생각해도 좋다.

바요네트 베이스형 : 현재 가장 많이 사용되고 있는 꼭지쇠의 플래시 밸브이다. FP급과 M급으로 나눠지고, FP급은 포컬 플레인 셔터용(니코노스 외 대부분의 수중 카메라), M급은 렌즈 셔터용(롤라이 마린, 햇셀 블러드)이다. 또한, 광량의 대소에 의해 5~6단계의 종류가 있다. 다용되고 있는 것은 FP—6으로 이것은 대형 수중 스트로보와 동등하거나 약간 큰 광량을 갖고 있다.

366

수중용의 플래시건은 모두 이 바요네트 베이스형의 소켓으로 되어 있기 때문에 다른 꼭지쇠를 사용할 때에는 교환 어댑터를 사용해야 한다. AG밸브를 사용하는 AG 바요네트 베이스 어댑터는 시판되고 있다.

에디슨 베이스형 : 가정용 전구와 같은 꼭지쇠 형식의 플래시건이다. 대광량의 밸브로 바요네트 형의 최대가 2,300 루멘인데 대해서 No.22의 에디슨 베이스형의 밸브는 6,000 루멘도 있다. 특별히 제작한 대형 카메라로 투시도가 특히 좋은 바다에서 초광각의 촬영을 실시하려고 할 때 등에는 유효하다. 수중용의 꼭지쇠는 시판되고 있지 않기 때문에 주문 제작하든가 자작할 수 밖에 없다.

○**수중용 플래시건** : 시판되고 있는 것에는 다음의 3종류가 있다.

니코노스용 플래시건 : Ⅱ형과 Ⅲ형용이 있다. 현재 입수 가능한 것은 Ⅲ형용이다. 일본 광학에서 양산형으로서 발표되어 입수하기 쉽다. EV× 2개의 적층 전지와 콘덴서로 이루어지는 전원부를 플래시 본체의 통부에 갖추고 있기 때문에 니코노스 뿐만 아니라, 어느 수중 하우징에도 쉽게 전용할 수 있다.

아이크라이트 플래시건 : 카메라측(수중 하우징 내부)에 전원부가 있는 수중 하우징용이다.

롤라이 마린용 플래시건 : 마찬가지로 카메라측에 전원부가 설치되어 있어야 한다. 아사히 펜탁스 6×7마린으로 전용할 수 있다.

□**수중용 스트로보**

스트로보는 촬영용 광원으로서는 최적으로 수중용으로서도 수 종류의 스트로보가 시판되고 잇달아 신형이 발표되고 있다. 여기에서는 6종류의 스트로보를 소개해 두자.

엘로 서브 35(가이드 넘버 22) : 보조광 접사용에 적합하다. 가장 싼 보급형. 발광 간격이 짧고, 셔터 찬스에 강하다.

시마스터(가이드 넘버 22) : 미국제. 니코노스 설치, 조사 각도만 변환 가능.

선팩 마린 24(가이드 넘버 24) : 발광부와 전원부를 접속하는 커넥터가 유니버설 조인트이기 때문에 조사 각도의 변환이 자유. 전원은 커트리지식으로 니카드용을 사용하면 초기 발광 간격이 3초 이내로 짧다.

토스마린(가이드 넘버 25) : 발광부의 조임 노브와 카메라 지지 브래킷부의 조임 노브를 조절해서 조사 각도, 위치, 거리 등 광원 위치를 자재로 바꿀 수 있다.

시레빈 I 컬러(가이드 넘버 30) : 피사체로부터 2m 떨어져서 F8까지 조르고(ASA 100의 컬러 필름으로), 접사의 경우는 지지봉의 조절로 F22의 조리개 수치를 세트할 수 있다. 발광, 전면에 구면 렌즈를 사용해서 배광 상태가 좋다. 사용 범위가 넓은 프로용 고급품.

엘로 서브 150(가이드 넘버 22) : 6기종 중 최대의 조사 각도를 갖고 ASA 100의 컬러 필름이라도 2m 떨어진 피사체에서 F4~5.6까지 조를 수 있다. 조사 각도의 변환, 긴 지지봉으로 간접 조명적 촬영이 가능한 프로용.

○ 밧데리, 발광 회수, 발광 간격의 문제 : 수중용 스트로보의 전원은 당연한 얘기지만 건전지뿐이다. 소형 스트로보에서는 단3, 단2 등이 일반적으로 사용되고, 대형 스트로보에서는 적층 전지를 사용하는 경우가 많다. 스트로보는 510V라고 하는 고압 전원을 요구받는다. 단3이나 단2에서는 몇 개인가의 전지를 직렬로 연결한 6~8V를 승압해서 사용하고 있다.

적층 전지는 510V를 직접 공급하기 때문에 회로가 간단해지고 발광 간격을 짧게 할 수 있다. 대형 스트로보에서는 적층 전지를 사용하는 것이 가장 무리가 없다. 그러나, 적층 전지는 쓰고 버리기에는 약간 고가이기 때문에 충전 가능한 니카드 전지를 사용하는 사람도 있다.

○ **알칼리 전지와 니카드 전지** : 망간 전지는 알칼리 전지에 비해서 발광 간격도 발광 횟수도 한층 뒤떨어진다. 알칼리이냐 니카드이냐는 충전 가능이라고 하는 경제성을 차치하고, 일반적으로는 니카드 전지쪽이 알칼리 전지에 비해서 발광 간격은 1/2 정도 빨라지고 있다. 그러나, 기종에 따라서 니카드를 사용할 수 없는 것도 있고, 발광 횟수도 일률적으로 말할 수 없기 때문에 1일의 촬영 횟수가 많으냐 적으냐 피사체수를 많이 찍느냐, 일정 피사체의 미묘한 셔터 찬스를 노리냐 등 촬영 목적에 따라서 구입시에 잘 검토할 필요가 있다.

○ **전지를 아끼지 말라** : 물속에서는 육상과 같이 간단히 전지 교환은 할 수 없다. 일반적으로 전지가 새로울 때에는 카다로그 표시대로 5초~7초 간격으로 스트로보는 발광해 주지만 20회나 발광시키면 발광 간격은 15~20초가 되어 버린다. 수중에서 돌아 다니는 피사체를 노릴 때에 15~20초의 발광 간격으로 셔터 찬스를 놓치기 쉽다. 단3이나 단2는 어디에서도 입수할 수 있기 때문에 필름을 교환할 때마다 전지를 교환하는 듯한 셈으로 사용하자. 전지를 아껴서 인색하면 언젠가 반드시 후회하는 일이 있을 것이다.

□수중 조명의 조건을 생각한다

수중 조명의 구체적인 테크닉은 제4장에서 자세히 설명하기로 하고 여기에서는 조금 방향을 바꿔서 수중이라고 하는 공기중과는 다른 조건에서의 조명 기구의 조건에 대해서 스트로보를 예로 들어 생각해 보자.

○ **빛은 수중에서는 얼마큼 미치는가** : 수중에 있어서 빛의 행동에 대해서는 제3장에서 조금 이론적으로 서술했지만, 물에 의한 빛의 흡수·산란은 수면상에서 입사하는 자연광에만 작용하는 것이 아니고, 스트로보나 플래시의 빛도 물에 흡수되고 현탁물에 산란되어 감소한다.

시판되고 있는 수중 스트로보에 대해서 발표되고 있는 GN(가이드 넘버)는 마치 몹시 닦여진 듯이 투명한 물속에서 측정된 것으로 뭐 이론치라고도 생각하는 편이 좋다.

일반적으로 말해서 수중에서의 촬영은 육상에서 말하자면 시계 몇 m라고 하는 안개 속에서의 촬영이라고 생각해도 좋다. 수중에서는 그것을 투시도라고 한다. 보통의 촬영 상황에서는 투시도 10m 이하가 상식이기 때문에 도저히 GN대로의 광량은 얻을 수 없는 것이다.

▶
수중 현탁물에
반사하는
스트로보광

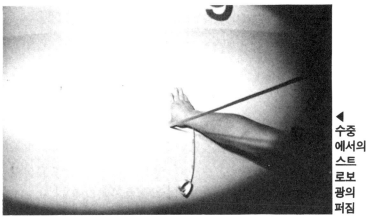

◀ 수중
에서의
스트
로보
광의
퍼짐

거리 1m, 가이드 넘버 22~24의 소형 수중 스트로보의 아름다운 풀속에서의 조사 범위를 나타낸다. 사진은 광각 15mm의 촬영 범위를 나타내고 있기 때문에 수중에서의 스트로보 조사는 조사각에 주의할 필요가 있음을 나타내고 있다.

대강의 표준으로 예를 들면 GN30 이상의 대광량 스트로보로 ASA 64의 엑타크롬 필름을 사용하여 투명도 10m 이상의 좁은 조건에서 피사체까지의 거리 1m에서 F8 정도. GN으로 말하자면 20~25라고 보면 좋다. 소형 스트로보에서는 동일 조건에서 F5.6 정도라고 생각해도 좋다.

또 하나, 물이나 수중의 현탁물에 의한 빛의 감쇠는 반드시 거리의 2승에 반비례하지 않는다. 탁함 상태에 따라서 현저하게 증폭되어 크게 변한다. 예를 들어 투시도 5m 정도의 상태에서는 ASA 100의 필름으로 피사체 거리 1m에서 F8과 F5.6 사이라고 하면 2m 떨어지면 F2.8~F3.5라도 노출 부족이 되어 버릴 정도이다.

더구나 여기에서는 이야기를 알기 쉽게 하기 위해서 투시도만을 서술했지만 수중에서의 밝기는 깊이로 표현되는 투시도에 관계한다. 이 정도의 사실은 제3장에서 구체적으로 화제가 된다.

○조사 각도와 GN의 균형 : 결국 빛을 강하게 해도 투시도가 그다지

좋지 않는 일반적인 촬영 필드에서는 별로 빛이 닿지 않기 때문에 빛을 넓히는 편이 수중 촬영에서는 실제적이다.

사진에 관심이 있는 사람이라면 누구나 알고 있는 사실이지만 동일의 광량이라도 조사 각도를 좁게 하면 할수록 강한 빛이 되고 넓히면 넓힐수록 약해진다.

그런데, 막상 스트로보를 구입하게 되면 사용자의 심리로서 싸고 소형, 더구나 GN이 큰 것을 선택하고 싶어한다. 그런데, 수중에서는 광각 렌즈를 사용하는 경우가 많기 때문에 GN이 커도 조사각이 좁은 스트로보에서는 화면 전체까지 빛이 다 돌지 못해서 4구석이 어둡게 검어져 버린다.

수중 촬영에서는 GN20 이상을 필요로 하기 때문에 소형 수중 스트로보로 광량을 올리려고 하면 조사각은 별로 넓어지지 않게 된다. 대형의 프로용이라고 일컬어지는 수중 스트로보라도 GN은 25 정도로 억제하고 조사 각도를 크게 하는 것이 수중용 스트로보의 설계 방침으로서는 타당하다고 말할 수 있다.

구체적으로는 대형 스트로보에서는 무리를 하면 UW 닛콜 15mm를 커버하고 UW 닛콜 28mm라면 쉽게 커버하는 것, 아마추어용 소형 스트로보에서는 28mm를 무리하면 커버할 수 있고, UW 닛콜 35mm라면 쉽게 커버하도록 배려해서 GN을 25 정도로 설정한다고 하는 것이다. 시판 수중 스트로보도 대강 이와 같이 되어 있다고 말할 수 있다.

□수중 스트로보를 구사하기 위해서는

수중 스트로보를 잘 구사하기 위해서는 그 성격, 성능에 맞는 방법으로 사용해야 한다. 또한, 실제 촬영에 의한 자신이 갖고 있는 스트로보에 의한 촬영 데이타를 확인하고 그것이 물의 탁함에 따라서 조사 각도에 따라서 어떻게 변해 가는지도 알아 두어야 한다.

○ 소형 아마추어용 수중 스트로보 : 6×6 사이즈의 화면에서 75mm 이상, 35mm 사이즈에서 50mm 이상의 긴 초점 렌즈로 실시하는 생물 촬영에서는 충분하고, 니코노스용 접사 장치를 사용한 접사에는 최적의 인공 광원이다.

그럼 문제의 광각 렌즈에는 어떨까? UW 닛콜 15mm로 촬영하려고 할 때에는 자연광의 조사해 오는 방향과 동일 방향에서 스트로보를 발광 시켜서 4구석이 어두워지지 않도록 한다든가 필요한 부분의 색을 내기 위해서 빛을 비춘다든가, 광원 위치를 다양하게 변화시켜서 피사체에 입체감을 준다든가, 소위 보조광으로서 사용하여 성공을 거둘 수 있다. 이 경우는 자연광이 충분히 있는 수심 20m까지의 한계가 될 것이다. 아마추어용이라고 해도 한계와 사용법만 알고 있으면 충분히 도움이 되는 것이다.

○ 프로페셔널 타입의 대형 수중 스트로보 : 일단 어떤 사용도 가능하다고 말할 수 있다. 그러나, 대형의 프로용 수중 스트로보는 여러 가지로 트러블이 많다. 이것은 제품측의 결함이라고 하기 보다도 사용자측의 지식 부족이라고도 말할 수 있지만, 전기적인 지식이 없으면 구사할 수 없다고 한다면 좀체로 손을 댈 용기가 나지 않는다.

그런데, 앞에 사각의 커버에 대해서 '무리를 해서'라고 말한 것은 신중히 조사각을 연구해서라고 하는 의미이다. 이점에서 스트로보 본체의 조작성 문제가 생긴다. 연구의 여러 가지는 제3장, 그리고 제4장에서 소개하기로 하자.

3. 필름의 선택법

특별히 수중용의 필름이라고 하는 것은 없다. 촬영 조건에 따라서 적성이 있는 것이 사용되고 있다. 육상에서는 컬러 촬영이 일반화하고 흑백 촬영은 오히려 특수해졌다. 수중에서도 마찬가지이지만 빛이 적은 수중에서는 고감도를 필요로 하는 경우, 또한 인공광을 사용하지 않으면 컬러라도 모노톤이 되어 버리기 때문에 조건에 따라서는 흑백 필름도 상당히 많이 사용되고 있다.

□모노크로 프린트용 필름

트라이X, 네오판 400, SSS급 필름 : ASA 3200까지 증감할 수 있는 고감도 필름. 깊은 바다속이나 탁한 물속에서 강점을 발휘한다.

플러스X, SS급 필름 : 투명도 15m 이상, 태양광선이 풍부한 밝은 수중에서 사용하는데 적합하다. 어느쪽인가 하면 예술적인 의도를 가진 모노크로 촬영의 경우에 사용된다.

□컬러 프린트용 필름

후지 컬러 FⅡ400, 사쿠라 컬러 400, 코닥 컬러 Ⅱ400 : 네가포지 방식의 컬러 필름이 ASA 400으로 고감도가 되고 나서 조사용의 수중 사진은 거의 이들 필름으로 촬영되게 되었다. 코닥 컬러 Ⅱ400, 후지 FⅡ400은 2배의 증감 현상을 순정 라보로 실시하고 있다.

□컬러 리버설 필름(슬라이드, 인쇄원고용)

엑타크롬 ED200, EPD200 : ASA200의 고감도 컬러 필름. 수중 컬러 촬영의 주류가 되고 있다.

엑타크롬 ER64, EPR64 : 프로, 아마추어를 불문하고 푸른 색의 발색이 아름답기 때문에 수중 촬영에 가장 많이 사용되고 있는 컬러 필름. 더구나 EPD, EPR 등 P의 기호는 텅스텐 타입을 나타내고 있다.

후지 크롬 R100, 사쿠라 컬러 R100 : 엑타크롬에 필적하는 색재 현력을 갖게 되었다고 해서 수중 촬영에서도 차츰 많이 사용되게 되고 있다.

4. 수중 촬영 기재의 보수와 개발

□O—링

수중 카메라뿐만 아니라 수중용 기재의 방수는 대부분의 부분이 O—링의 실로 이루어져 있다. O—링은 그림과 같이 링 자체의 탄성 및 압력 증가에 의한 링의 변형에 의해 접면 압력을 늘려서 실하는 파킹이다.

니코노스를 예로 들어 보자. 가장 눈에 띄는 파인더 전면부, 렌즈의 설치부, 군함부와 보데의 감합부 등에 보이는 실재가 O—링이다. O—링 자체의 상처 입히지 말 것, O—링이 닿는 상대면에 상처를 입히지 않도록 주의 깊게 취급하면 O—링은 기적이라고 말할 수 있을 정도의 수밀 효과를 발휘한다.

보수에 있어서는 O—링 부분에 쓰레기가 묻어 있거나 하면 O—링이 닿는 면에 상처를 입히게 되므로 주위깊게 이것을 제거하고 O—링에 그리스를 충분히 발라서 감합하도록 하면 좋다. 니코노스를 예로 들면 사용자의 보수 범위는 전술의 군함부와 본체의 감합부 렌즈 착탈부 및 싱크로 소켓부이다. O—링 등의 고무 부분은 노화하기 때문에 2~3년에 한번은 점검. 교환하는 것이 바람직하다. 또한, 직사일광에 장시간 노출시키는 것은 피하는 편이 좋다.

□기재의 부식 대책

수중 기재를 구성하고 있는 재료 중에서 유리, 플라스틱(아크릴, FRP, 베이크라이트까지 포함하는 광의의 플라스틱)은 해수에 대해서 강하지만 금속은 부식해서 녹슨다. 금속의 부식은 해수 중에서 사용하고 있을 때에 일어나는 것이 아니고(밧데리의 누전에 의한 전식은 순식간에 부식을 진행시키지만), 사용하지 않고 수납해 두는 사이에 가는 틈 부분에 남은 해수가 조금씩 금속을 침범하는 경우가 많다. 수납하기 전에 수 시간, 맑은 물에 담궈서 소금기를 빼면 이와 같은 부식을 상당히 막을 수 있다.

□수중 촬영 기재의 개관

수중 카메라가 제작되어 판매되는 경과를 생각해 보면, 수중 촬영에

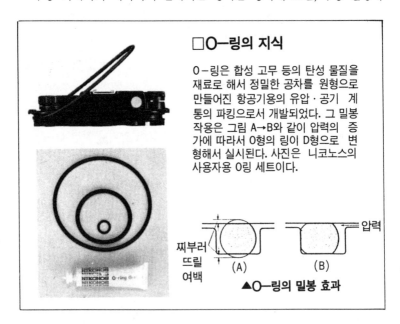

□O-링의 지식

O-링은 합성 고무 등의 탄성 물질을 재료로 해서 정밀한 공차를 원형으로 만들어진 항공기용의 유압·공기 계통의 파킹으로서 개발되었다. 그 밀봉 작용은 그림 A→B와 같이 압력의 증가에 따라서 O형의 링이 D형으로 변형해서 실시된다. 사진은 니코노스의 사용자용 O링 세트이다.

찌부러 뜨릴 여백   (A)   (B)   압력

▲O-링의 밀봉 효과

열중한 카메라맨이 자신의 촬영을 위해서 카메라 기재를 연구하고 이것을 일류 카메라 메이커에 가지고 가서 제품화한 예, 카메라맨 자신이 제작해서 판매하는 극소 메이커가 되는 예 등, 지금까지는 이 2가지가 대부분이었다.

일부의 예외를 제외하고 개인적인 발상에 의해서 개발된 카메라는 독선적인 부분이 많았다. 또한, 일류 카메라 메이커도 수중 촬영에 대해서 충분한 이해와 열의를 갖고 있다고는 말할 수 없고, 그 회사의 주요 제품에 대해서라면 도저히 하지 않을 것 같은 미숙한 설계를 태연하게 해 냈다.

수중 촬영을 지향하는 사람은 물이라고 하는 특수 환경과의 투쟁과 동시에 자신이 사용하는 카메라의 개발개량이라고 하는 도전도 잘 해내야 했다. 이 상태는 현재도 계속되고 있다. 이것은 물론 수중 촬영 뿐만 아니고, 모든 자연을 대상으로 하고 있는 촬영을 보는 경우에 말할 수 있는 사실이지만, 아마추어라고 해도 자기 스스로 할 수 있는 범위 내에서의 촬영 기재의 개량과 개발에 열의를 갖지 않으면 성공하지 못한다.

▲산호초

제3장

쉬운 수중 사진의 이론과 실제

수중 촬영은 인간이 그 생활 환경을 공기에서 물로 바꾼 곳에서의 활동이기 때문에 육상과는 상당히 양상이 달라진다. 이 장에서는 수중에서 사진을 찍는데 있어서의 그 정도의 차이를 검토하면서 앞장에서 얻은 촬영 기재의 지식을 포함시켜 수중 촬영의 기본적인 조건에 대한 이야기를 진행해 간다.

물론, 이 책의 성격상 어려운 이론에 관계하는 것은 피하고 실제적인 사항을 중심으로 서술해 가기로 한다.

말미의 렌즈에 대한 절은 제2장 및 본장에서 최초로 서술해야 하는 것일지도 모르지만 위에 서술한 것 같은 이유로 보다 실제적인 이해를 위해서 이와 같이 구성했다.

1. 물 속의 빛의 행동

□수면에서의 반사──빛은 얼마큼 물속으로 투과하는가?

태양의 자연광선은 수면에서 수중으로 입사할 때 수면에서 그 몇분의 1인가는 반사해 버려서 물속으로 투과해 가지 않는다. 이 반사하는 비율은 태양의 위치나 수면 상태에 따라서 다르다. 태양이 빛나고 있는 상태에서 태양의 각도가 수평선에서 50도보다 위──천정에 가까운 경우에는 수면의 반사에 의해 상실되는 빛의 양은 약 3%이다. 단, 이 수치는 수면이 평평한 경우의 수치로 파도가 일고 있으면 반사·굴절은 불규칙해져서 상실되는 양은 더욱 많아진다. 태양이 기울어 수평선에 가까와지고, 광선이 사선 방향에서 입사하게 되면 반사에 의해 상실되는 광량은 증가한다. 태양이 수평선에서 10도까지의 범위가 되면, 즉 아침과 저녁은 25%가 반사에 의해 상실된다.

하늘이 흐려 있는 상태에서는 태양의 위치에는 별로 관계없이, 8%가 수면의 반사에 의해 상실된다. 물론, 흐려 있는 상태에서는 빛의 절대량은 맑아 있을 때보다도 훨씬 적기 때문에 물속은 어두워진다.

수중에서 컬러 촬영을 할 때는 자연광의 수중 투과량이 많을수록 색이 선명해진다. 푸른 바다의 색을 배경으로 하고 싶을 때는 흐린 날이나 조석을 피해 청천의 대낮(AM 10.00~PM 2.00)을 선택한다. 그리고 파도가 조용하면 보다 좋은 조건이 된다.

□파도의 흡수──수중에서의 색

수중에 입사한 빛은 다시 물에 흡수되어 그 양은 차츰 감소한다. 태양의 빛은 파장에 따라서 빨강, 주황, 노랑, 초록, 파랑, 남색, 보라의 7색으로 나눠진다. 물에 의한 빛의 흡수는 빛의 파장에 의해 선태적으로 이루

빛의 반사, 산란, 흡수
수면에서의 반사, 수중,
현탁물에서의 산란, 물의
벽에 의한 파장의 흡수……
깊이와 함께 빛은 상실되고
색은 흡수된다.

적색은 이미 수심 5m에서
상실되고 20m에서는 밝은
노란색은 보이지 않게 되어
청색 일색의 세계가 되어
버린다.

반사

산란

적색 5m

오렌지색 10m

노란색 20m

382

샤프하고 클리어한 수중 사진은 다분히 의도적이다. 괸 플랭크톤이 많은 물속의 자연을 어떻게 포착하느냐가 솜씨를 발휘할 장면.

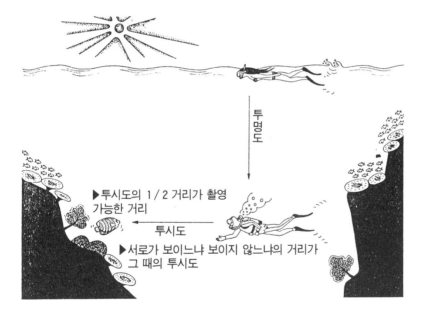

투명도

▶투시도의 1 / 2 거리가 촬영 가능한 거리

투시도

▶서로가 보이느냐 보이지 않느냐의 거리가 그 때의 투시도

▲실제로 수중에 잠수하는 수중 촬영에서는 수직 방향의 투명도는 수중에서의 자연광에 의한 밝기의 문제이고 투시도는 수평 방향에서의 피사체와 카메라 눈의 투시 거리를 의미한다.

어진다. 파장이 긴 적색이 먼저 흡수되고 파장이 짧은 보라가 최후까지 남는다. 수심 5m에서 이미 붉은 색이 상실되고 10m에서 주황색, 20m에서는 노랑색이 보이지 않게 된다. 투명도가 좋고, 광선이 충분히 수중에 입사하고 있는 것 같은 상태에서는 수심 20m 이상에서도 상당히 밝다. 특히 해저가 백사이고, 해저의 반사가 많을 때에는 더욱 밝아서 자연광만으로 컬러 사진을 촬영할 수 있는 충분한 광량이 있지만, 촬영한 컬러 사진은 청일색이 되어 버린다. 물론, 물이 매우 흐려 있고 심도 20m에서 암흑이 되어 버리는 상태에서는 적색도 청색도 없다.

□빛의 산란──투명도와 투시도

빛은 물에 흡수될 뿐만 아니라, 물분자와 수중의 부유물에 의해서 산란되고 감쇠한다. 수중의 부유물이 많으면, 즉 택함이 심하면 산란도 많아 수중은 어두워진다.

물의 투명함 정도를 측정하는 일반적인 방법은 투명도의 측정이다. 수면상에서 직경 30cm의 백색 원판을 매달아 원판이 보이느냐 보이지 않느냐의 미묘한 점까지의 물의 깊이 즉, 수직 방향의 길이를 측정한다.

◀
수심 10m에서의
대형 회유어(방어)

물이 매우 흐려 있는 경우에는 탁도도 측정의 대상이 된다. 탁도는 몇 cm라고 하는 단위로 시각적으로 또 전기적으로도 측정되지만 이것은 공해 환경을 조사할 때에 측정되는 경우가 많아 수중 촬영과는 별로 인연이 없다고 생각해도 좋다.

수심 10m 이상에서 촬영을 할 때에 수면 가까이에서는 흐려 있어도 수면에서는 맑을 경우, 또 그 반대로 수면 가까이에서는 투명해도 아래에서는 흐려 있는 경우도 있어, 수면에서 원판을 매다는 투명도만으로는 촬영 조건의 판정을 할 수 없다. 빛의 흡수 산란은 수면상에서 입사해 오는 빛에 대해서만 작용하는 것이 아니고, 피사체와 카메라 사이에서도 작용한다.

피사체와 카메라 사이의 흡수와 산란은 피사체상의 윤곽을 흐리게 하고, 또한 거리가 떨어지면 피사체는 완전히 보이지 않게 되어 버린다. 수중 촬영을 하려고 하는 수심에 있어서 피사체와 카메라 사이가 몇 m 정도 떨어져도 촬영에 가능한지, 이것이 수중 촬영의 방법을 결정짓는 중요한 조건의 하나이다.

이 카메라와 피사체를 뗄 수 있는 거리를 판정하기 위해서 수평 방향의 투명함의 정도를 측정하지만, 이것을 편의적으로 '투시도'라고 부르고 있다. 앞에 설명한 탁도를 투명도라고 부르는 경우도 있지만 이것은 여기에서 말하는 투명도와는 조금 성격이 다른 것이라고 말할 수 있다.

수중 촬영의 조건으로서의 투명도의 측정법과 그 표시 단위는 아직 표준화되어 있지 않다. 여기에서는 편의적으로 두 사람의 다이버가 서로 뒷걸음질치기하듯이 떨어져 가서 상대 다이버가 보이지 않게 되느냐 보이느냐 미묘해진 거리를 투시도라고 부르기도 한다. 이 투시도의 약 1/2의 거리가 촬영 가능한 거리라고 생각된다. 표는 투시도의 단계를 대강 나누었을 경우의 촬영을 위한 표준과 주의를 나타내고 있다.

투시도에 의한 촬영 범위와 피사체

투시도	촬영할 수 있는 피사체의 범위와 종류
2m 이하	피사체에 10~30cm 접근해서 클로즈업 촬영. 피사체의 사이즈는 5cm 정도 크기의 해저 모양이나 색채 모양이 재미있는 생물들. 촬영 범위는 20cm×20cm 정도.
2m~5m	피사체에 1m 이내까지 접근한 촬영. 배후에 푸른 바다색은 기대할 수 없다. 어족이나 바위에 고착한 생물의 생태 등.
5m~10m	다이버의 전신 그 자체의 액션을 찍는다. 50~60cm 정도의 물고기의 클로즈업이나 다이버의 상반신에 배치한 해저의 바위 표면 등, 필름에 재현시키는 촬영 범위가 1m×1m 정도의 것. 태양광선이 약하면 백에는 선명한 바다속의 청색을 기대할 수 없기 때문에 배경은 수면이나 아름다운 생물을 배치하는 편이 좋다.
10m~20m	푸른 넓은 바다 속의 다이버의 활동, 물고기떼, 바다속 구축물의 형태 등. 주위의 환경도 포함시킨 생물들의 생태.
20m 이상	넓디 넓은 해저 풍경 파노라마와 그 속에서의 여러 가지 액션. 다이버의 집단, 대형 회유어의 군무. 바다속 구축물의 전경 등.

2. 수중 촬영의 조건을 생각한다

흥미깊은 마린 라이프의 생태는 이른 봄의 바닥에 가라앉은 플랑크톤이 많은 수저에 또 산호초에서는 바위 표면에 고착한 산호 사이에 자란 해조가 부조가 되어 흘러나가기 전의 먼지가 많은 물 속에 등, 탁한 해저 환경 속에도 많이 발견할 수 있다. 또한 완미의 수중 조사를 위한 촬영에서는 투명한 물을 바랄 수 없다. 탁한 물 속이라도 수중 촬영을 필요·요구되고 탁한 물 속에도 가치 있는 피사체를 발견할 수 있다고 하는 점과 동시에 전세계의 아무리 아름다운 해저라도 반드시 물의 탁함이 존재하고, 그것이 수중 카메라맨을 괴롭히고 수중 카메라맨은 이것을 극복해야 한다.

▲이 물의 탁함은 모델 다이버보다 촬영자가 일으킨 부니.

◀수중에서의 투명도는 깊이에 의한 밝기에 관계하고, 투시도는 피사체와 카메라 렌즈 사이의 탁함 정도에 의한다.

□물의 탁함으로부터 달아날 수 없는 수중 촬영

'수중 촬영은 물의 탁함과의 대결이다'라고도 말할 수 있다. 바다속의 투명도, 투시도가 낮은 수중에서 촬영하는 것은 마치 안개나 스모그 속에서 촬영하는 것과 같아서 클리어하고 샤프한 상의 재현은 어렵다. 그래서 프로 카메라맨은 촬영지로서 물이 맑은 남방 이도의 가능한 한 외해에 면한 바다속을 선택한다. 미리 정해진 피사체, 예를 들면 모델 등을 촬영하는 경우에는 촬영지의 선정도 용이하지만 바다속의 생물의 생태를 쫓아서 촬영할 때나 수중 조사 등의 경우에는 그런 이상적인 상황을 카메라맨이 멋대로 설정할 수는 없다. 언제 어떤 태도, 수중 촬영은 물의 탁함으로부터 달아날 수 없고, '물의 탁함과의 대결'이 수중 촬영 그 자체라고 하는 사실을 확실히 염두에 두기 바란다.

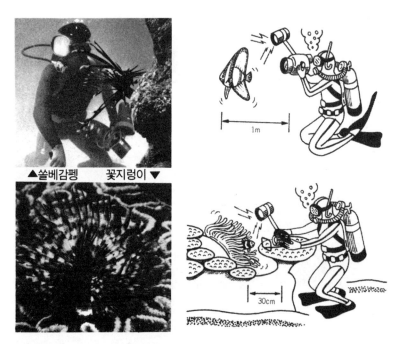

▲쏠베감펭　　꽃지렁이 ▼

▲촬영 거리가 1m 이내라면 물의 탁함은 그다지 신경쓰지 않아도 좋다. 투시도 가 5~6m의 수중에서도 충분히 촬영이 가능하다. 가령 투시도가 2~3m라도 30m 이내로 접근할 수 있는 접사라면 편안히 촬영할 수 있다.

　여기에서 한번 더 투명도와 투시도를 수중 촬영과의 관계로 복습해 두자.

　투명도는 수면상에서 물속을 들여다본 물의 투명함을 나타내는 것으로 투명도가 좋으면 물속에 비치는 자연광의 양이 커져서 자연광에 의한 모노크로 촬영에서는 렌즈를 조를 수 있고, 컬러 촬영에서는 백의 푸른 물 색이 선명하게 아름다와진다.

　투시도는 실제로 촬영하려고 할 때에 피사체와 카메라 렌즈 사이의 물의 탁함의 정도를 나타내는 것이라고 생각해도 좋고, 투시도가 클수록 샤프한 화상을 얻을 수 있다. 투명도, 투시도가 모두 크면 촬영의 조건은

388

매우 좋다고 하게 된다.

일반적으로 카메라와 피사체간의 거리가 투시도의 1 / 2이라면 충분히 촬영 가능하고 1 / 3 이내라면 상당히 선예한 촬영 결과를 얻을 수 있다라고 일컬어지고 있다. 수중 촬영에서는 피사체와 카메라 사이는 3m 이내인 경우가 많고, 피사체가 생물이면 피사체 거리 1m 내외가 많다. 투시도 10m는 촬영에 지장이 없는 조건이라고 생각해도 좋다. 그러나, 실제로는 해저의 조건은 복잡해서 일률적으로 말할 수 없다.

□촬영 조건 표시의 규준

해저는 어렴풋이 부니에 덮혀 있는 경우가 많고, 부니는 아주 조금의 물의 움직임이라도 날아 올라가기 때문에 해저 가까이에서는 수중에 우수한 현탁물이 떠 있는 경우가 많다. 물론 부니는 다이버의 물갈퀴의 움직임이라도 날아 올라간다. 이와 같이 수중의 촬영 조건을 표현할 때에 투명도 몇 m, 투시도 약 몇 m, 뿐으로는 불충분하고, 해저의 저질이 '확실히 단단한 백사'라든가 '날아 올라가서 곧 물을 흐리는 부니'라든가 덧붙이지 않으면 안전하다고는 말할 수 없다.

수중 촬영에서는 단지 '물이 흐려 있다'라고 하는 설명으로 주관적인 표현이 되어 버린다. 지역차도 생각해야 한다. 예를 들면 투시도 10m는 남쪽의 바다에서는 '흐려 있다'라고 일컬어지지만, 북쪽의 해안에서는 그럭저럭한 상태로 장소에 따라서는 투시도 10m는 1년에 몇 번밖에 없는 최고의 상태이다. 몇번이나 반복하지만 '물의 탁함과의 대결이 수중 촬영'이다.

□탁함을 극복하는 광각 렌즈

수중 카메라맨은 피사체를 앞에 두고, 탁함의 원인——쓰레기 입자나

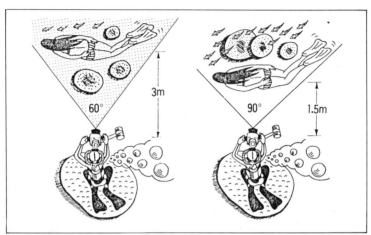

▲물의 탁함의 극복법은 어쨌든 피사체에 접근하는 것이다. 그러기 위해서는 광각 렌즈가 유효하고 표준적인 렌즈에 비해 피사체에 대한 거리를 1 / 2로 할 수 있다.

마린스노우 등의 현탁물——을 제거할 수 없다. 투시도에 의해 촬영의 한계가 정해져 버리는 것이 수중 사진의 숙명이다. 그 속에서 탁함의 악영향으로부터 해방되는 현실적인 방법은 '피사체에 가능한 한 접근하는' 것 밖에 없다. 피사체에 접근할수록 탁함의 층은 얇아지고 찍히는 사물의 윤곽이 확실해진다. 그래서 접근하고 더구나 넓은 범위를 찍을 수 있는 광각 렌즈가 수중에서는 유리하다고 생각된다.

예를 들면, 유명하는 다이버를 찍는 경우, 사각 60도의 렌즈를 사용하면 카메라가 피사체로부터 3m 정도 떨어지지 않으면 그 다이버의 전신과 주위 상황을 포착할 수 없다. 사각 90도의 렌즈라면 같은 범위를 찍는다고 해도 피사체로부터 1.5m까지 접근할 수 있다. 따라서 후자 쪽이 탁함의 층을 얇게 그칠 수 있고, 샤프하게 찍는다고 하게 된다. 여기에서는 탁함에 대한 대책을 조건으로 광각 렌즈의 효용을 서술했다. 촬영 목적에 의한 렌즈의 선택에 대해서는 제4장에서 자세히 서술하기로 하자.

3. 탁한 수중에서의 촬영 테크닉

투시도 10m를 상정하면 물의 반사, 흡수, 산란에 의해 수면으로부터 입사해오는 빛의 소실도 크기 때문에 컬러 촬영의 경우에는 인공광을 부가하지 않고서는 자연스러운 색의 재현은 바랄 수 없다. 그러나, 사물의 형태가 촬영의 대상이고, 색채는 문제가 되지 않는 듯한 경우에는 탁한 물속에서는 스트로보나 플래시를 사용하지 않고, 고감도 필름을 더욱 증감해서 촬영하는 편이 좋은 결과를 얻을 수 있는 경우도 있다. 컬러 필름에서 ASA800, 모노크롬에서 ASA3200까지의 증감은 수중 촬영에서는 극히 보통으로 이루어진다.

□라이팅의 문제점

현재 시판되고 있는 많은 수중 촬영 기재에서는 플래시나 스트로보의 발광체는 카메라 본체에 기계적으로 설치되어 있어 피사체를 향해 정면에서 빛을 조사하도록 되어 있다. 수중에 우수한 현탁물(탁함의 입자들)이 떠 있는 상태에서 발광시키면 이 입자들이 빛을 반사한다.

○정면에서의 라이팅 : 정면 부근에서 피사체를 향해 발광된 조명은 수중에 부유하는 현탁물에 닿아서 반사하고 그 몇 할인가가 렌즈를 향해 되튀겨 온다. 그리고 필름에는 탁함의 반사가 찍혀 버리고, 노린 피사체는 흰 입자들의 맞은편에서 희미해져 버린다.

○사선 라이팅 : 플래시나 스트로보의 지지봉을 길게 하거나 자신의 손을 뻗거나 해서 발광부를 카메라로부터 멀리 떼어 조명에 각도를 준다. 탁함의 반사는 발광부를 향해서 반사해 가기 때문에 렌즈를 향해

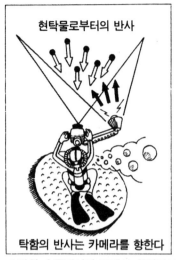

현탁물로부터의 반사

탁함의 반사는 카메라를 향한다

탁함의 반사는 발광부로

▲탁한 수중에서의 플래시 촬영에서는 조사 각도를 신중히 선택할 필요가 있다.

태양과 같은 각도에서 조사

탁수! 중에서의 더듬질 촬영에는 클리어 사이트가 간단하다. 특히 니코노스와 같은 소형 수중 카메라에 유효하게 사용할 수 있다.

일어나는 악영향은 감소한다. 그리고 피사체의 윤곽은 보다 확실하고 화면도 산뜻해서 본래의 색채가 떠오른다.

○ **보조광으로서의 라이팅** : 발광부와 카메라를 접속하는 코드를 연장시켜서 태양 광선이 비치는 각도에서 피사체를 조사한다. 자연광의 느낌을 손상하지 않고, 더구나 밝고 아름다운 색채 재현에 도움이 되는 효과를 얻을 수 있다. 이것은 바디 다이버에게 발광부를 주게 되지만, 두 사람 사이의 타협이 충분히 이루어져 있고 마음이 맞지 않으면 잘 할 수 없다. 특히, 라이트맨이 돌아다녀서 물을 흐려버리지 않도록 피사체가 물고기의 경우는 놓쳐 버리지 않도록 주의해야 한다.

□투시도가 낮은 조건에서의 촬영

○ **투시도 5m 이하** : 이 경우, 심도 20m 이상에서는 피사체를 찾는 것조차 어려워져서 아마추어 수중 사진가가 활동하는 상황이 아니게 되어 버린다. 수중 촬영에 의한 조사 등의 일이라면 아직 충분히 촬영 가능한 조건으로 초광각 렌즈를 사용하고, 인공광은 옆에서 비추도록 하고 피사체 거리 1m~1.5m로 충분히 도움이 되는 촬영이 가능하다.

○ **투시도 2m 이하** : 마치 '된장국'속에 잠수해 있는 듯한 느낌이라고 하면 틀림 없다. 또한, 투시도 1m 이하에서는 '더듬질'이 되어 뭔가 수단을 강구하지 않고서는 촬영 불가능이 된다. 원추형 또는 4각추형의 정부를 잘라낸 듯한 용기의 정부와 저부를 투명한 재질로 만들고, 여기에 투명하고 깨끗한 물을 넣어 정부에 카메라를 대고, 저부에 피사체를 대고 촬영하는 방법은 클리어 사이트 등이라고 불려서 옛날부터 알려져 있다. 그러나, 맑은 물을 채운 용기의 크기와 무게가 결정적인 단점이 되어

별로 널리 이용되고 있지 않다.

○**실용적인 클리어 사이트** : 니코노스용 수중 접사 장치(클로즈업 렌즈)를 이용한 렌즈와 피사체 사이의 클리어 사이트는 다이버가 수중에서 쉽게 취급할 수 있는 크기와 무게이다. 더듬질 상태의 혼수 중에서 촬영하기 위해서 가장 유효하고 간단하게 할 수 있는 방법이다.

이와 같이, 심한 혼수 중에서는 수중에 입사한 빛을 순식간에 흡수와 산란으로 상실되어 버려서 심도 3m에서 이미 암흑이다. 당연, 스트로보나 플래시 밸브를 사용해야 한다. 인공 광원을 사용할 경우의 주의는 그림에 나타내듯이 클리어 사이트의 저면에 직각으로 세운 수선을 상정하고 그 안쪽에서 발광시키지 않으면 빛이 저면에 반사해 버린다.

4. 촬영 렌즈의 실천적 선택법

현재, 수중 촬영에서는 사각 30도에서 180도 정도까지의 여러 가지 렌즈가 사용되고 있다. 이 중에서 사용하는 렌즈를 선정하지만 그 사각이 포괄하는 촬영 범위(넓이, 피사체의 크기)와 촬영 거리(보다 피사체에 접근하는 것이 바람직하다)와의 관련을 잘 생각해서 결정해야 한다.

□사각과 촬영 범위의 실제

예를 들면 촬영 거리를 1.5m라고 정하고 여러 가지 사각의 렌즈로 다이버의 액션을 찍으면 필름에 찍혀 나오는 화면은 그림 ①~⑥과 같이 변화한다. 다이버의 크기를 기준으로 해서 다른 피사체의 크기를 상상하면, 모든 피사체에 대한 사각과 촬영 거리에 대해서 예상이 가능하다.

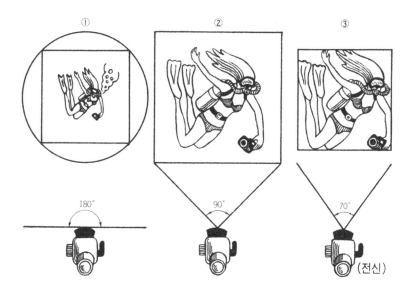

어안 렌즈부터 광각, 표준, 장초점 렌즈로

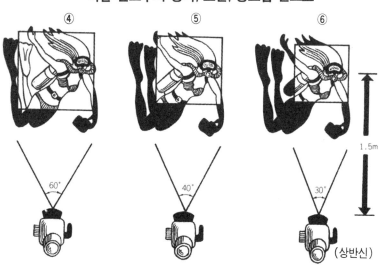

□사각에 의한 렌즈 선택의 실제

실제 촬영에 있어서 수중의 투시도와 피사체의 크기를 확인하고 머리 속으로 찍어야 하고 화면을 구성하고 거기에 최적의 렌즈를 정하는 것이 이상이다. 그러나, 수중에서 사용하는 카메라는 촬영 현장인 수중에서 렌즈 교환을 하는 것은 불가능에 가깝다. 카메라 구조상의 문제와 수중이라고 하는 엄격한 환경이 수중 카메라의 렌즈 교환을 불가능하게 하고 있다. 줌 렌즈는 나중에 설명하는 화상의 보정 문제가 있기 때문에 광각의 줌은 비뚤어짐을 각오하고 사용해야 한다.

렌즈 교환이 어려워지면 각각의 사각 렌즈와 그것을 적절히 사용하기 위한 카메라 몸체 혹은 수중 하우징을 수 없이 준비해야 한다. 그러나, 이것은 현실에는 많은 수중 카메라맨에게 있어서 무리한 상담일 것이다. 그래서, 수중 촬영을 시작하기에 앞서서 우선 최초로 자신이 무엇을 촬영하고 싶은지를 잘 생각하고 확실한 목표를 출정한 후에 그 목표에 맞는 렌즈와 카메라를 준비해야 한다. 다음 그림에 있는 사각 렌즈를 적절히 사용하기 위해서 현재 손에 넣을 수 있는 수중 카메라 렌즈의 조합을 ①~⑥의 각각에 적용시켜서(즉 사각마다) 그 특징을 기록해 본다. 더구나, 이들 그림이나 데이타는 상세하고 정확한 계산에 근거한 것은 아니기 때문에 실제의 기재 구입에 있어서는 그 기재의 자료를 더욱 충분히 검토하기 바란다.

○사각 180°(어안 렌즈) : 어안 렌즈는 화각 속에서 피사체가 어안 렌즈 특유의 변형을 하는 것은 피할 수 없지만, 특히 넓은 사각을 갖기 때문에 최근 나오기 시작한 사각 화각의 어안 렌즈는 흐린 수중에서 큰 피사체를 촬영해야 할 때에 특히 유효하게 사용할 수 있다. 또한, 둥근 화각의 어안 렌즈는 수중에서 물고기의 눈으로 촬영한다고 하는 재미가

있다.

둥근 화면의 어안 렌즈에는 니코노스용으로 만들어진 미국제 피시아이 니코노스 7.5m F5.6의 수중 전용 렌즈가 있다.

대각선 180도의 사각 화면을 가진 어안 렌즈에는 구광학의 펜탁스용 마스터 17mm F4로 하우징화한 니코노스용(수중 사각 130°)과 펜탁스 ME나 MX용의 하우징(시작용)이 있다. 6×7 마린 피시아이 마스터 3 5mm F4.5에 대해서는 앞에서 설명했다.

○사각 90° : 특히 북쪽 바다에서는 투시도가 10m라면 좋은 편이다. 그런 조건의 바다에서 사각 90°클래스의 렌즈는 모든 피사체에 대해서 보다 선명하고 박력 있는 화면을 얻을 수 있다. 곤란한 점은 시판되고 있는 거의 모든 수중 스트로브나 플래시가 이 사각을 커버하지 않는 것이다.

니코노스용 UW 닛콜 15mm F3.5(수중 사각 94°)나 돔 포토에 의해 완전히 보정된 35mm판으로 20mm 클래스의 렌즈가 좋다.

○사각 70° : 40mm~55mm의 렌즈를 사용하기 때문에 플레인 포토의 하우징에서는 화면 주변부의 비뚤어짐이나 색 흐림은 피할 수 없어 화면의 중심부 밖에 살릴 수 없는 결과가 된다.

브로니카용 하우징과 브로니카용 닛콜 40mm F4(수중 사각 약 65°), 6×7마린과 타쿠마 55mm F3.5(수중 사각 약 58°), 돔 포토 부착의 브로니카 마린과 브로니카용 닛콜 50mm F2.8(수중 사각 약 58°) 등의 조합이 있다.

○사각 60° : 투시도가 좋은 수중에서 인물을 촬영하는 경우, 또한

비교적 큼직한 물고기나 작은 물고기의 떼 등에 1m 정도 접근해서 찍는
데에도 적합하다.

니코노스용 UW 닛콜 28mm F3.5(수중 사각 59°) : UW 닛콜은 수중에
서 왜곡이나 색수차가 생기지 않도록 설계되어 있어 수중 촬영에서 선예
한 화상을 얻을 수 있다. 니코노스의 수중용으로서는 이것을 표준 렌즈로
서 권하고 싶다. 시판되고 있는 짧은 수중용 스트로보도 UW 닛콜 28mm
를 커버하는 것을 카탈로그에 표시하고 있다.

○ 사각 40° : 초광각 렌즈에 비해서 다이버의 수중에서의 움직임이나
큰 수중 구축물을 찍는 렌즈로서는 이 사각은 무용 지물이라고조차 말할
수 있다. 그렇지만 정도의 크기는 물고기나 그것에 준한 사이즈의 피사체
를 1m 정도 떨어진 곳에서 노리기에는 적당한 사각이다.

니코노스용 W 닛콜 35mm F2.5(수중 사각 46°20´)은 일단 40도급에
넣는다. 롤라이 마린용의 플라나 80mm F3.5는 사각 39°이다. 브로니카
하우징용, 닛콜 75mm F2.8도 이 급에 속한다. 모두 수중에서의 사용을
위한 특별 보정은 하고 있지 않지만, 이 정도의 사각이 되면 플레인 포토
를 위한 비뚤어짐이나 흐림은 그럭저럭 허용할 수 있는 정도로 작아져
있다.

○ 사각 30° : 10cm 이하의 소형 물고기를 1m∼1.5m 떨어진 위치에서
촬영하고 싶은 경우, 또는 좀더 작은 물고기를 촬영하려고 할 때는 사각
30도 정도.

니코노스용 닛콜 80mm F4를 수중 사각 22°45´이지만 초점 거리가
80mm가 되면 피사계 심도가 매우 얕기 때문에 수중에서 목측 촬영을
하는 것은 어렵다. 이 80mm 렌즈는 수중에서는 접사 렌즈(니코노스 수중

접사 장치)를 달아서 해저의 작은 생물을 접사하는데 주로 사용된다.

1안 리플렉스식의 파인더를 들여다 보면서 핀트를 맞추면 이 사각 30도 급의 렌즈를 살려서 소형 물고기를 쫓을 수 있다. 니콘 F에 액션 파인더를 단 것에, 긴 초점 거리의 렌즈를 달아서 수중 하우징에 넣은 수중 카메라가 여기에 상당한다.

5. 수중 촬영의 광학

이 장의 마지막에 지금까지 이야기되어 온 수중 촬영에서의 문제점을 조금 이론적으로 서술해 두자. 좀더 자세히 알고 싶은 사람은 권말의 참고 문헌에 든 책을 읽어 주시기 바란다. 물론 성가시다고 생각되는 사람은 건너뛰고, 즉시 촬영 실기에 도전해도 좋다.

□ 수중 촬영에서의 빛의 굴절과 물체를 보는 법

빛은 밀도가 다른 매체, 예를 들면 물과 공기의 경계면을 지날 때에 굴절한다. 또한, 수중을 통하여 온 빛은 수중 하우징의 포토를 빠져 나갈 때, 혹은 니코노스와 같이 직접 물과 접해 있는 렌즈에 들어갈 때에 굴절한다.

다른 매체의 경계면에 빛이 입사하는 입사각과 경계면에서 굴절한 굴절각의 sin의 비는 각각의 매체에 따라서 일정하고 이것을 굴절률이라고 한다. 굴절률은 공기를 100으로서 그 공기와 접하는 경우의 비율로 나타내면 편리하다. 물의 굴절률은 1.33이다.

이 굴절 때문에 공기중에서 물속의 물체를 보면 실제 거리의 3 / 4 (1 / 1.33)의 위치에 있는 것 같이 보인다. 다이버가 수중에서 물체를 볼 때도 마스크 속의 공간, 즉 공기중에서 유리를 통해 물속을 보기 때문에 물체는 실거리의 3/4 위치에 보인다. 수중 하우징 속의 카메라도 마찬가지로 물체를 가까이에 확대해서 찍게 된다. 수중에서는 같은 초점 거리의 렌즈라도 육상보다 보이는 범위(사각)가 좁아지는 것은 이 때문 이다.

□ 수중 촬영에서의 상의 비뚤어짐과 흐름의 대책

물체가 가깝게 보일 뿐이라면 촬영에는 아무런 문제도 없지만, 확대해 서 보인다고 하는 것은 바꿔 표현하자면 물과 공기의 경계면에 하나의 볼록 렌즈가 생기는 것이다. 이렇게 되면 렌즈가 아무리 우수해도 값싼 볼록 렌즈를 클로즈업 렌즈로서 사용한 것과 마찬가지로 단순한 볼록

물과 공기의 경계면에서의 빛의 굴절

빛은 2 가지의 성질이 되는 매체를 빠져 나갈 때, 그 경계면에서 굴절한다. 그림 A에서 HH′는 2개의 매체, 즉 공기와 물의 경계 평면, NoN′은 이 평 면에 세운 수선, EO를 입사광선이라고 하 면, 광선은 경계면에서 굴절하며, OG의 방향으로 나아간다. 이 때, △NOE를 입사 각, △N′OG를 굴절각이라고 한다. 2개의 매체가 정해졌을 때 입사각과 굴절각의 sin비는 일정하고, 이것을 굴절률이라고 부른다.

그림A. 빛의 굴절

그림B. 수중에서의 물체의 보이는 법

$$\frac{\sin\triangle NOE}{\sin\triangle N'OE}=n, \ n=\frac{4}{3} \quad \begin{matrix} \cdots\cdots 공기 \\ \cdots\cdots 해수 \end{matrix}$$

물에서 공기로 빛이 지나갈 때에 반대로 G→O→E의 광로를 더듬는다. 이것을 광 로가역의 원리라고 한다. 또한, 제1의 매 체에 대한 굴절률은 제2매체의 제1매체에 대한 굴절률의 역수이다. 따라서 공기중에 서 물속의 물체를 보면 실제 거리의 3/4 의 위치에 있는 것 같이 보인다.(그림B)

렌즈를 통해서 사진을 촬영하는 경우의 모든 장해 화면 수차, 구면 수차, 비점 수차, 상화완곡 수차, 왜곡 수차, 색수차가 여기에 발생한다.

이들 수차나 왜곡의 대부분은 광축의 근처를 지나는 광선에 대해서는 적고, 광축에서 떨어진 부분을 통과해서 카메라에 들어오는 광선에서는 크다. 이것은 렌즈가 광각이 될수록 화면 주변부의 흐림이나 왜곡이 심해지는 것을 의미한다. 광각을 상용해야 하는 수중 촬영에서는 이것은 매우 곤란한 것임을 이미 몇번이나 서술해 왔다.

육상 촬영을 위한 렌즈의 설계 개발이 이들의 수차 · 왜곡 개선의 역사였던 것과 마찬가지로 수중 촬영을 위해서도 몇 가지의 개선이 이루어지고 있다. 수차나 왜곡의 수정 수단으로서 대표적인 것은 구면상의 돔 포토이다. 이 돔 포토는 이미 1931년에 시험되고 있었지만, 바로 최근에 이르기까지 수중 하우징의 대부분은 보통의 육상 촬영용으로 설계된 렌즈를 그대로 플레인 포토 뒤에 둔 것이었다. 몇 가지의 보정의 구체례에 대해서 다음 페이지에 주기해 두자.

○ 수중 전용 렌즈의 보정

수중에서 하우징에 들어오는 빛의 굴절에 의해 렌즈의 사각이 좁아져서 여러 가지 수차나 왜곡으로 촬영한 상이 나빠진다. 이것을 보정하기 위해서 구면상의 돔 유리를 포토에 설치한다. 이 돔 포토의 조건은

① 돔의 볼록면과 오목면은 동심구면이다.

② 돔의 볼록면은 물에 접해 있다.

③ 돔의 반경의 중심을 사용하는 카메라 렌즈의 입사각과 일치시킨다와 같은 것으로

이와 같은 돔 포토를 사용하면 수중에서 들어오는 광선은 굴절하지 않고 직진해서 카메라에 들어와 왜곡이나 수차는 해결된다.

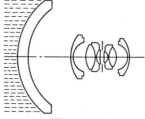

수중에서 돔 포토의 안쪽에서 보면 돔에 의해 물은 단일한 오목면이 되고 촬영 대상물은 축소된 정입허상으로 보여 카메라는 이 허상을 촬영한다.

UW 닛콜 15mm F3.5

정입허상의 위치는 피사체를 무한달이라고 했을 때에 구면에서 3r의 위치이다.(r은 돔의 반경). 돔 반경을 예를 들어 60mm라고 하면 허상 위치는 180mm이다. 돔 포토의 안쪽에 있는 카메라는 이 허상을 접사하게 된다.

접사의 수단으로는 중간 링과 클로즈업 렌즈가 생각된다. 클로즈업 렌즈는 촬영 렌즈 앞에 설치하는 볼록 렌즈로 노출배수도 곱할 필요가 없고, 자동 조리개도 사용할 수 있다. 하우징 속에 들어가는 카메라를 최고도로 이용한다고 하는 점에서는 중간 링보다도 클로즈업 렌즈가 편리해서 하우징용 돔 포토의 대부분은 클로즈업 렌즈를 사용하고 있다.

니코노스용의 수중 전용 광각렌즈 UW닛콜 15mm는 돔 포토의 원리에 의해 설계된 렌즈로 현재 입수할 수 있는 수중 전용 렌즈로서는 가장 우수한 렌즈의 하나이다.

물

색수차 보정
플레인 표준

○색수차의 보정

크라운 유리제의 볼록 렌즈는 +의 색수차, 프린트 유리제의 오목 렌즈에는 −의 색수차가 있다. 일면이 평면이고 일면이 오목면인 렌즈와 일면이 평면이고 일면이 볼록면인 각각 다른 색수차의 렌즈를 그림과 같이 조합해서 1장의 포토라고 하면 색수차를 상쇄할 수 있다. 이 렌즈는 초점을 바꾸거나 왜곡의 보정은 할 수 없지만, 수중 촬영용이 아닌 렌즈와 조합해서 사용하면 수중 촬영의 불선명함과 흐림의 주요인의 하나인 색수차를 제거해서 선예도를 올릴 수 있다.

제 4 장

수중 촬영의 실천적 테크닉

처음 바다속을 방문한 사람이 느끼는 '바다속의 자연'에 대한 감탄은 미지의 세계로 몰아 들어간다고 하는 다분히 흥분한 감정과 첫 체험의 감동이 섞인 것이다. '해저의 경관은 어느 부분을 잘라 베어도 한 폭의 그림이 될 것이다' 라고 누구나가 그 흥분을 말해 준다.

그러나, 막상 그것은 사진으로 인화하려고 하면 이것은 상당히 어렵다. 사진에 지식이 있는 사람, 그리고 이책을 읽어 온 사람은, 이것이 어떻게 전개되는 것인지 이해할 수 있을 것이다.

그럼 그것을 어떻게 극복하고 해저의 경이를 있는 그대로 시각화할 수 있는지, 그 실천적인 테크닉의 모든 것을 필요로하는 것이 이 장이다.

① A : 맨 잠수 다이버가 수면에서
수중으로 잠수해 들어가는
유동감을 포착한다.
① B : 아름다운 수중 동작을
중심으로 찍는다.

② : 수면 유영은 다이버의 표정도
찍는다.
③ : 밝은 맑은 해저에서의 최고의
피사체
④와 ⑨ : 물고기와 사람의 교제 촬영

⑤:그룹 촬영은 찬스를 놓치지 말라.
⑥:찍는 다이버
⑦:피사체를 쫓는 다이버

⑧:셔터를 누르는 다이버 등은
바디 잠수에서의 연구가 위력을
발휘한다.
⑨:역광 속에 다이버의 실루엣을.

1. 수중 인물의 촬영

수중 카메라를 손에 들고 최초로 렌즈를 향하는 피사체는 다이버의 잠수 활동이다. 이 피사체를 찍는 것은 수중 촬영의 가장 기본적인 감각을 기를 뿐만 아니라 카메라 취급에 익숙해지기 위한 훈련도 된다.

앞의 서장에서는 바다속 대전망을 재록했다. 스스로도 잠수 베테랑인 K씨는 여러 가지 형태와 시추에이션의 다이버들을 멋지게 재현하고 있다. 이 중에서 여러 가지 컷(장면)을 추출해서 실제로 그것들을 촬영하기 위한 구체적인 방법과 유의해야 할 점에 대해서 생각해 보자.

□맨 잠수(①)

다이버가 수면에서 수중으로 잠수해 들어가는 동작에는 아름다운 유동감이 있다.

특히 그것이 여성의 경우에는 여성 특유의 곡선과 물속에 흔들리는 머리카락이 자아내는 분위기가 어우러져서 볼만하다. 더구나 박력 넘치는 피사체가 된다.

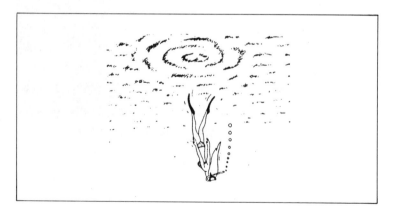

이런 아름다운 폼을 포착하기 위해서는 사각 60도 이상의 니코노스 28mm나 15mm, 브로니카 40mm, 50mm의 렌즈를 선택한다. 필름은 ASA 감도 64~100의 것으로 좋다.

투명도가 좋은 경우는 피사체로부터 2~3m 떨어져서 카메라를 비스듬히 전방의 수면으로 향하고 다이버의 물갈퀴가 남긴 파문도 함께 화면속에 포착해 보자.(①A). 투명도가 나빠서 다이버의 폼을 중심으로 찍고 싶을 때는 피사체에 가능한 한 접근해서 화면 가득히 전신이 찍히도록 구도를 정하고, 옆방향에서 카메라를 준비한다.(①B)

움직임이 있는 것을 뒤쫓는 것이기 때문에 셔터 스피드는 1 / 125초 이상을 사용하는 편이 좋다.

조리개 수치는 노출계를 수면으로 향하지 않고, 옆방향의 물의 푸르름에 대해서 측정하며 나타난 수치를 그대로 카메라에 세트한다.

플래시 조사는 피사체의 윤곽이나 그늘 부분의 색조를 확실히 재현시키기 위해 비스듬한 방향에서 조금 떼어 보조광으로서 비춘다. 다이버의 움직임을 중심으로 접근해서 찍을 경우는 카메라쪽에서 스트레이트로 조사해도 좋다.

☆포인트 : 이 촬영은 피사체의 다비어가 1회 잠수할 때마다 1장 밖에 찍을 수 없기 때문에 다이버와의 사전 협의가 중요하다. 찍히는 사람은 카메라맨의 준비태세 완료를 확인한 후에 침착하게 포즈를 정하도록 또한 카메라맨은 찍히는 사람의 호흡을 충분히 가다듬게 하도록 유의한다.

□수면 유영(②)
슈노르헬 파이프를 달고 수면에서 놀고 있는 여성이나 어린이 등은

스킨 다이빙의 즐거운 분위기를 나타내는데, 최적의 피사체이다. 호기심
과 흥분으로 가득찬 전신의 표정과 반짝이는 파도 뒤쪽의 반사가 헤엄치
는 사람을 부드럽게 감싼다.

　자연과 다이버가 멋지게 조화한 이런 신의 촬영 기재는 맨 잠수를 찍을
때와 같아도 좋다. 파도 뒤의 반짝이는 중심부에 다이버가 들어갔을 때에
셔터를 누른다.

　셔터 스피드는 1 / 60초 이상, 조리개 수치는 수면의 비스듬한 방향에
노출계를 향하고 측정한 수치보다 다소 조르는 기미로 세트하면 반짝이
는 파도의 뒤쪽이 적당히 재현된다.

　☆포인트 : 유영하는 사람이 해저의 상황을 엿보는 표정은 이 경우
매우 화면을 돋보이게 해 줄 것이다. 카메라는 수면을 헤엄치는 다이버보
다 조금 아래 위치에서 위로 돌리는 기어로 준비하고, 다이버 마스크속의
표정이 밝게 찍히는 듯한 각도에서 플래시를 보조광적으로 조사해 보기
바란다.

□다이빙 커플(❸)

밝은 해저의 넓은 흰 모래땅의 속을 커플이 손에 손을 잡고 즐거운 산책. 강한 일사와 투명도가 높은 맑은 바다속에서는 이만큼 촬영에 적합한 조건은 없어 꼭 기념 사진으로 남기고 싶은 곳이다.

넓디넓은 모래 바닥에서 이 로맨틱한 두 사람의 산책을 필름에 담기 위해서는 꼭 사각 90도 이상의 니코노스 15mm 클래스의 렌즈가 필요하다.

초광각 렌즈에는 독특한 주변 왜곡이 있어 화면의 주변부에 찍힌 것은 이상하게 흔들려 버려서 다이버의 폼이 화면 구석에 찍히면 매우 부자연스런 느낌이 강해지기 때문에 주의한다.

커플이 정확히 화면의 중심에 들어오도록 피사체로부터 어느 정도 떨어져서 카메라를 준비해야 함은 말할 필요도 없지만, 이 경우, 두 사람을 둘러싸는 자연 상황을 어느 정도까지 화면에 찍어 내느냐 라고 하는 점을 생각할 필요가 있다.

단순히 아름답다고 해서 협잡물이 될 가능성이 있는 것을 많이 화면에 받아들이는 것은 어떨까?

그 판단은 현장의 당신에게 맡기자.

푸른 물과 흰 모래, 그 백사의 반사로 다이버의 전신은 선명하게 떠올라서 플래시의 필요는 없을지도 모르지만, 다소 심도가 있는 곳이라면 카메라맨의 바로 앞의 사지(화면에 들어오지 않는 곳)에 플래시를 비쳐서 빛을 바운드시켜 간접 조명을 시도하는 것도 하나의 방법이다.

☆포인트 : 셔터를 누를 때, 다이버가 반드시 배기포를 내고 있는 것을 확인하면, 화면에 생동감이 생겨서 작품이 살아난다. 또한, 모래땅의 웅덩이를 감아 올려서 투명도를 악화시키지 않도록 찍히는 쪽은 충분히 주의해서 헤엄치도록 피사체가 되는 사람들에게 사전에 주의하면 좋다.

□피딩(먹이 줌)(④)

다이빙 활동의 기쁨은 자연과의 접촉이다. 야성의 바다 바닥에서 야생 물고기들이 인간의 손에서 먹이를 먹는다. 이것은 아마 문명에 익숙해져 있는 우리들에게 있어서 큰 놀라움이다.

다이버의 손에서 먹이를 쪼아먹는 작은 물고기들은 그 나름대로 필사적일 지도 모르지만, 바다에 잠수하는 사람에게 있어서 항상 적대시되고 있는 물고기들과 페이스 투 페이스로 친할 수 있다고 하는 사건은 매우 큰 기쁨이고, 거기에 다이버의 흥미스런 세계가 펼쳐진다.

촬영하기 쉬운 장소에 털썩 앉아서 손에 먹이(어패의 날고기, 으깬 섭게 등)를 쥐고, 가끔 주위에 흔들어 뿌리면서 가만히 10~20 분간 기다리고 있으면, 여러 가지 종류의 작은 물고기들이 모여든다. 먹이 줌이 시작되고 카메라맨은 그 주변을 이동하면서 셔터를 누른다.

셔터 스피드는 물고기의 움직임을 딱 멈추고 싶을 때에는 1 / 125초

보다 빠르게 어건의 움직임을 효과적으로 살리기 위해서는 1 / 60초 보다
느리게 하는 등 여러 가지 시도해 보자. 이것으로 보는 사람의 눈을 즐
겁게 하고, 자기 자신도 즐길 수 있는 작품이 완성된다.

물고기가 많이 모였을 때에는 사각 70도 이상의 초광각 렌즈로 바다와
다이버와 어건을 함께 찍어 보기 바란다.(④——A)

물고기가 적을 때에는 사각 40~60도의 렌즈로 다이버의 상반신과
물고기들이 겹쳐지도록 구도를 정하면 물고기들의 맞은쪽에서 다이버의
눈동자가 흥분하여 빛나고 있는 것 같은 화면이 완성될 것이다.(④——
B)

☆포인트 : 플래시는 물고기의 색채를 재현하는 보조광으로써 조사한
다. 다이버 중심으로 스트레이트 플래시를 터트리면 주위의 물고기 그림
자가 희게 노광 과다가 되어 피딩의 무드가 날아가 버린다.

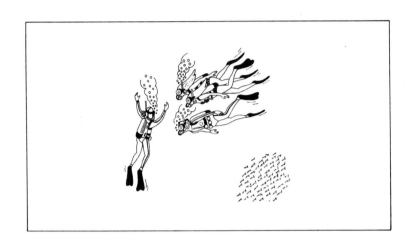

□다이빙 그룹(⑤)

많은 다이버가 함께 잠수하고 있는 사진을 자신의 것으로 만들 찬스는 특별한 행사라도 없는 한 거의 없다. 또한, 수저에서 많은 다이버가 돌아다니는 상태에서는 물은 흐려져서 촬영 조건이 나빠진다. 촬영한다고 하면 배경 주위를 물의 중간에 두는 편이 좋을 것이다.

사용 렌즈는 가능한 한 광각쪽이 좋은 것은 당연하다.

노광치의 결정은 푸른 물의 중간층과 다이버군을 향해서 노광치를 측정하고 플래시를 보조광으로서 사용한다. 이와 같이, 자연광을 주체로 플래시를 보조광으로서 사용하는 방법을 '대낮 싱크로 촬영'이라고 하지만 이 방법은 전술의 ①~④까지의 피사체를 찍을 때에도 사용할 수 있기 때문에 잘 연구하고 완전히 마스터하면 좋다.

□수중에서의 대낮 싱크로의 방법

우선 최초로 플래시 장치에는 연장 코드를 달고 카메라로부터 4~5 cm 떼어서 조사할 수 있도록 개조해야 한다.(사진 참조)

플래시구 프레스 6 노출표

셔터 스피드(초)	피사체까지의 거리×조리개 F치의 수치									
	필름 감도 ASA									
	25	32	40	50	50~64	64	80	100	160	200
1/30 이상	42	48	54	60	64	68	76	84	106	120
1/60	38	44	48	54	58	62	68	76	94	108
1/125	30	34	38	42	44	48	54	(60)	74	84
1/250	22	24	28	30	32	34	38	42	54	60
1/500	16	18	20	22	24	24	28	30	38	44

그런데, 촬영의 시례를 나타내면 카메라 니코노스, 렌즈: UW 닛콜 15mm F2.8, 수중노출계: 세코닉 마린 미터, 플래시구: 토시바 프레스 6(FP급 화이트), 필름: 후지 크롬 R100 컬러를 준비해서 ⑤의 다이빙 그룹을 찍을 때.

1) 노출계를 다이버건을 포함한 물의 중간층을 향해서 계측하자. 125분의 1, F8의 수치를 나타냈다고 한다.

2) 그것을 그대로 카메라에 세트해서 이번은 플래시구 프레스 6의 데이타표를 보면 60이라고 하는 가이드 넘버를 얻을 수 있다. 이것을 촬영 거리로 나누면 적정의 조리개 수치를 얻을 수 있지만, 이 경우 플래시 조사광량을 이미 카메라의 세트된 자연광에 의한 조리개 수치 F8에 맞추어야 한다.

3) 바꿔 말하자면, 피사체로부터 플래시건을 어느 정도 떼면, F8에 대한 보조광으로서의 적정광량을 얻을 수 있느냐라고 하는 문제를 생각하는 것이다. 그래서, 이 가이드 넘버 60을 이미 구해진 F치8로 나눠 보면, 이 역산으로 촬영 거리는 60÷8=7.5, 7.5m라고 나왔다.

▲곰치에 대한 피딩
uw 닛콜 15mm F3.5, ASA400.
1 / 125. F11, 수심 8m, 자연광

▼맨 잠수
핫셀블러드 데스타곤 50mm F3.5,
ASA100. 1 / 60. F5.6, 수면 밑,
자연광

▼피딩
브로니카 마린 R116. 닛콜 50mm F3.5,
ASA100. 1 / 60. F8, 수심 8m, FP급
플래시 밸브

414

4) 여기에서 또한 수중에 있어서 플래시계의 광량 에너지의 로스를 50%라고 생각하고 7.5m를 1 / 2로 한다. 얻어진 3.75m, 이것이 보조광 플래시의 조사거리가 되는 것이다.

실제 촬영에는 플래시 장치를 잠수 동료에게 가져 가게 하거나, 지지봉을 길게 하거나 해서 3.75m 떨어진 여러 가지 각도에서 피사체를 향해 플래시를 터트려 보게 된다. 당연한 결과로서 플래시 장치와 카메라의 위치는 평행선상이 되지 않게 된다.

이 간접 조명법은 하나의 예에 불과하다. 좀더 연구하면 보다 뛰어난 방법이 생각될 것이다. 달리 여러 가지 시험을 해서 효과적인 플래시 조명술을 고안해 보자.

□찍는 다이버들(⑥)

수중 사진을 관상하는 사람에게 있어서 그 작품이 어떻게 해서 탄생했는지는 매우 관심이 있는 문제가 아닐까? 아름다운 자연을 카메라로 추구하기 위해서 서로 협력하는 두 사람의 다이버, 이것은 자연속에 인간이 녹아 든, 재미있는 피사체가 되는 활동이다.

이 경우, 다이버들이 노리는 피사체를 찍는 것도 필요하지만 화면 구성의 주역은 해저에서의 촬영 작업 그 자체이어야 한다. 그리고, 두 사람의 다이버들이 넓은 바다 속에서 펼치는 촬영 활동을 포착하기 위해서는 70도~90도의 초광각 렌즈가 필요하다.

필름은 피사체가 수면을 찍을 수 있는 심도의 밝은 환경에 있을 때는 ASA 64~100의 감도의 것. 또한, 수심 15~20m의 광량이 불충분한 비교적 깊은 곳이라면 ASA200의 고감도의 것을 사용하면 좋다.

플래시 조명과 노출치의 결정 방법은 넓고 푸른 해저를 재현시키기 위해서 물의 중간층(노출계를 수평으로 준비하고 계속하다)의 노광을

측정해서 화면 전체의 평균적인 밝기를 구하면 좋다.

플래시는 화면속의 다이버들에게 직접 비추든가 혹은 다이버들이 카메라를 향하고 있는 피사체의 형태나 색채가 재미있는 것이라면 그것을 중심으로 떠오르게 하듯이 스폿 라이트를 비쳐도 좋다. 물이 흐려 있는 경우는 전술의 간접 조명법을 해 보자.

바디를 짠 두 사람이 2조로 함께 잠수하지 않으면 이런 장면을 눈앞에 볼 기회는 적지만, 수중 사진을 즐기는 잠수 투어 등에서는 찬스는 얼마든지 있다고 생각한다.

☆포인트 : 잠수 스폿의 지형적 특징, 다이버들의 촬영 작업의 실태와 노리고 있는 피사체의 3가지가 화면 속에 찍혀 있으면, 나머지는 셔터를 누르는 순간의 선택법에 작품의 양부가 달려 있다.

□피사체를 쫓는 다이버(⑦)

오버행의 바위 아래에서 카메라를 손에 들고, 순간 어떻게 찍을까라고

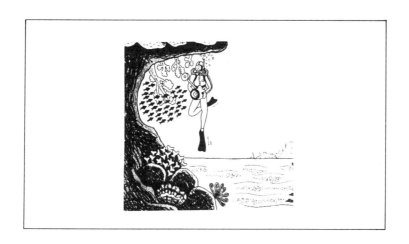

망설이는 다이버. 배경의 푸른 바다. 해저의 신비적인 아름다움과 그곳에 있는 인간과의 대비, 이것도 절호의 피사체이다.

암벽에 매달려 자란 극채색의 바다 계관산호에 군집하는 작은 물고기의 난무.

화면의 1/3을 시켜면 바위 그늘로 나눠 보자. 2/3의 푸른 스페이스 속에 다이버를 배치하고, 그 앞에 작은 물고기나 바다를 가져 오면 해저와 인간을 휘감기게 하는 아름다운 1장의 그림이 완성된다.

렌즈는 60~70도의 광각. 노광을 다이버의 배후의 푸른 물색에 맞추고 플래시는 계관산호나 작은 물고기를 중심으로 다이버의 마스크속의 표정이 찍히도록 부드럽게 비춘다.

이 경우, 화면을 향해 우측에서 다이버 앞에 있는 피사체군에 대해서 간접 조명을 비추면 좋다. 필름은 ASA64~100.

찍히는 쪽에 여유가 있으면 카메라의 파인더에 한쪽눈을 대고(파인더를 들여다보지 않아도 좋다) 또 한쪽 눈을 파인더에서 떼어 이쪽을 주시하게 하면 촬영중의 무드가 나와서 화면이 살아난다.

아름다운 해저와 달아나지 않는 물고기들 그리고 다이버. 이런 운이 좋은 찬스를 만나면 필름이나 플래시 밸브를 절약하지 말고, 여러 가지 각도에서 조건을 생각하여 많이 셔터를 누르는 것이다.

☆**포인트** : 이와 같은 스폿은 잘 기억해 두고 몇번이나 반복해서 같은 장소에 잠수해서 찍자. 걸작을 자신의 것으로 만들기 위해서는 이런 집념 과 노력의 축적이 필요하다고 생각한다. 또한, 바다계관산호나 작은 물고 기 맞은편에 카메라맨 대신에 여성 모델을 포즈시켜 보는 것도 수중 사진 을 보다 즐겁게 하는 수단임을 잊지 않도록.

□셔터를 누르는 다이버(⑧)
촬영중인 다이버의 플래시가 반짝이고 노린 피사체가 빛속에 떠오른 다. 촬영중인 다이버의 자태를 배경으로 전경중에 피사체가 색 선명하게 재현되고 있다. 이런 즐거운 사진도, 사소한 연구로 아름답게 찍을 수 있다.

피사체의 다이버와 촬영자가 동시에 셔텨를 누르면 되지만, 최저라도 1 / 60초의 짧은 사이에 두 사람이 동시에 셔터를 조작하는 것은 매우 어렵다. 그래서, 피사체 다이버가 보유하고 있는 카메라의 플래시 장치가 사실은 촬영자의 플래시 장치라고 하는 연구를 한다. 다음은 당신이 셔터 를 누르면 화면속의 다이버가 준비하는 카메라의 플래시가 빛난다고 하는 것이다. 이 때, 피사체로부터 자신의 카메라까지 연장해 오고 있는 연장 코드가 화면 속에 들어가지 않도록 주의해서 구도를 정한다.

렌즈나 필름은 전항의 인물 촬영에 사용한 것으로 좋다.

플래시의 광원은 피사체 다이버가 화면속에서 노리고 있는 대상물까지 의 거리가 짧을 때(근접 촬영을 하고 있는 다이버를 찍을 때)는 광량이

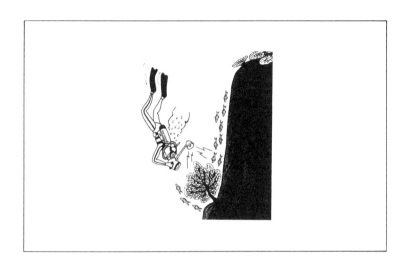

비교적 적은 소형 스트로보 등을 사용하면 좋다.

암벽면 등의 큰 범위를 조명하고 있는 곳을 찍는다면 초광각 렌즈를 사용해서 화면속에서 다이버와 그 조사 벽면까지의 거리를 1.5~2m 정도는 떼어 구도를 정하고 프레스 6급의 플래시 밸브를 사용한다.

☆포인트 : 노광치는 촬영 범위의 평균치를 측정한다. 배경을 가능한 한 푸르게 발색시키기 위해서 그 배경의 물색에 노광치를 맞추는 것도 하나의 표준이 된다.

이것은 바디 잠수에서 즐길 수 있는 촬영 방법으로서 좀더 연구를 해서 여러 가지 시도를 실행하면 지금까지 없는 변화 풍부한 작품이 탄생할 것이다.

□물고기와 함께 기록 촬영을(⑨)

화려한 쏠배감펭은 우아하게 몸을 뒤집고, 어떤 때는 다이버에게 바싹

붙고 어떤 때는 눈 앞에서 등지러미 가슴 지느러미를 춤추게 한다. 이런 바다 생물들의 독특한 표정을 포착해서 함께 화면에 담을 수 있는 것은 다이버가 아니고서는 불가능한 특권이다.

커트와 같은 장면——다이버의 전신과 쏠배감펭을 화각 속에 포착하는 데에는 사각 70도는 이상의 광각 렌즈를 사용하기 바란다. 배경이 암벽이었거나 해조 속이거나 해서 어둑어둑할 때는 화면 전체를 플래시 조사한다. 대개 플래시 광원에 의해야 하기 때문에 플래시 밸브는 프레스 6급 이상의 광량이 큰 것을 사용한다.

라이팅은 다이버의 마스크내의 표정과 물고기의 전신이 떠 올라가는 듯한 각도를 선택해서 발광시키면 된다. 그러기 위해서는 플래시 장치에 연장 코드(익스텐션 코드)를 설치해서 카메라맨의 후방 비스듬한 위치로 가져온다. 단, 조사 각도가 지나치게 강하면 다이버의 마스크가 플래시광에 반사해서 새하얗게 찍혀 버리므로 주의할 것.

또 하나의 구도에 물고기와 다이버의 상반신을 휘감기게 하는 촬영법

이 있다. 이 때는 피사체에 1m 정도 접근해서 찍을 수 있기 때문에 렌즈의 사각은 55~60도의 것으로 충분하다. 플래시도 별로 강력한 것이 아니고, 오히려 약한 것을 카메라쪽에서 직접 부드럽게 비쳐 주면 좋다.

☆포인트 : 나의 체험으로 말하자면, 해저 생물들과 사이 좋게 기념 촬영을 해서 같은 화면에 담는 것은 찍는 쪽보다 찍히는 쪽이 상당히 어렵다. 우선, 찍히는 다이버는 물고기들을 놀래키지 않도록 급격한 동작을 피하고, 보다 그들에게 접근하도록 해야 한다. 찍는 카메라맨도 피사체의 움직임에 민감하게 반응하고 찍히는 다이버와 능숙하게 호흡을 맞추도록 유의하지 않으면 성공한 작품은 태어나지 않는다.

□다이버의 실루엣을 찍는다(⑩)
해저에서 올려다 보면 부상하고 잠수하기 시작하는 다이버들은 여러 가지 폼의 실루엣이 된다. 거기에는 수압으로부터 해방되어 대기 속으로 돌아가는 우아한 실루엣이나 미지의 세계에 돌입하려고 하는 인간의 긴박감 넘치는 실루엣을 볼 수 있다.

이런 실루엣의 촬영은 다소 투명도가 낮아도 좋고 기본적으로는 플래시를 사용할 필요는 없다. 역광의 반짝임으로부터 멀어져서 접근하는 다이버들의 전신과 완만하게 바뀌는 물갈퀴에 카메라맨이 내뱉어서 수면을 향해 부풀어 가는 기포가 달라 붙는다. 그 바리에이션의 다양함은 찍는 사람의 감각을 부추긴다. 렌즈는 사각 30도 이상의 것이 바람직하지만 올려다 보고 육안으로 다이버의 그림자를 확실히 확인할 수 있는 정도의 투명도가 있으면, 50~60도의 렌즈로 어느 정도 떨어진 거리에서라도 좋다.

▲해저에 집결하는 다이버 그룹
어안 렌즈 닛콜 7.5mm F5.6, ASA400 1 / 125 F16, 수심 5m 자연광

노출치의 결정법은 다이버의 검은 그림자와 수면의 밝기의 중간치를 잡으면 좋다. 그리고, 이 수치를 중심으로 수 단계의 조리개를 변화시켜 보는 시도도 익숙해질 때까지는 필요하다. 너무 노광 과잉이 되면, 수면의 아름다운 파문이 찍히지 않고 노출 부족이 되면 화면 전체가 어두워져 버려서 다이버의 실루엣이 명확하게 떠올라 오지 않는다.

잠수해 들어오는 다이버의 얼굴 표정을 찍고 싶을 때에는 밑에서 부드러운 플래시광을 비쳐 주면 좋다. 너무 강렬한 빛을 비추면 다이버 그 자체의 그림자가 없어져 버리므로 주의할 것.

☆포인트 : 다이버의 전신 실루엣의 윤곽을 확실히 찍고 싶으면, 태양의 중심이 다이버의 그림자 맞은편에 완전히 가려지도록 구도를 정한다. 이것이 실루엣 촬영 때의 가장 중요한 주의다. 실루엣 끝으로 조금이라도 태양이 보이거나 하면 다이버의 패턴은 반 화면에서 사라져 버려서 무엇을 찍었는지 모르는 결과가 된다.

이상, 10종류의 수중 인물의 찍는 법의 실제를 해설했지만, 물론 찍는 법이나 피사체의 바리에이션은 더욱 더 발견할 수 있고 고장이 바뀌면 습관도 다르다 라고 하듯이 각각의 잠수 스폿에 의해 독특한 다이버의 모습을 발견했음에 틀림없다.

그런 때, 이들의 실례를 토대로 해서 각각의 촬영법을 생각해 내 보면 효과적인 방법이 발견될 것이다.

①:선반 바위 위에 펼쳐지는 풍경을 노린다.
②:선반 바위의 틈은 촬영의 좋은 포인트
③:선반 바위의 밑이나 동굴을 찍는다.

동굴속에서는 바위와 푸른 물의 컨트래스트를 찍는다.
④ 수면 근처의 바다속 독특한 경관을 찍는다.
⑤ 작은 부분에도 매력적인 광경이 있다.

⑥ : 180°의 대전망. 어안 렌즈로 바다속의 웅대한 경관을 포착한다.

2. 해중 풍경의 촬영

여름이 다가오면 필자가 있는 곳에도 잡지 컬러 그라비아나 포스터를 위해서 수중 촬영의 의뢰나 아름다운 해중 사진의 미가 차출의 희망이 있다. 그런 때, 으레 요구에 한이 없다. '푸른 바다를 배경으로 기암 · 청암의 암초나 산호초가 있고, 그 주위에 적색이나 황색의 물고기가 떼지어 있고……'라고. 맑은 물, 변화 풍부한 해저, 그리고 색 선명한 물고기, 그런 3 가지의 조건을 만족시켜 주는 것 같은 해중 포인트는 손으로 셀 만큼밖에 없는데!

그럼 무엇을, 어떻게 사진으로 잘라낼까? 우리들이 평소 잠수하고 있는 해저의 풍경에는 다소 투명도가 낮고 물고기가 많이 떼지어 있지 않아도 또한 색채감이 부족해도 뭔가 마음에 느끼는 것이 있으면, 그 경관에는 피사체가 될 수 있는 요소가 발견될 것이다. 그것이 앞으로의 실천적 테크닉의 과제이다.

□인상과 파인더 시야와의 갭

바다에 잠수하면 우리들의 시야 중에는 한번에 많은 경치나 어군이 뛰어 들어와서 그것들이 인상적으로 망막에 인화된다.

인간의 시각은 좌우 120도, 상하 약 50도로 한군데에 고정하고 빙그르르 둘러 보거나 내려다 보거나 올려다 보거나 하면 수초간 사이에 주위의 정황을 모두 확인할 수 있지만, 그 때 순간적으로 눈에 비친 것의 모두를 사각 60~90도의 렌즈 한개를 통해서 한폭의 그림으로 마무리하는 것도 무리한 상담일 것이다.

일러스트레이션과 같은 바다속 파노라마, 1개의 렌즈를 통해서 1장의 필름에 재현할 수 있다면 얼마나 훌륭할까? 그러나, 바다속의 투명도나 사진 기재, 촬영 기술의 현상을 생각하면 그것은 불가능에 가깝다고 말할 수 있다. 그 불가능을 가능에 접근시키기 위해서 부분 부분을 찍어와서 전체를 조사진 등으로 재현시키는 듯한 노력을 하는 것이다.

□선반 바위의 위를 노린다(①)

해중 풍경속에 물고기가 없는 것은 어쩐지 쓸쓸하다. 선반 바위 위에 펼쳐지는 산호 주위 등에서 먹이를 구하는 물고기들을 풍경 속에 포착하면 색이 생생하다.

렌즈는 60도 정도의 광각. 노광치는 자연광에 의한 화면 속의 중간색에 맞추는 것이 요령이다.

움직임을 포착하기 위해서 셔터 스피드는 1 / 125초 보다 빨리 세트하고 ASA64보다 고감도의 필름을 사용해서 찍는다. 플래시는 적은 광량의 것을 보조광적으로 화면 전체를 향해서 조사하도록.

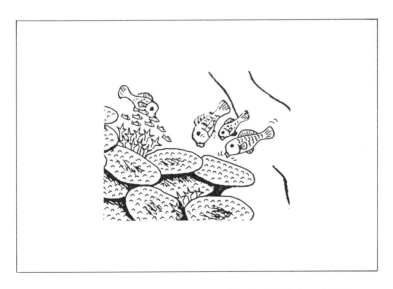

☆**포인트** : 어군을 카메라 앞에 가져 오기 위해서 쫓아 다니거나 하지 말 것. 경계심을 일으키게 해서는 놓쳐 버린다. 선반 바위 위에 풍경 구도를 우선 정해서 카메라를 준비하고 조용히 끈기 있게 기다린다. 화면 속으로 물고기들이 완만하게 헤엄쳐 왔을 때, 즉시 셔터를 누르도록 한다.

특히 주의하기 바라는 것은 플래시의 빛을 화면 일부분에 스폿적으로 비치지 않도록 할 것. 가능하면 발광부를 연장 코드로 카메라맨의 비스듬히 위 후방까지 이동시켜서 순광의 경우의 태양광선을 조금 강하게 해주는 정도의 상태로 찍는 범위 전체를 부드럽게 조사하면 화면 전체의 윤곽이 보다 죄일 것이다.

□암초의 금을 찍는다(②)

잠수중 눈앞에 암초의 금이 나타난다. 누구나가 반드시 들여다보고 싶어진다. 물고기나 진기한 생물들의 서식처에 적합하고 뭔가가 있다고

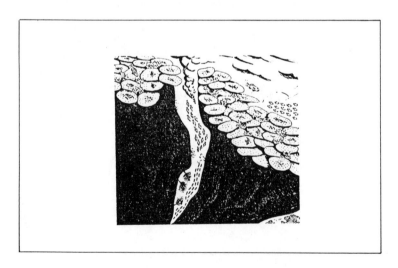

기대하기 때문이다. 거무스름한 바위 표면과 바위 표면 사이에 푸른 물이 선명하게 보이고 바위 표면에는 물고기가 떼지어 돌아다녀서 다이버를 흥분시킨다.

이와 같은 신은 해저를 표현하는데 최적의 재료가 될 것이다.

암초의 균열이 세로로 긴 경우는 화면의 중심에 균열을 트리밍하고 가능한 한 변화 풍부한 어형이 진한 포인트를 포착한다. 또한, 일러스트 레이션과 같이 금이 짧을 때는 해면을 올려다 보고 파도의 싱황도 포함해서 찍으면 재미있다.

균열이 거대하고 살고 있는 생물이 큰 경우는 70도 이상의 광각 렌즈를 사용하고 금이 좁고 암벽에 부착하는 생물이 델리케이트한 형식이나 색조의 매력이 풍부할 때는 40~50도의 렌즈로 근거리에서 노리면 좋다.

필름은 ASA100~200의 감도, 셔터 찬스를 파악하는 요령은 전항의 것과 마찬가지로 생각하면 좋다.

☆포인트 : 노출의 결정법은 바위와 바위 사이의 푸른물 색을 노출계로 측정해서 그 노광치에 맞추어 플래시 조사 거리와 각도를 이동시킨다.

이런 컨트래스트가 강한 구도의 경우는 암초의 거무스름함과 균열 사이의 푸르름과의 대비를 강조하는 것이 하나의 작화법으로 플래시 조사는 암벽의 부분을 가능한 한 피하고 카메라맨의 두상에서 암벽 사이를 헤엄치는 어군을 향해서 스폿적으로 실시하면 좋을 것이다.

□선반 바위의 아래나 동굴을 찍는다(③)

변화가 많은 지형의 바다속에는 종방향의 균열과 함께 횡방향의 암혈이나 암초가 수저 가까이에서 오버 행해서 생물들의 서혈 지붕을 형성하

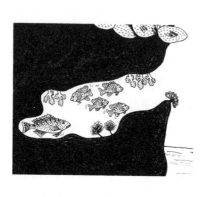

고 있는 장소가 많다. 이런 동굴을 찍을 때는 구멍에 머리를 집어넣고 그 속에 렌즈를 향했다면 별로 재미있는 사진은 찍을 수 없다.

일러스트레이션과 같이 구멍이나 선반 바위의 하부를 횡방향에서 노릴 수 있는 곳에서는 종방향에서 노릴 수 있는 곳에서는 종방향의 암초 균열일 때와 마찬가지로 바위와 푸른 수층의 컨트래스트의 묘를 표현할 수 있을 것이다. 동굴이 큰 경우는 카메라를 갖고 속으로 들어가 보자. 동굴속에서 뒤돌아 보고 출구를 바라보면 동굴속의 생물과 같은 시야를 가질 수 있다.

동굴에 들어갈 때는 속의 암벽을 따라서 헤엄치는 물고기나 생물들을 놀래키지 않도록 조용히 천천히 행동하고 촬영에 적합한 위치를 정하면 주위의 상황에 눈이 익숙해질 때까지 침착하게 기다릴 것. 푸른 물 사이에 뚜렷이 검은 바위가 동굴을 그려 내면 거기에는 해저를 표현하는 절호의 장소가 있다.

노출치 결정과 셔터 찬스의 파악법은 ②③ 때와 마찬가지이다.

430

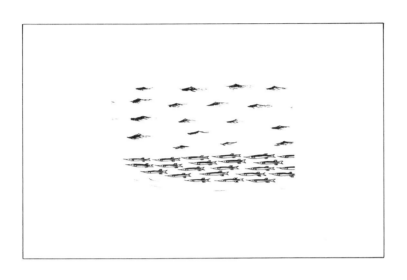

☆포인트 : 동굴 속에서 밖으로의 플래시 조사 때, 대광량의 플래시를 사용하면 검은 바위 표면을 비춰서 암혈의 출구를 형성하는 실루엣이 없어져 버린다. 특히 암혈 속에 비추고 싶은 물고기 등이 있을 때는 암혈의 실루엣을 지우지 않을 정도의 약한 보조광을 스폿적으로 물고기들에 대해서 조사하도록 하기 바란다.

□수면 가까이를 노린다(④)

인물 촬영(⑩)에서도 언급했지만 풍파에 의한 수면의 파문 뒤쪽에서의 풍경을 바라보고 그것을 사진에 담을 수 있는 것은 다이버에게만 허락되는 특권이다. 이 파도 뒤의 흔들리는 속에 물고기 떼가 덧붙으면 그 풍경은 바다속 독특한 빛을 더해서 절호의 작화 목표가 될 것임에 틀림없다.

우선, 해면에 카메라를 향하는 데에는 태양의 위치를 후방으로 한 순광의 상태에서 구도를 정한다.(물고기의 실루엣을 찍을 때는 반대로 한다.)

해면 근처는 파도의 반짝임을 더해서 매우 밝기 때문에 필름은 ASA2

5~20의 저감도의 것이라도 사용할 수 있다. 그리고 은비늘을 반짝이는 어군이 있을 때는 노출치로 측정한 수치보다 다소 조르는 기미로 하고 플래시를 어군에 비추면 좋을 것이다.

렌즈는 대형의 어군을 포함한 해면 풍경을 찍을 때는 70~90도의 사각으로 소형의 어군이라면 40~60도의 것으로 좋다.

☆포인트 : 자칫하면 파도 뒤의 반짝임 속에 어체가 녹아들어 버리는 이 종류의 촬영에는 희미한 노광의 가부족이 실패를 부른다고 하는 어려움이 있다. 항상 다소 노출치를 약간 적게 한다고 하는 주의를 하면서 몇 장인가 찍어 보고, 그 바다에서의 당신 자신의 데이타를 기록하고 회를 거듭해서 연구할 필요가 있을 것이다.

□작은 부분을 포착한다(⑤)

넓은 해저를 잘 둘러보고 아무렇지 않은 광경에 완전히 넋을 잃어 버려

카리브해
8×10대형 광각 카메라
(사각 100°), ASA100
1 / 30 F6, 수심 15m
M급 플래시 2개 사용

서 떠나기 어려운 기분에 빠지는 경우가 흔히 있다. 일단의 가지 산호 위에서 작은 물고기들이 난무한다. 몇 시간 보고 있어도 질리지 않을 정도다. 이런 정경을 1장의 사진에 담는 것은 매우 즐겁다.

새파란 물을 배경으로 또렷이 떠오른 테이블상의 산호, 그 위에 꽃이 피듯이 흩어 보이는 자리돔. 이 정도의 좁은 범위를 비추는 데에는 사각 40~60도의 렌즈로 충분하다.

노출은 물고기의 채색 혹은 물의 청색(작은 물고기가 엷은 청색의 경우)을 측정해서 그것보다 조금 조르는 기미로(반 조리개 1조리개)하고 플래시는 부드럽게 보조광으로서 사용한다.

작은 물고기들이 반짝반짝 빛나고 처음 산호초에 잠수한 다이버들이 꿈을 꾸는 듯한 인상의 작품이 완성될 것임에 틀림 없다.

□ 어안 렌즈를 사용해서(⑥)

180°의 사각으로 카메라맨의 전방에 있는 피사체를 모두——수면의 파문도 수저도, 동굴도, 어군도, 뭐든지 필름에 담아 버리는 어안 렌즈는 '해저 파노라마를 재현시키는 유일한 것이다. 그러나 이 성능도 사용법을 잘못하면 생각과 같은 효과를 기대할 수 없게 된다.

우선 최초로 이 렌즈로 찍으면 화면 주변에 큰 왜곡이 생기는 사실을 알아야 한다. 해저 풍경 속에는 직선적인 것은 그다지 없기 때문에 찍힌 화면에 별로 부자연스러움은 느끼지 못하지만 수저에서 직립하는 암초 등은 그대로 찍으면 부자연스런 느낌이 된다. 상당히 대규모이고 큰 지형이 아닌 한, 찍힌 해저 경관은 수면과 수저로 크게 2분되어 그 사이에 물고기나 해조가 가끔 존재하고 있어 그것들을 확실히 판별할 수 없는 것 같은 박력이 없는 작품이 되어 버린다. 따라서 어안 렌즈에서는 지형의 대규모적인 변화 풍부한 암초 지대나 1m 이상의 회유어 떼를 포함한

해중 경관을 노리면 효과적이라고 말할 수 있다.

플래시 조사는 발광부를 렌즈 위치에서 앞으로 내밀지 말 것. 이것은 화면내의 난반사(하레이션)의 원인이 된다. 그러나, 플래시에 연장 코드를 달아서 카메라맨의 후방으로 이동시켜도 이번은 카메라맨의 그림자가 화면에 크게 찍혀 버리는 등 플래시법도 매우 어렵다.

최량의 사용법은 자연광만으로 노광을 정하고 순광 위치에서 카메라를 준비해서 가능한 한 큰 규모의 풍경 형태를 가까운 거리에서 노리라고 하게 된다.

☆포인트 : 이 렌즈의 특징은 카메라맨의 바로 앞쪽에 있는 것 모두 찍혀 버리는 사각에 있는 것으로 부주의하게 손가락 끝을 렌즈 전면에 내밀거나 하면 손가락이 찍혀 버려서 실패의 원인이 된다.

화면속의 어군을 찍을 때는 가능한 한 대형의 것이나 혹은 규모가 큰 떼를 포착하지 않으면 박력 있는 사진이 되지 않는다.

①:대형 회유어는 노리는 어군을
화면의 중심에. 스냅도 시험해 보자.
②:작은 물고기는 리드미컬한 떼의
움직임을 노린다. 과감히 접근하자.
③:표층을 군영하는 빛나는 물고기들은
어려운 피사체다. 몇 번이라도 시도하는
것이 좋다.

④:중형의 어군은 이런 곳에 영역을 갖
고 있다. 그 생태를 노린다.
⑤:약간 큼직한 개체는 50~60도의
사각 렌즈로 화면 가득히 포착한다.
⑥과 ⑦:산호나 선반 바위 사이에
의외스런 물고기들이 숨어 있다.

⑧과 ⑨ : 암초의 금이나 동굴에는 새우나 곰치가 숨어 있다. 사저에 전신을 드러내고 있으면 행운이다.
⑩ : 행동적인 커플의 물고기는 의외로 호기심이 강하다. 쫓는 것보다 기다리는 것이 요령.
⑪ : ⑫ : 해저 사저의 생물들은 재빠르고

영역으로의 침입자에게 민감. 조용히 접근해서 끈기 있게 기다린다.
⑬ : 그 중에서도 게는 매우 재빠르다. 어떻게 접근하느냐가 포인트이다.
⑭ : 쏠베감펭은 최고의 수중 모델. 차분히 몰두해 보자.

3. 해저의 생태 촬영

해저에서는 물고기들의 생태를 피사체로서 생각했을 때, 그 대상은 무한히 있다고 해도 좋다. 해중 풍경에 이끌려서 그 풍경에 흥취를 더하는 생물들 개개의 모습에 핀트를 맞추어 생태의 재미를 필름에 담는 방법을 생각해 보자.

□생태 촬영으로의 유혹

그저 막연한 해저 산책을 즐기고 있던 다이버가 어떤 때 수중 카메라를 손에 들고 잠수했을 때 부상해 와서 곧 이런 말을 했다.

"바다속에는 여러 가지 것이 있지요. 사진을 찍으려고 주위를 관찰하면 지금까지 멍하니 밖에 눈에 비치지 않았던 여러 가지 것이 완전히 신선한 감동과 함께 눈앞에 다가오는 느낌으로 더할 나위 없이 즐거웠어요."

그 후, 그가 수중 사진 매니아가 될 때까지는 그다지 긴 시간은 걸리지 않았고, 현재는 그의 잠수 목적은 촬영 이외에 없어져 버리고 있다.

이렇게 해서, 잠수 동료의 모습이나 해중 풍경을 열중해서 찍어온 사람들은 이윽고 다이버가 경치를 찍는 것만으로는 만족하지 않게 되어 버려서 그 지칠 줄 모르는 탐구만을 물고기들에게 돌리기 시작한다.

그런데, 현재 보급하고 있는 수중 촬영을 위한 최대 공약수적인 존재인 '광각 렌즈'로는 대소 여러 가지 물고기들의 개체를 '효과적으로' 찍을 수 없다. 이 사실에 대해서는 이미 제3장에서 서술했다.

어쨌든 바다속의 생물에는 많은 종류가 있고 큰 것은 고래나 상어부터 작은 것은 나비고기나 작은 새우 극소의 것에 이르러서는 치어류를 비롯해서 플랭크톤류에 이르기까지 천차 만별이다. 그래서, 해중 생물(주로

438

물고기들)의 바리에이션을 배치한 일러스트레이션 중에서 개개의 생태를
축출하여 촬영 방법을 생각해 보자.

□대형 회유어를 노린다(①)

다이버의 용자에 있어서 대신하는 가장 박력 풍부한 피사체는 예를
들면 고래, 상어, 오징어, 바라크다 등 인간의 전신 등 이상의 크기의
바다속에 춤추는 어족이다. 그렇지만, 이런 생물과 만나는 찬스는 보통의
다이빙에서는 드물다.

우리들이 잠수하는 스폿이라도 좀 인가 떨어진 장소에 가면 1m 정도
크기의 회유어가 군영하는 모습을 볼 수 있다. 이와 같은 스케일이 큰
대상에는 다이버의 영자를 찍기 위해서 사용하는 광각 렌즈가 유효하
다. 물론, 가능한 한 그 때에 접근해서 찍는 것이 필요하지만 물고기는
인간과 달리 포즈를 취해 주지 않고 쫓으면 달아나는 것으로 간단히 셔터
찬스를 잡을 수 없다.

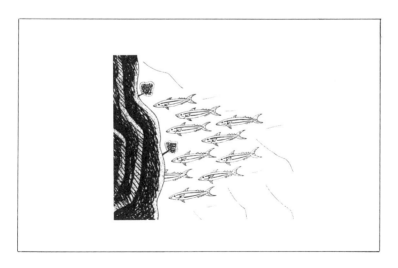

회유어 중에서도 부시리나 잿방어 등은 다이버가 내뱉는 거품의 반짝임을 향해서 돌진해 오는 습성이 있어 맞은 편에서 카메라맨에게 다가와 잠시 주위를 돌고 관찰하는 모습을 보이거나 하기 때문에 이쪽은 가만히 같은 장소에 멈추어 카메라를 준비하고 있으면, 비교적으로 좋은 셔터 찬스가 찾아온다. 이쪽에서 다가가서 상대를 놀래키지 않도록 함과 동시에 끈기 있게 기다려 보는 것이 좋은 셔터 찬스를 잡는 요령이다.

이 종류의 어족은 비교적 헤엄치는 스피드가 빠르고, 동작이 직관적이기 때문에 셔터 스피드는 가능한 한 125분의 1 이상으로 조작하도록 하기 바란다.

필름은 고감도의 엑타크롬 EPD(ASA200) 등을 선택한다.

렌즈의 사각은 군체의 수가 많고 물고기가 클 때는 초광각 렌즈를 준비해서 화면 중심에 떼를 포착하도록 주의한다.(초광각 렌즈는 주변에 비뚤어짐이 생기기 때문에 화면 끝에 찍힌 물고기의 모양이 부자연스런 느낌이 되어 버린다.) 어수가 적고(10마리 정도), 어체가 작을(50~60cm) 때는 60~70도의 사각 렌즈로 충분하다.

☆포인트 : 이 종류의 어족이 군영하는 곳은 바다속의 표층·중층이 많고 자칫하면 푸른 물색에 어체가 녹아들어 버리기 쉬우므로 역광으로 찍지 않는 한, 노광은 약간 조르는 기미로 하고 은백색의 어체에 플래시를 비속어, 비늘의 반짝임을 강조하듯이 찍으면 효과적이다.

또한, 역광의 위치에서(수면을 향해 어군을 올려다 보는 구도) 노려 봐도 재미있는 작품이 생긴다. 또한, 떼의 움직임이 재빠른 것 같으면, 카메라를 떼의 흐름과 마찬가지로 이동시키면서 셔터를 누르는 듯한 '스냅'을 해 봐도 스피드감 넘치는 작품이 된다고 생각한다.

▲분홍고기
니코노스 uw 닛콜 28mm F3.5 ASA100
1 / 125 F11 수면하 FP급 플래시 밸브

▼갯다랑어
니코노스 uw 닛콜 28mm F3.5 ASA100
1 / 60 F5.6 수면하 자연광

□작은 물고기의 떼를 노린다(②)

자리돔의 떼는 암초상의 일정 구역을 왔다갔다 조류 사이의 플랭크톤을 먹고 난무하고 있다. 깃털 자리돔은 남해의 가지 산호 주위에 떼지어 날아 올라가서는 보식하고 재빨리 날아 내려와서 서식처인 가지 산호 사이로 도망치는 동작을 반복하고 있다.

이것들은 절호의 피사체가 된다. 그러나 성급하게 접근하면 물고기들은 떼를 흩뜨리고 달아난다. 수중에서의 동작은 모두 천천히 물고기들을 놀래키지 않도록 한다. 그리고 셔터를 누르기 전에 떼의 움직임을 잘 관찰해서 떼 전체의 모양이 프레임에 잘 정리될 때까지 끈기 있게 기다리는 것이 중요하다.

떼의 크기는 1m 사방 정도에서 수 m에 이르는 것까지 있고, 이것을 노리기 위해서는 렌즈는 60~70도의 사각이 필요하다.

셔터 스피드는 125분의 1초 이상이 안전하지만 떼의 폭이 두꺼울 때는 피사계 심도를 깊게 하기 위해서(핀트가 맞는 범위를 넓힌다), 1 / 60의

셔터 스피드를 사용하고 가능한 한 F치를 조르고 나서 흔들림이 생기지 않도록 단단히 카메라를 준비하고 셔터를 누르면 좋다.

필름도 전항과 마찬가지로 ASA200을 선택하기 바라지만 수심이 얕고, 밝으면 감도는 ASA64~100이라도 충분하다.

노광치의 결정은 어체의 색조와 배경인 청색의 밝기에 맞춰서 정하지만 여기에서도 다소 조르는 기미로 하고 광량이 작은 조명을 보조적으로 사용하면 작품은 자연의 맛을 잃지 않아도 된다.

생태 촬영에서 가장 중요한 것은 피사체의 생태적 변화를 정확히 파악해서 하나의 스토리를 전개시키는 것이다. 작은 물고기들이 날아 올라가는 신, 가지 산호 사이로 달아나는 모습, 떼의 패턴 등, 적어도 수 컷트를 필름에 담아서 완성된 수 장의 사진의 조합으로 해저의 자연 생태의 이야기를 제3자에게 알리도록 의식적으로 촬영하도록 유의하기 바란다.

☆**포인트** : 이런 작은 물고기떼는 다이버가 내쉬는 거품 소리에 놀랄만큼 민감하다. 가만히 숨을 참아 보거나 한번에 내뱉어 보거나 해서 떼의 모양의 변화를 확인하고 나서 셔터 찬스를 파악하면 좋다.

□수면 근처의 떼를 찍는다(③)

꼬치고기나 공미리 등의 표층을 헤엄치는 물고기떼는 은선의 반짝임을 물색에 녹아들게 해 버려서 찍기 어렵다. 동작도 재빨라서 어군의 움직임을 눈앞에 볼 찬스가 찾아와도 상대의 스피드에 맞춘 솜씨 좋은 카메라 조작을 갖지 않으면 좋은 작품을 낳을 수 없다.

멀리에서 대군의 실루엣을 찍는 것은 비교적 쉽지만 떼의 일부분에 다가가서 2, 3마리의 업을 선명하게 찍을 수 있다면 필시 속이 시원할 것이다. 수면 근처의 밝은 수중에서 빛나는 어체가 빠른 스피드로 헤엄치

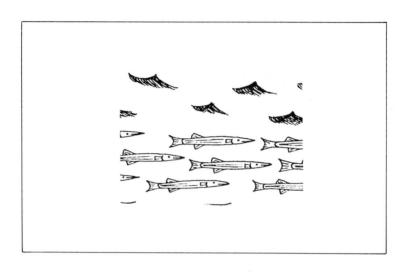

고 있기 때문에 필름은 ASA200~400을 사용하고 셔터 스피드를 1/2
50초 정도로 세트한다. 조리개는 노출계의 계측치보다 1단계 정도 조르고
플래시를 효과적으로 사용하여 어체를 빛나게 하자. 렌즈는 50~70도의
사각의 것으로 물고기의 비늘에 맞춰서 카메라를 이동시켜 '스냅'을 해
보자.

□약간 큼직한 물고기 떼(④)

사지 위에 따로 있는 암초지대나 선반 바위의 일부에 적당한 환경이
있으면 비늘돔이나 노랑촉수 등의 중형 어군이 집을 짓는다. 그것들은
일정한 영역 내에서 낮이나 밤이나 여러 가지 행위를 보여 준다. 밝을
때에는 조류의 흐름을 향해서 끊임없이 헤엄치고 일군이 되어 먹이를
찾는다.

밤이 되면 해조 수풀이나 암혈에 몸을 숨긴다. 이런 물고기들의 하루를
찍기 위해서는 아침, 점심, 밤중으로 시간을 나눠서 잠수해야 한다.

야간 촬영은 나중에 자세히 해설하지만 이와 같이 일정한 영역에서 생활하는 종족은 앉아서의 관찰이 가능하고 주간, 떼의 행동 습성을 잘 파악해서 찍어 두면 좋다. 기회가 있으면 더욱 밤의 생태를 찍어 그것들을 비교하면 재미있는 결과를 얻을 수 있을 것이다.

☆포인트 : 노광치의 결정은 환경이 다소 수심이 있는 해저라는 것을 생각해서 화면속의 중간 밝기를 노출계로 정확히 측정하고 셔터 스피드는 1 / 60초 이상(표층면의 물고기들보다 다소 움직임이 완만하다)으로 세트하고 플래시는 간접법으로 연구해 보자.

□큰직한 개체를 노린다(⑤)

광각 렌즈로 노릴 수 있는 생태에 쥐치 커플, 유연하게 헤엄치는 능성어 등 비교적 큰직한 물고기들이 있다.

이들 어족을 생식 환경과 함께 화면에 담고 싶지만, 대개는 어둑어둑하

게 빛이 비치지 않는 장소이기 때문에 플래시 빛에 의한 어체의 충실한
재현을 우선 유의하도록 하면 좋다.

노광치의 결정은 플래시 광원의 데이타표에서 산출하여 구한다.(가이
드 넘버를 촬영 거리로 나눈 F치를 구하는 것이지만, 수중에서의 빛의
로스를 생각해서 거리×2배로 계산한다.)

☆**포인트** : 물고기를 놀래키지 않도록 가능한 한 다가가서 셔터를 누르
는 것은 말할 필요도 없지만 피사체의 크기가 1m 이내라고 한다면, 사각
50~60도의 렌즈로 대상에 1~1.5m 정도까지 접근하면 적당히 화면에
들어갈 것이다. 조명법은 근접 촬영이기 때문에 그다지 물의 탁함을 신경
쓰지 않아도 되기 때문에 광원을 카메라에 고정한 직접적으로 실시해도
좋다.

446

□산호 가지 사이의 복어(⑥)

유아의 머리 정도 사이즈의 복어가 노랑 산호의 가지 사이나 바위 뒤 등에 가만히 숨어 있다. 놀래키지 않는 한 달아나거나 하지 않지만 때로는 카메라나 플래시 빛에 자극되어 전신을 부풀리고 가시를 거꾸로 세운다. 그런 생태를 수 장의 조사진이 되도록 찍으면 좋다.

실제로는 1m 이내에 접근할 수 있으면 니코노스 35mm, 브로니카 50mm, 롤라이 마린 등으로 복어 주변의 환경도 포함해서 노릴 수 있다.

☆포인트 : 셔터 스피드는 60~125분의 1초, 초형 스트로보로 F5.6~8, 넘버 3클래스의 플래스 빛으로 F8~11 정도의 조리개 수치가 생각된다. 수질이 그다지 나쁘지 않으면 플래시 조사는 정면에서 직접이라도 좋다. 이 경우, 필름 감도는 ASA64~100으로 좋다.

▲줄무늬 고기와 남양 노랑 촉수
브로니카 마린 R116 닛콜 50mm하 3.5
ASA64 1 / 60 F8 수심 8m FP급 플래시 밸브

◀쏠베감펭
롤라이 마린 플라나 80mm F3.5 ASA 64
1 / 60 F8 수심 10m FP급 플래시 밸브

▲대하
롤라이 마린 플라나 80mm F3.5 ASA100
1 / 60 F8 수심 15m 스트로보

□홍대치의 캄플라쥬(⑦)

가늘고 긴 체형의 홍대치는 자신의 체형과 비슷한 소프트 코랄이나 가늘고 길고 좁은 바위 사이에 살고 있는 경우가 많다. 공격력도 없고, 달아나는 경우도 그다지 빠르지 않는 이 물고기는 이와 같은 생활 형태를 자연으로부터 부여받고 있어 그것이 그대로의 모습의 피사체가 된다.

☆포인트 : 체장은 50~60m로 크고 니코노스 28mm, 브로니카 50mm 등이 적당. 어체가 가늘고 길어 노리는 각도에 따라서 전신에 핀트가 맞지 않는 경우에는 반드시 눈동자에 핀트를 맞출 것. 이것은 생태 촬영의 요령의 하나이다. 그 밖의 촬영 참고 데이타는 ⑥과 동일하다.

□구멍속의 새우(⑧)

주간, 새우족은 어둑어둑한 암초 틈이나 동굴속에 들어가 있어 고작 두부밖에 볼 수 없는 것이 보통이다. 전신을 언뜻 볼 찬스는 트인 곳에 생식하고 있는 것 이외는 이동중일 때 밖에 없다. 하긴, 야간에는 보식을

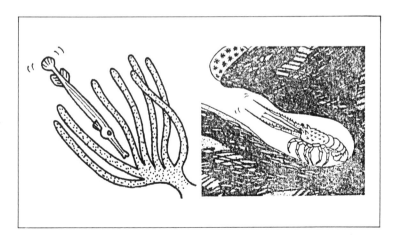

위해 서혈에서 기어 나온다.

이런 이유로 만일 보통으로 잠수하고 있어 새우의 전신이 파인더로 들여다 볼 수 있는 행운을 만나면 매우 귀중한 셔터 찬스라고 말할 수 있다.

☆포인트 : 상당한 대물이 아닌 한 렌즈는 사각 40~60도가 적당하다. 롤라이 마린이나 니코노스 35mm가 체장 30~40m의 새우를 가능한 한 접근해서 찍는데 적합하지만 렌즈의 성능 최대한에서의 촬영은 피사계 심도가 얕아지기 때문에 가능한 한 조르기 바란다. ASA100의 컬러 필름으로 카메라~피사체의 거리 80cm로 하면, GN20~25의 소형 스트로보를 정면에서 직접 조사해서 꼭 I11~16이 적정 노광치가 된다.

□곰치는 해저 몬스터(⑨)

흑조의 흐름 속에서는 어디에 가도 반드시 곰치를 본다. 사저에서 전신

을 드러내고 있는 외는 곰치의 습성으로서 대부분의 개체가 바위 사이에서 머리 부분만을 밖으로 향하고 엿보이게 해서 위협적으로 주위의 상황을 살피고 있다.

카메라를 접근시켜도 이쪽에서 공격적인 태도를 취하지 않는 한 달아나지 않기 때문에 천천히 구도를 결정할 수 있다.

☆포인트 : 곰치는 끊임없이 굶주리고 있고 생육에 약하기 때문에 어육을 눈 앞에서 펄럭거리면 먹이에 이끌려서 점점 구멍에서 나온다. 그래서 즉시 셔터를 누른다고 하는 것도 하나의 방법이다.

촬영 참고 데이타는 ⑥항과 마찬가지로 생각하고 천천히 준비해서 적을 놀래키거나 이쪽이 놀라거나 하지 않도록 촬영하기 바란다.

□우아하게 춤추는 제비활치(⑩)

제비활치의 커플이 눈 앞을 가로 지른다. 무심결에 카메라를 향하지만

물고기들은 멀어져 간다. 기다리고 있으면 다시 뒤돌아 보고 찾아 온다. 이런 때, 서둘러서 쫓아가지 않는다. 꿀꺽 숨 죽이고 이쪽의 상황을 엿보러 오는 것을 기다리는 편이 좋다.

이와 같이, 정지하지 않고 끊임없이 돌아 다니는 물고기들의 촬영에는 실제로 찍히는 화면을 볼 수 있는 1안 리플렉스식 카메라로 피사체를 구도 속에 정확히 포착하고 나서 셔터를 누르기 바란다. 수중 촬영에서는 이것은 매우 어려운 기술이지만 성공했을 때의 기쁨은 또 각별하다.

▲긴코돔
롤라이 마린 플라나 80mm F3.5 ASA 100 1 / 60 F4 수심 15m
FP급 플래시 밸브

4. 해저의 생태 촬영

─동체를 쫓는 테크닉

1안 리플렉스식 카메라의 파인더를 구사하는 것은 물고기들의 생태를 찍는데에 매우 유리하지만 기재편에서 설명했듯이 1안 리플렉스식의 수중 카메라는 모두 시판 1안 리플렉스 카메라(6×6, 6×7, 35mm판)를 특정 수중 하우징에 담은 것이다. 35mm판 니콘 F 액션 파인더를 장착하는 수중 카메라는 매우 기동적이지만 여기에서는 비교적 다용되고 있는 6×6판 1안 리플렉스 카메라에서의 촬영 실제에 대해서 검토해 보자.

□6×6판 카메라의 파인더에 익숙해지자

최초로 알아 두어야 하는 것은 이 종류의 파인더 들여다보는 법이다. 현재, 보급하고 있는 6×6판 1안 리플렉스용 수중 카메라의 파인더는 그대로 좌우가 거꾸로 보이는 점, 또 파인더 중심과 들여다 보았을 때의 당신의 눈 중심을 딱 맞추지 않으면 보이는 화면이 어두워져 버리는 점, 이 2 가지의 주의를 기억해 두자.

파인더 속에서 물고기가 오른쪽으로 가려고 한다면 카메라는 왼쪽으로 움직여 주지 않으면 피사체의 움직임에 카메라를 폴로할 수 없는 것으로 그 조작의 감을 체득하는 데 다소의 시간이 걸린다.

또 언뜻 봐서 이들 수중 카메라 파인더는 큰 렌즈로 화면이 확대되어 있어 외견적으로는 어디에서 들여다 봐도(다소는 수중 마스크와 파인더 창의 합치률이 빗나가도) 파인더 내를 확인할 수 있듯이 생각되지만, 실제로는 들여다 보기 창의 중심과 들여다 보는 사람의 눈의 중심이 조금이라도 빗나가면 눈에 비치는 화상은 매우 어두운 것이 되어 버리기 때문에 밝은 파인더로 피사체의 존재를 명확히 포착하기 위해서는 들여다 보는 법의 훈련과 습관이 꼭 필요하다.

□물고기에 접근하는 방법

카메라의 메카니즘에 익숙해지면 이번은 물고기에 접근하는 데에 익숙해져야 한다. 그러기 위해서는 우선 물고기의 행동을 잘 관찰하는 것이 중요하다.

우리들에게는 그저 넓구나 라고 생각되는 해저라도 물고기들에게는 각각의 행동 영역이 있어서 1마리의 물고기를 쫓아 가면 거의 일정한 구역을 선회하면서 생활하고 있음을 엿볼 수 있다. 그래서 생각되는 것은 헤엄쳐 다니는 물고기를 찍기 위해서는 쫓아 다니는 것보다도 기다리는 것이다.

물고기의 행동 코스를 잘 확인하고 가장 배경이 좋은 포인트에 렌즈를 향하고 기다린다. 이 정도의 냉정함과 여유가 있으면 생태 촬영은 반드시 성공한다. 바꿔 말하자면, 자연에 잘 친해지고(물고기를 놀래키지 않는다), 자세히 관찰하고 그 속에서 좋은 셔터 찬스를 잡기 위해서 물고기와 같은 동물적인 감을 기르는 것이 요구된다.

□토탈한 노광치의 결정

셔터 찬스의 문제 다음에는 노광치의 결정을 생각한다.

동체 촬영에는 빠른 셔터 스피드라고 하는 것은 상식이지만 헤엄치는 물고기에 대해서도 같은 말을 할 수 있다. 적어도 1 / 60초 이상, 가능하면 1 / 125, 1 / 250초를 사용하기 바라지만 수중 촬영에서는 빼 놓을 수 없는 플래시 광원과의 관계를 생각하면 브로니카나 펜탁스 6×7용 수중 카메라 등 포컬 플레인 셔터의 카메라를 사용하는 경우에는 하나의 문제가 생긴다.

그것은 플래시 광원에 스트로보를 사용하는 경우로 포컬 플레인 셔터에서는 스트로보광을 완전 동조시키기 위해서는 1 / 60초 이하의 슬로 셔터 스피드밖에 사용할 수 없다.(브로키나로 1 / 40초 이하, 니코노스, 니콘F, 캐논 F1로 1 / 60초 이하, 아사히 펜탁스 6×7은 1 / 30초 이하 등)

반대로, 렌즈 셔터식의 카메라(롤라이 마린, 핫셀블러드 수중 하우징 등)는 스트로보광이 전셔터 스피드에 동조한다.

스트로보는 유지비(1회의 발광에 대한 비용)가 싸고 편리한 광원으로 장수를 많이 촬영하고 싶은 생태 사진에는 최적이지만 유감스럽게 전술의 수중 카메라와의 병용은 그다지 희망적이 아니다.

구체적으로는 촬영 환경이 어두워서 스트로보의 빛만으로 어체를 화면 속에 떠오르게 하는 것 같은 작화를 위해서는 사용할 수 있지만, 밝은 자연광 속에서 스트로보 광선을 보조적으로 사용하려고 하면, 예를 들어

니코노스 uw 닛콜 28mm F3.5 ASA400
1 / 60 F5.6 1 / 60 F5.6 수심 15m 자연광

▶
모래를 뒤집어
쓰고 있는 오징어

브로니카 스트로보 동조 스피드에서는 움직이는 물고기를 딱 선명하게 화면에 고정시키기가 어려움과 동시에 자연광에 의한 피사체상과 스트로보광에 의한 상이 2중 촬영이 되어 버리는 경우가 있다.

따라서 브로니카 등, 포컬 플레인식 셔터의 카메라에서는 가능한 한 플래시구(FP급)를 사용하는 편이 좋다.

또한, 렌즈의 성능 한계 최대까지 대상에 접근해서 찍는 것을 생각하면 조리개를 가능한 한 조르고 피사계 심도를 깊게 해서 셔터를 눌러야 한다.

예를 들면, ASA100의 컬러 필름을 사용해서 사진과 같은 물고기 커플을 찍는 경우 카메라는 물고기들에게 1m 이내의 거리까지 접근하기 바란다.

셔터 스피드는 1 / 125초(최저1 / 60초)가 적당하다. 그리고, 조리개 수치를 F8~16 정도까지 졸라 보면 그 때 필요한 플래시 밸브(구)는 예를 들면 도시바 6N형(ASA100 컬러, 1 / 125로 가이드 넘버 24)이라고 하게 된다.

5. 해저의 생태 촬영

——꽃수염 곰치와 자작 수중 카메라

생물의 생태를 찍기 위해서는 자연에 대한 애정과 끈기 강한 인내력, 그리고 독특한 테크닉이……라고 하는 사실은 몇 번이나 반복해서 말해 왔기 때문에 귀에 목이 생겼을 지도 모른다.

물고기 생태의 포착 방법에 대해서 시판되고 있는 카메라에 의한 촬영법을 생각해 왔지만 여기에서 다이버 K씨가 선택한 피사체와 그것을

456

찍기 위해서 필요한 카메라 그리고 그 카메라를 위해 자작한 수중 하우징과 조명구에 의한 촬영 체험을 들어보기로 하자.

□꽃수염 곰치와의 만남

리본 피시(꽃수염 곰치)라고 하는 물고기가 있다. 다이버 K씨가 이 아름다운 곰치를 처음 본 것은 십수 년전 여름이었다.

그 이후 산호초 해저에 사로잡혀 버려서 10년 남짓을 지난 지금도 이 바다에서의 촬영을 계속하고 있다. 다이버에게 있어서 해저에서의 신선한 체험은 무엇과도 바꿀 수 없는 기쁨이다.

태어나서 처음 만난 이 꽃수염 곰치는 인간의 상상의 산물로서 알려지는 드래곤을 연상시켰다. 작지만 위엄으로 가득찬 표정으로 블루우의 선명한 채색과 옐로우의 콧수염을 벌름거리며 끊임없이 입을 크게 벌리고 소혈로부터 머리를 엿보이면서 조류의 움직임 속에 몸을 흔드는 모습은 진기한 것을 발견한 K씨의 마음을 소박하고 강렬한 흥분으로 흔들고 K씨의 동공은 이 작고 기묘하고 아름다운 생물을 발견한 채, 깜박거림을 잊은 듯이 눈이 크게 뜨이고, 수분간의 시간이 사슬에 묶여 있었던 듯한 K씨의 전신을 관통해 지나간 것을 지금도 또렷이 기억한다.

이 때, 유행하고 있던 카메라는 니코노스 UW 닛콜 28mm(수중 사각 59도)였다.

□한계를 느낀 기존의 수중 카메라

꽃수염 곰치는 소혈로부터 엿보인 두부의 길이가 9~10cm, 굵기가 엄지 정도의 작은 피사체이다.

이것에 반해서 UW 닛콜 28mm는 가장 접근해서 찍을 수 있는 한도가 60cm로 그곳까지 접근하면 필름에 찍히는 사이즈는 약 60×40cm이다.

꽃수염 곰치
니콘 F 닛콜 105mm
F2.5+접사렌즈 NO.0,
ASA64 1 / 60 F11
수심 12m 스트로보▶

니콘 F 닛콜 105mm
F2.5용의 자작 하우징과
스트로보

▼산호초에서 촬영중인 스킨 다이버

K씨는 이 뱀의 표정을 가능한 한 선명하게 찍어서 그것을 친구에게 보여 놀래 주려고 카메라를 가능한 한 피사체에 접근시켰다.

그러자 이 뱀은 겁장이인지 주의 깊은지 어느 곳까지 카메라가 접근하자 쭈르루 구멍 속으로 달아난다. 카메라를 멀리하면 다시 얼굴을 내민다. 초조해하면서 한계까지 다가가 셔터를 누른다. 그리고 잠시 떨어져서는 기다린다고 하는 동작을 반복하고 있는 사이에 잠수봄베의 에어가 없어져 버려서 부상해야 했을 때는 매우 상쾌한 기분이었다.

생각해 보면, UW 닛콜 28mm로 60cm의 지근거리에서 촬영해도 60×40cm 이상의 클로즈업은 불가능하다. 당연한 결과로서 현상된 필름에는 이 미채한 곰치의 모습이 화면 중심이나 한 구석에 콩알 정도의 크기로 판연치 않은 채 재현되어 있었지만, 확대경으로 들여다 보지 않는 한, 이것이 K씨를 흥분시킨 생물이라고는 사람에게 설명할 수 없는 상태였다.

이렇게 낙담한 적은 그때까지 없었지만 K씨의 경우, 그 낙담이 생태 촬영에 대해서 의욕을 불태우는 발단이 되었다.

이 진기한 생물과의 만남은 흥분과 그 촬영 실패의 반성을 심중에 깊이 감추고 나는 새로운 수중 카메라 제작에 전념했다. 우선 최초로 니코노스(28mm 렌즈 부착)로는 왜 이 미사(美蛇)가 잘 찍히지 않았을까라고 하는 문제를 생각해 보았다. 결과로서,

① 피사체의 크기에 비교해서 렌즈의 사각이 너무 크기 때문에 찍힌 대상이 찍히는 화면에 비교해서 매우 작게 밖에 재현되지 않는다.

② 지근 촬영거리가 60cm로 그 이상 피사체에 접근할 수 없는 것과 동시에 클로즈업시키기 위해서 접근하면 피사체가 놀라서 달아나 버린다.

③ 스포츠 파인더를 들여다 보고서의 근접 촬영에서는 패럴랙스가

매우 커서 피사체를 화면 중심에 잡을 수 없다. 또한, 렌지 파인더이기 때문에 정확히 핀트를 맞추기가 어렵다.

이상과 같은 해답을 얻을 수 있었지만, 이것들을 해소하기 위해서 다음에 드는 조건을 만족시키는 카메라와 렌즈를 선택해서 새로운 수중 중심 하우징을 만들기로 결심했다.

□새로운 수중 카메라의 개발 조건이란

① 찍는 범위와 피사체를 파인더로 확인할 수 있는 1안 리플렉스식 카메라와 수중에서도 쉽게 들여다 볼 수 있는 대형 파인더가 필요하다.

② 피사체로부터 어느 정도(대상을 놀래키지 않기 위해서) 떨어지고 더구나 화면 속에 찍고 싶은 것을 클로즈업시킬 수 있는 사각과 촬영 거리의 렌즈 선정이 필요하다.

③ 핀트 조절이 용이하고 셔터 찬스를 놓치지 않는 조작성이 좋은 하우 징을 생각한다.

④ 조명 장치의 확실성과 반복 사용의 능률이 좋은 것으로 이상의 조건에 맞는 것으로서 선택된 것은,

● 1안 리플렉스식 카메라 니콘 F

● 니콘 F용 액션 파인더(6cm 떨어진 위치에서 파인더내의 실상 화면 전체를 확인할 수 있다).

● 닛콜 105mm F2.5렌즈(사각 23도 20분=수중 16도 50분)와 보조 접사 렌즈 No.0

닛콜 105mm 렌즈는 그대로로는 지근 촬영거리가 1.2m로 그것보다 가까운 곳은 찍을 수 없다. 그래서 이 렌즈 전면에 접사용 보조 렌즈(클로즈업 어태치먼트 렌즈 No.0)를 달기로 했다. 그 결과, 촬영 가능한 거리와 화면 사이즈는 75cm의 촬영 거리(피사체부터 필름면까지)에서

460

촬영중인 다이버

브로니카 마린 116 닛콜 50mm F3.5 ASA64
1 / 60 F8 수심10m FP급 플래시밸브
피사체는 깃털 자리돔의 떼

18cm×12cm, 1.5m에서 4.8cm×32cm로 한정되었다.

즉, 카메라의 전방 75cm에서 1.5m 사이에 있는 사이즈 약 14cm부터 32cm 정도까지의 피사체의 촬영이 가능해지는 것이다.

그리고, 이 카메라에 자작 스트로보(가이드 넘버 28, ASA100컬러, 발광 간격 약 2초)를 세트해서 완성된 것이 니콘 F 수중 하우징이다. (그림 참조)

니코노스(28mm 렌즈 부착)와 이 니콘 F(105mm 렌즈 부착)를 비교해 보면, 그 차이는 역연해서 생태의 촬영(특히 움직이는 물고기나 카메라에 민감하게 반응하는 생물에 대한)에는 기제인 니코노스의 성능 한계를 보완하는 득한 특별 설계의 카메라가 필요한 이유를 알 수 있다고 생각한다.

여기서 K씨가 선택한 액션 파인더와 105mm 렌즈를 세트할 수 있는 기제의 수중 하우징은 편리하게 사용하는데 문제가 있는 아이크라이트사

제뿐이다. 그러나, 능숙하게 개조함으로서 그 결점이 개량되면 당신의 촬영 레파토리를 넓혀 줄 것이다.

*

그런데, 여기에서 다시 해저 파노라마 일러스트레이션을 들여다 보자. 그리고, 일러스트 속의 4가지의 생태에 대해서 K씨의 촬영 체험(니콘 F105mm 렌즈 부착의 수중 하우징에 의한다)을 계속 들어보기로 하자.

□ 문절망둑 커플(⑪)

문절망둑류의 서식 영역은 따뜻한 산호의 바다부터 추운 북해의 물속까지 매우 광범위에 걸쳐 있다.

우리들이 잠수하는 해역에서는 몇 종류의 그들의 생태를 볼 수 있지만, 그 중에서도 하나의 모래 구멍에 2마리의 암수가 함께 사는 모습은 좋은 촬영 대상이 된다.

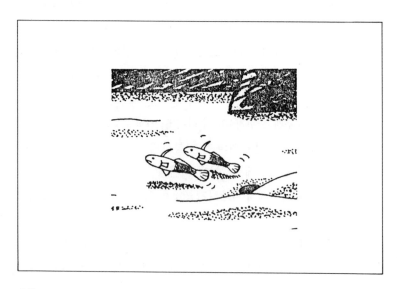

산호초의 검은 백합문절망둑, 붉은 벌문절망둑 등은 체색도 선명하고 '귀엽다'고 하는 형용사가 딱 맞는 작은 물고기로 보기만 해도 촬영 의욕에 사로잡이지만 그것들은 자신들의 세력권 속으로의 침입자에 대해 매우 민감해서 카메라를 접근시키면 순간적으로 소혈속으로 뛰어 들어가서 모습을 감춘다.

접근할 수 있는 한도는 고작 70~80cm까지 그것도 가만히 숨을 죽이고, 슬슬 카메라를 흔들리지 않도록 신경쓰면서 사지에 팔꿈치를 대고 기어 가야 한다.

이 5~6cm의 어린 물고기를 찍는 데에는 니코노스의 접사 장치나 광각 렌즈 부착의 수중 카메라로는 매우 무리이다.

니콘 F와 105mm의 수중 카메라는 이 귀여운 녀석을 필름에 담는데 매우 효과적으로 작용해 주었다.

거리는 1m 내외까지 접근하고 셔터 스피드는 1 / 60초, 가이드넘버

28(ASA100 컬러)의 스트로보를 사용하고, 조리개 수치는 F11~16.

파인더에 비치는 물고기들의 맑은 눈동자와, 서로 반응하면서 헤엄치는 2마리의 모습을 즐기면서 촬영한 것이다.

□문절망둑과 새우의 공동생활(⑫)

어족과 새우족이 한 구멍속에서 공동 생활을 한다고 하는 것은 우리들에게 있어서 아무리 생각해 봐도 이상한 삶의 방식이다. 내가 좋아하는 촬영지에서는 어느 지역에 가면 50cm 걸러 정도에 이 새우와 문절망둑이 공생하는 많은 구멍이 있다.

헤엄치면서 그들의 집락을 들여다 보는 느낌은 새우가 부스럭부스럭 기어 다니는 소리와 문절망둑이 가만히 미동조차 하지 않고 구멍 밖을 둘러 보는 모습이 마치 야성의 땅에서 사람들이 텐트촌을 만들고 사는 것을 하늘에서 내려다 보는 것과 비슷하다. 그것들은 서로 그다지 간섭하지 않고 행동하고 있고 문절망둑은 구멍속의 입구에서 밖을 둘러 볼뿐,

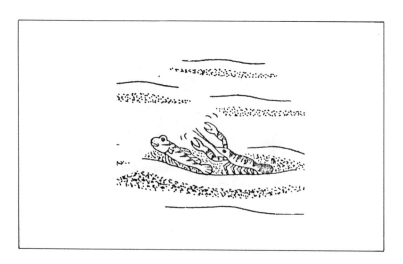

그리고 뭔가에 놀라면 서둘러서 구멍속으로 기세 좋게 달아나는 것은 그 행위로 새우에게 위험을 알리는 것일까?

새우는 그런 문절망둑의 액션 때마다 구멍 속으로 무너져 들어오는 모래를 부지런히 집게로 안아서 외부로 옮겨 내고 집 만들기에 힘쓴다. 그 동작은 매우 열심으로 보는 사람의 뺨을 무심결에 벌어지게 한다.

촬영은 전항의 문절망둑 커플과 마찬가지로 그것들을 놀래키지 않도록 조용히 서서히 접근해서 셔터 찬스를 잡을 때까지 숨을 죽이고 참는다. 데이타는 전항과 동일.

□게의 모래 잠수(⑬)

모래에서 사는 게는 보신을 위해서 모래속으로 기어 들어가는 것이 능숙하다. 그 빠르기는 눈에도 띄지 않을 정도다. 물고기라도 옥두놀래기는 역시 모래도 기어 들어가는 것이 능숙하고 이쪽이 멀리에서 상황을 엿보고 있다가 천천히 헤엄쳐서 다가가면 순간적으로 모래속으로 모습을

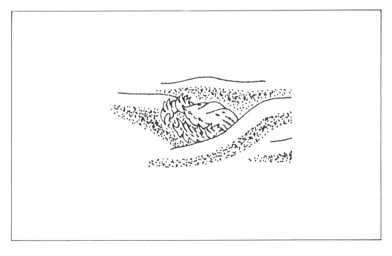

▲해파리와 전갱이
데이타는 오른쪽과 동일,
수심 3m, 스트로보

▲미카도 해우
니콘 닛콜 105mm+접사렌즈 NO.0, ASA64
1 / 60 F8 수심8m 스트로보

▼ 꽃잎 흰동가리
니콘 F 닛콜 105mm+NO.0 접사 렌즈 ASA64 1 / 60 F16 수심 5m 스트로보

감춘다. 그것은 해중 생물의 둔갑술이라고도 말할 수 있는 매우 고도의 테크닉이다. 도대체 어떻게 해서 딱딱한 모래층 속으로 재빨리 기어 들어 갈 수 있을까?

일러스트에 있는 것 같은 아사히 게류에는 뒷다리에 날카로운 에지를 가진 단단한 지느러미가 있어 그 다리의 나이프로 모래를 헤집고 우리들이 생각지도 못할 속도로 모래속을 돌진한다.

주간은 모래속에서 반신을 내밀고 주위의 기색을 살피고 있지만, 다이버의 그림자나 스쿠버의 토기음을 느끼거나 하면 재빨리 모래 연기를 일으키고 행방을 감추기 때문에 촬영이라 할 것도 없다.

그러나 이런 게족의 순간을 카메라로 포착할 수 있다면 틀림없이 재미 있다. 이런 촬영도 역시 니콘 F(105mm 렌즈 부착)이라면 가능하다. 그리고 촬영 데이타보다도 어떻게 해서 피사체를 발견하고 어떻게 능숙하게 접근하는지를 생각하는 것이 중요한 포인트가 될 것이다.

□화려한 쏠배감펭(⑭)

쏠배감펭의 전신을 감싸는 아름다운 줄 모양은 그 완만하고 우아한 헤엄치는 모습과 어울려서 이 물고기를 최고의 수중 모델로 만들고 있다. 게다가 또한, 괴롭히지 않는 한 절대 카메라 앞에서 헤엄쳐 사라지지 않기 때문에 카메라맨도 침착하게 일을 할 수 있다고 하는 것이다.

공작과 같은 등지느러미와 가슴지느러미 화려한 콧수염이나 속눈썹과 같은 안면의 데코레이션 등, 이 물고기가 클로즈업의 제재로서의 매력을 충분히 갖추고 있는 것은 주지의 사실이다.

쏠배감펭의 크기는 10~40cm 정도까지 여러 가지로 종류도 남양 쏠배 감펭, 기린 쏠배감펭 등 다양하고 풍부하다.

전신을 찍어도 얼굴을 중심으로 접사해도 재미있는 화작이 가능할

것이다. 촬영 연습을 위해서 꼭 한번은 찍어 보기 바라는 물고기이다.

6. 수중 생물의 접사

바다속의 자연은 수많은 생물들 중에서 낯선 신기한 피사체를 발견하는 것은 촬영 의욕을 북돋운다. 특히 작은 피사체에는 새로운 발견의 즐거움과 함께 근접 촬영이 아니면 불가능한, 나쁜 투명도에 별로 구애되지 않고 항상 촬영이 가능하다고 하는 유리함이 있다. 실제로, 수중 마스크 전방에 자신의 손을 덮어 가려서 그것이 보이지 않을 정도의 탁함이 있다고 하는 극한 상태의 수중을 제외하면 언제 어디서나 접사를 즐길 수 있다.

□기재와 촬영의 준비
해저의 생태 촬영에서 설명한 니콘 F 105mm의 수중 카메라도 일반적

으로는 접사(클로즈업)의 기재에 들어가지만 여기에서는 문자 그대로 20~30cm까지 접근해서 촬영하는 의미에서의 수중에서의 접사 촬영에 대해 설명하고자 한다.

기재는 니코노스 전용의 접사 장치나 중간 링, 마크로 렌즈를 사용할 수 있는 수중 하우징 등이 시판되고 있고, 접사에서는 소형 경량의 스트로보(엘로서브 35, 토스마린, 선팩마린) 등을 효과적으로 사용할 수 있다.

20~50cm의 촬영 거리라면 상술의 가이드 넘버 25 정도의 스트로보를 사용하면 F치를 16~22 정도로 세트하면 ASA64의 컬러 필름으로 적정 노광치를 얻을 수 있다. 근접 촬영에서는 핀트가 맞는 범위가 좁아지기 때문에 F치 16~22로 조르는 것은 안성마춤이다. 스트로보 사용 때는 카메라의 셔터 스피드를 X접점에 세트하는 것을 잊지 않도록.

또한, 니코노스의 접사 장치나 중간 링에는 찍히는 범위와 촬영 거리가 틀로 세트되어 있기 때문에 선택한 광원(플래시구, 스트로보)에 의한 적정 노광치를 촬영전에 미리 테스트해서(카메라에 접사틀과 광원을 세트하고, 컬러 차트 등 색조를 판별할 수 있는 것을 촬영한다) 알아 두면 좋다.

이와 같이 해서 준비를 갖추면 접사 때의 노광치 결정이나 촬영 테크닉에는 별로 어려운 요소는 없다.

□피사체의 발견

가장 노력을 해야 하는 것은 피사체의 발견과 선별이다. 그러기 위해서는 해저를 구석구석까지 정성껏 찾는 카메라의 눈이 중요하다. 보면 볼수록 피사체를 발견할 수 있어서 재미있는 것이 접사의 즐거움이기 때문에, 바다와 잠수와 사진이 결부된 세계를 충실시키기 위해서 우선 처음에

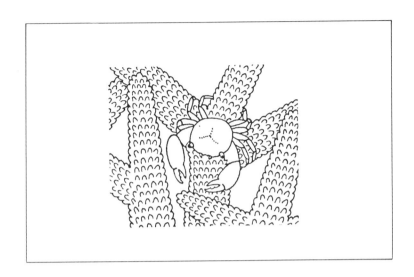

날카롭고 끈기 강한 탐구만을 기르도록 유의하자.

그럼, 또한 일러스트레이션을 전개시켜서 피사체를 쫓아 보자.

□새우산호와 게(①)

보통의 수중 산책을 하고 있는 한에서는 다이버는 '아름답구나!'라고 막연히 느끼면서 새우 산호의 옆을 헤엄쳐 빠져나가 버린다. 수영을 멈추고 산호의 가지 사이를 들여다 보자. 작은 물고기나 새우, 게 등이 독특한 형태로 그곳을 서식처로 하고 있는 경우가 있다.

산호 게는 산호의 틈을 생활권으로 하고 있기 때문에 매우 발견하기 어려운 것이지만 그 형태나 색은 산호의 그것과 균형이 잡힌 매우 재미있는 피사체이다.

니코노스의 접사틀은 산호의 가지 사이로 돌진할 수 없기 때문에 이 경우, 틀 부분을 떼고 거리봉의 선단을 게엔 접근시켜서 찍으면 된다.

피사체의 사이즈는 대개 2~3cm 정도의 것이 많고, 가능하면 니코노스용 80mm 렌즈에 접사 장치를 세트하든가, 10cm 사방 정도의 범위를 찍을 수 있는 중간 링이나, 마크로 렌즈를 사용할 수 있는 카메라 케이스를 사용하면 좋다.

게는 그 습성으로서 밝을 때는 가지 속에 숨어서 모습을 보이지 않지만, 밤이 되면 활발히 전신을 나타내기 때문에 야간 잠수로 이 피사체를 포착하는 것도 좋다.

□갯고사리(②)

갯고사리는 수온 15~16℃ 이상의 바다라면 어디에서나 볼 수 있다. 대부분의 경우 바위 뒤에 촉수를 구부리고 움츠리고 있다. 다이버가 그만 깜박 수족을 대거나 하면 순식간에 끈끈하게 촉수를 휘감아 와서 처치 곤란해져 버리는 어쩐지 기분 나쁜 생물이다.

때로는 이상한 것도 있어서 바위 위에 멈춰서 조류의 흐름에 흔들리면서 촉수를 꿈틀거리고 있거나 그 중에는 조류를 타고 날듯이 헤엄치는

것도 있다. 남쪽 바다에 가면 주의 온통 갯고사리 투성이라고 하는 해저
도 있어 주의 깊게 관찰하면 수 백의 군생 각각의 개체가 노랑, 검정,
회색, 빨강, 녹색 등의 다른 색조와 모양을 하고 있는 것을 볼 수 있고,
그 중에는 흰색, 노랑, 오렌지색 등이 얼룩이 된 아름다운 것도 있다.

　피사체로서는 모양도 단조롭고 움직임도 적기 때문에 그다지 시선을
끄는 것은 아니지만 개개의 색이나 모양이 다른 개체를 많이 찍어 모아서
앨범으로 만들면 재미있을 지도 모른다.

　개체의 크기로 생각해서 카메라는 니코노스 35~38mm에 접사 렌즈를
단 것이 적당하다. 촬영에는 특별한 주의는 없지만 직접 손을 대는 것은
피하는 편이 현명하다.

□바다 계관 산호(③)
　계관산호에는 모래바닥에 사는 나무와 같이 큰 것이나 암벽의 선반
밑에 매달려 있는 작은 것 등, 여러 가지 형태를 볼 수 있지만, 이것들도

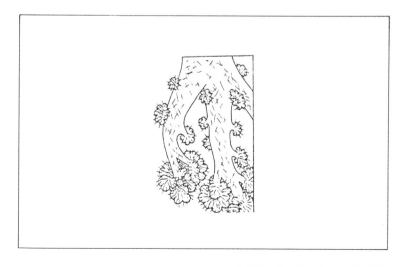

▲재방어와 작은 새우(위 왼쪽)
니코노스 W 닛콜 35mm F2.5+접사
장치, ASA64 1 / 125 F16 수림 8m
FP급 플래시 밸브
▲깃털 자리 돔의 떼(위 오른쪽)
핫셀블러드 뎃사 120mm+접사렌즈
ASA64 1 / 60 F11 수심 8m 스트로보
◀뿔돔
니콘 F 105mm+NO.0 ASA64 1 / 60
아래11 수심 10m 스트로보

▼사마귀 산양(아래 왼쪽)
데이타는 위 오른쪽과 동일

가시복(아래 오른쪽)
니코노스 UW 닛콜 28mm F3.5+접사장치 ASA64 1 / 125 F16 수심 15m
FP급 플래시 밸브

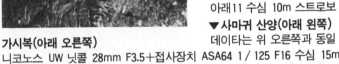

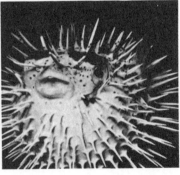

역시 선단에 꽃과 같이 벌어지는 폴립의 색이 붉은 색, 핑크, 오렌지 등의 다채로움으로 수중 카메라맨의 시각을 사로 잡는다.

바다 계관 산호의 폴립은 환경의 명암이나 조류의 영향으로 인해 벌어져 있거나 닫혀 있거나 하지만, 물론 벌어져 있는 상태 쪽이 피사체로서 적합한 것은 말할 필요도 없다. 또한, 계관산호와 비슷한 갯산호나 염소의 폴립 접사도 마찬가지로 즐길 수 있는 피사체이다.

비교적 깊은 해저에서는 태양 광선이 닿기 어려우므로 이들 소프트 크랄류는 본래의 색채 그대로로는 사람 눈에 띄지 않기 때문에 플래시를 비춰서 찍은 작품이 어떤 색조로 완성되는지가 매우 즐거움이다.

촬영은 폴립이 개화해 있을 때를 포착해서 가능한 한 클로즈업을 살려서 노리는 방법과 계관산호 전체의 형태와 색을 기록하는 방법이 생각되지만 전자 쪽이 접사로서의 재미가 있다.

□갯산호와 작은 물고기들(④)

별로 헤엄쳐 다니지 않는 작은 물고기를 접사하는 것은 비교적 용이하지만 그 중에서도 쏨뱅이와 같이 한군데에 머물러서 가만히 움직이지 않는 것은 접사틀 속으로 끌어 들여서 찍는 데 적합하다.

가능하면 게 때와 같이 틀을 떼고 거리봉의 끝을 살짝 물고기에 접근시키도록 해서 구도를 정하고 물고기에 핀트가 맞도록 신경쓰면서 셔터를 누르면 좋다. 그림④B와 같이 곤베가 머물러 있는 배경에 산호나 바다 계관 산호와 같은 아름다운 패턴이 있으면 자연속의 물고기를 생생히 찍을 수 있다.

움직임이 둔하다고 해도 너무 놀래키면 놓쳐 버린다. 물고기들의 행동을 가만히 관찰하고 좋은 배경으로의 이동을 기다리는 정도의 끈기를 갖기 바란다.

렌즈는 A와 같은 경우, 물고기가 적으면 니코노스와 80mm+접사 렌즈, B와 같이 물고기가 1마리뿐으로 주위에 재미있는 배경이 있으면, 28mm+접사 렌즈가 적당하다.

☆**동체 접사의 포인트** : 이런 동체를 접사로 포착하는 테크닉에는 상대 피사체의 카메라에 대한 반응을 확인하는 카메라맨의 좋은 감이 요구되고 그것이 작품의 성부를 결정할 것이다.

　사진 기술보다 우선 최초로 자연에 대응하는 인간의 기민한 기교, 즉 이쪽이 어떻게 움직이면 물고기가 어느쪽으로 움직일까라고 하는 것에 대한 즉단력과 피사체의 움직임에 맞춘 셔터 찬스의 잡는 법을 훈련해야 한다. 장수를 많이 찍어서 체득하는 수 밖에 방법이 없을 지도 모른다. 좋다고 생각되는 구도를 발견하면 찰카찰카 찍어 보자.

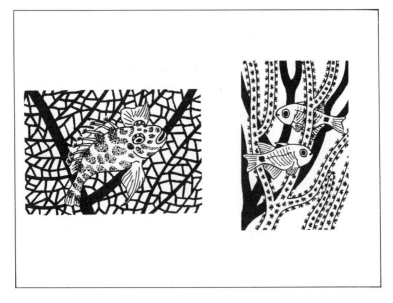

□조초(造礁) 산호——해화석(⑤)

산호초는 초를 형성하는 산호류가 서로 겹쳐 있어 각각의 산호층을 만들어내는 석회질의 산호 하우스는 개성적이고 천차 만별이다.

테이블형, 경단형, 가지형, 공기형 등등의 조초 산호는 그 표면의 문양 패턴도 변화 풍부해서 접사를 위한 좋은 재료가 된다.

다이버라면 누구나 한번은 산호초 여행을 시도해 볼 것이다. 그 때는 꼭 접사 장치를 휴행해서 이 종류의 사진을 즐겨 보면 좋다. 종류의 사진을 즐겨 보면 좋다.

쉬운 것 같지만 완전한 원형을 유지하고 있는 많은 종류의 산호 표면을 발견하는 작업은 상당히 끈기가 필요하다. 만일 훌륭한 앨범이 완성되면 여러 가지 것의 디자인에 유용하게 쓰일 지도 모른다.

피사체는 정지해 있는 것이기 때문에 구도가 결정되면 F치를 2, 3단계

변화시켜서 찍어 두면 패턴의 색조가 미묘하게 다른 작품이 완성되어
선택을 즐길 수 있다. 산호초 여행의 찬스가 있을 때마다 찍어 두면 수
차례 후에는 작품집이 완성될 것임에 틀림없다.

□산호와 폴립(⑥)

조초 산호는 보통 석회질에 색이 붙어 있는 것 같이 밖에 보이지 않는
다. 그 석회질이 뼈 속에는 산호충이 있는 사실도 다이버라면 누구나
알고 있겠지만, 이 산호충의 폴립이 뼈의 집에서 얼굴을 내밀고 있는
모습은 밝은 해저에서는 별로 볼 수 없다.

물론, 장소와 시간을 선택하면 이 폴립을 내민 조초 산호는 볼 수는
있다. 특히 밤의 해저에서는 그런 광경이 보통으로 눈에 띈다. 이들 폴립
의 형상도, 그 산호의 모양과 마찬가지로 각각의 개성적이다.

□말미잘과 작은 새우(⑦)

사지에 사는 말미잘은 어느 해저에서도 볼 수 있다. 그 중에는 아름다운 색과 긴 촉수를 갖고 그것만을 찍어도 충분히 관상할 수 있는 것이 많다. 그 촉수 사이를 자세히 관찰하면 이상한 모양이나 체문을 가진 작은 새우가 공생하고 있는 모습을 볼 수 있다.

델리케이트한 새우 자형의 재미와 말미잘의 부드러운 촉수와의 배합은 접사와 절호의 대상이 되는 것은 물론이다.

말미잘이나 새우의 종류도 주의해서 보면 제법 많다. 사지에 있는 말미잘을 너무 자극하면 모래속으로 들어가 버리므로 신경을 써서 접사틀 등을 꽉 누르지 않도록 주의하기 바란다.

말미잘도 새우도 투명에 가까운 느낌이기 때문에 너무 강렬한 플래시의 직사광은 피하고 가제나 필터를 통해서 부드럽게 플래시하는 것이

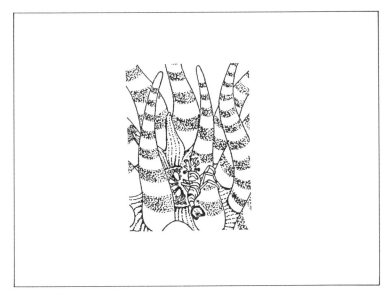

▲자고 있는 파랑 비늘돔
롤라이 마린 플라나 80mm F3.5 ASA64 1 / 60 F8 수심 12m 스트로보

필요하다. 또한 조사 각도도 정면에서 뿐만 아니라 바로 위에서, 옆 방향에서 등 변화를 주어 피사체에 컨트래스트를 주도록 하면 좋다.

7. 수중 야간 촬영

본래 인간은 낮에 행동하고, 밤에 잠을 자는 동물이기 때문에 어두워지면 자연히 기운이 빠진다. 야간 잠수는 그런 기분으로 낯선 환경에 돌진하는 것이기 때문에 아주 사소한 실패라도 패닉에 걸리기 쉽다. 그렇게 되면 이제 사진 촬영이라고 할 것도 없이 생명의 위험에조차 관계된다. 야간 잠수와 촬영에 대해서 그 보다 안전한 실행 방법을 생각해 보기 바란다.

□야간 잠수의 철칙

잠수는 본래 페어로 하는 것이 철칙이다. 하물며, 야간 잠수가 되면 반드시 2인 이상의 바디에서의 협력 잠수를 해야 한다.

○ **수중 라이트** : 어둠속에서는 수중 라이트가 사람의 눈 역할을 하는 것으로 야간 잠수를 위해서는 각각의 다이버가 1개씩의 소형 수중 라이트를 반드시 휴대한다. 만일 누군가의 라이트가 고장나서 꺼져 버려도 바디의 라이트가 그것을 보완해 준다. 또한, 각자가 라이트를 휴대함으로써 서로의 존재 위치의 확인이 가능하고 잠수중의 안전을 서로 확인하기 위해서도 1인 1등은 절대로 확보하기 바란다.

○ **잠수 장소, 스폿의 숙지 확인** : 야간 잠수는 만전의 준비와 계획을 한 후에 해야 하지만 특히 잠수하는 장소에 대해서는 전원이 그 스폿의

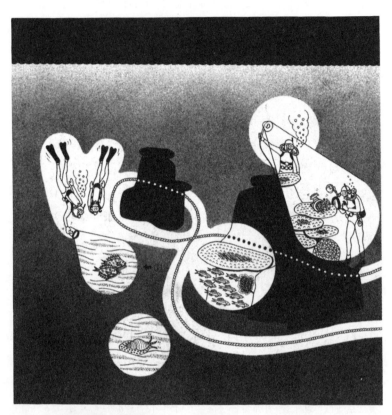

야간 잠수의 철칙

잠수는 페어로 하는 것이 철칙.
야간 잠수에서는 반드시 2인
이상의 바디로 협조 잠수를 한다.
수중 라이트는 1인 1등. 스폿의 인지.
확인은 주간 실시하고, 코스와 잠수
계획을 세워서 가는 로프를 코스에
쳐 둔다.

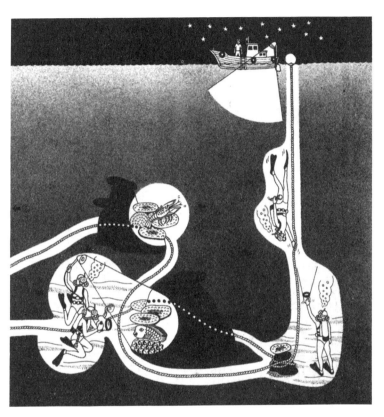

입수 지점은 선상에서도
해안에서도 반드시 목표가 되는
안표의 라이트를 해 둘 것.
*
①：피사체의 잠을 깨우지 않는 것
같은 조명을
②와 ③：야행성의 새우 게나
패류는 핀트 맞춤에 필요한
최소한의 조명으로 차분히
관찰하고 셔터 찬스를 노린다.

해저 지형을 숙지하고 있는 것이 이상적이다.

장소 선정은 주간 잠수로 잘 알고 있는 지점이 바람직하다. 특히 구석 구석의 바위 모양이나 주위의 자세한 상황을 염두에 두는 것이 중요하다.

밝을 때는 잠수지 전체의 지형을 둘러보고 자신의 위치를 확인할 수 있지만 야간은 수중 라이트가 내비치는 작은 공간의 상황을 볼 뿐으로 자신이 있는 위치를 알고 행동해야 하기 때문에 '눈 앞에 있는 작은 바위 모양'을 정확히 기억해 두면 편리하다.

○코스 선정과 안전 대책 : 보다 안전을 기하기 위해서는 미리 장소와 코스를 정해 두고(주간 잠수해서 마음에 든 장소로 그곳이 밤에는 어떻게 변할까라고 하는 흥미를 가질 수 있는 것 같은 곳), 거리를 재서 그 코스를 한바퀴 돌기 위한 시간을 알고, 그 수심에 맞는 잠수 시간이 탱크의 공기 용적으로 충분한 것을 확인한 후에 가는 로프를 코스에 둘러쳐 두면 밤이 되고 나서 당황하고 해저에서 미아가 되는 일도 없이 스무드하게 관찰이나 촬영에 전념할 수 있을 것이다.

장소를 확인하지도 않고 갑자기 어두운 바다에 뛰어 들어가서 여기 저기 헤매고 헤엄치는 것은 절대로 금물이다.

입수 지점은 배나 해안이나 반드시 안표가 되는 전등을 달아 주기 바란다. 만일 해저에서 동료를 놓치고 혼자가 되어 버렸다면 즉시 부상해야 하지만, 그 때에 자신이 헤엄쳐 돌아가기 위한 목표가 발견되지 않으면 매우 불안하다. 자칫하면 어둠의 해면에서 패닉에 걸릴 지도 모른다.

야간 잠수에서는 다이버가 정신적으로 극한 상태에 놓이는 것을 예상하고, 준비는 만전, 안전 계획을 충분히 여유를 갖고 하기 바란다.

□야간 촬영의 실제

그림을 보면 어떤 상태에서 야간 잠수를 하고 촬영을 하면 좋은 지, 잘 알 수 있으리라고 생각하지만, 밤의 해저에서 볼 수 있는 생물들의 생태는 그림 속에 볼 수 있는 만큼의 것이라고는 할 수 없다. 아직 누구도 본 적이 없는 신기한 생물들의 밤을 보내는 방식이 있을 것이다. 다이버의 야간 수중 사진에 의해 그것들이 발견되어 갈 가능성은 무한이라고 말할 수 있다. 그럼 안전 철칙을 확인하면서 야간 촬영의 실제에 대해서 검토해 가자.

○ 야간 촬영에서의 협조 잠수와 조명 : 혼자서 수중 카메라와 수중 라이트(플래시 장치가 아니고 야간 잠수를 위한 조명 라이트)를 가지면서 헤엄치고, 피사체를 찾아서 그것을 조명하면서 카메라의 핀트를 맞추어 셔터를 누르는 것은 매우 어려운 기술이라고 하기 보다도 오히려 그 방법으로 좋은 작품을 찍는 것은 불가능에 가깝다고 말할 수 있을 것이다.

야간 촬영에서는 한 사람이 카메라맨이 되어 촬영에 전념하고, 또 한 사람이 조명 담당이 되어 피사체 주위에 빛을 비춰서 카메라맨이 핀트 마춤이나 구도의 결정을 도와 준다. 그 역할을 교대로 반복함으로써 서로가 도우면 반드시 좋은 결과를 얻을 수 있고, 능률적이기도 한다.

또한, 가능하면 촬영을 위해서는 보통의 손전등과 같은 수중 라이트가 아닌 12볼트 100와트의 전구를 최저 30분간 정도 계속해서 점등할 수 있는 밝은 조명 장치를 사용해서 라이트맨이 카메라맨이 헤엄쳐 가는 앞을 비추어 피사체를 찾기 위한 시야를 넓혀 주도록 하면 좀더 잠수 촬영이 즐거워진다.

□야간의 촬영 테크닉

야간 촬영은 어두운 환경에서 카메라를 조작하는 어려움을 제외하면 특히 이렇다 할 장해는 없다. 물론 피사체 주위에 자연광은 없기 때문에 플래시 광만으로 찍게 된다. 노광치의 결정에 대해서는 사용하는 필름과 광원을 사용해서 미리 육상의 어두운 곳에서 컬러 챠트 등을 촬영해 보고 적정 노광치를 알아 두면 좋을 것이다.

보통 밤의 해저에서는 넓은 풍경을 찍는 일은 없고, 대부분이 좁은 범위 속에 있는 생물의 개체를 노리는 촬영이기 때문에 카메라의 렌즈는 가능한 한 접사가 가능한 비교적 사각이 좁은 것으로 충분하다.(브로니카 50~75mm, 니코노스 35~80mm, 접사 렌즈 각종 등)

▲자고 있는 톱 주리
니콘 F 닛콜 105mm+접사렌즈 NO.0 ASA64 1 / 60 F11 수심 12m 스트로보

□자는 물고기들(①)

밤의 물고기들의 생태 중에서 가장 흥미 깊은 것은 그들의 자는 모습일 것이다. 바위 뒤나 산호초의 구멍속에서 자는 것은 독가시치들. 암초 지대에 떼지어 웅크리는 작은 물고기들. 그것들은 종류에 따라서 여러 가지로 다르다.

주간의 모습에서는 상상도 할 수 없는 침상의 좋고 나쁨을 살짝 엿볼 수 있다고 하는데 더할 나위 없는 미지의 즐거움, 그것이 피사체 발견의 흥분으로 이어진다.

자고 있는 물고기들에게 접근하는 것은 별로 어렵지 않지만 너무 집요하게 조명을 지나치게 비추면 눈을 떠 버려서 자연 상태에서의 그들의 모습을 찍을 수 없기 때문에 셔터 찬스는 일찌감치 잡는 것이 가장 좋다.

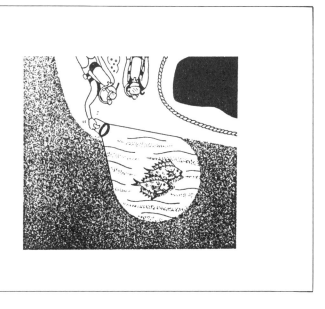

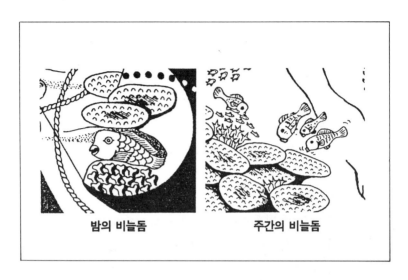

밤의 비늘돔   주간의 비늘돔

좋은 피사체를 발견하면 찍어 버리고 나서도 잠시 관찰을 계속해 보
자. 뭔가 자는 모습에 변화를 볼 수 있을 지도 모르고 생태에 관한 새로운
발견이 가능할 가능성도 있어 촬영에 보다 한층 더 의의가 생긴다.

□새우, 게류를 찍는다(②)
대부분의 물고기는 주간에 활동하고 어두워지면 휴식한다. 바다속에서
의 새우나 게족이 야행성의 특질을 가진 사실은 앞에 서술했지만, 어쨌든
어두워지면 암혈 속에서 기어나와 보식 활동을 하고 그 전신을 다이버에
게 노출시켜서 촬영의 찬스를 준다.
빛을 싫어하는 그들은 라이트를 계속 비추면 그늘에 숨으려고 한다.
가능한 한 멀리에서 약한 빛으로 조명하고(핀트를 맞출 수 있을 정도
의), 그 동작을 잠시 관찰한 후에 구도를 정한다. 요는 침착하게 맞서는
것이다.
이상한 놈이 있다!라고 흥분해서 서둘러 찍기 보다도 우선 먼저 차분

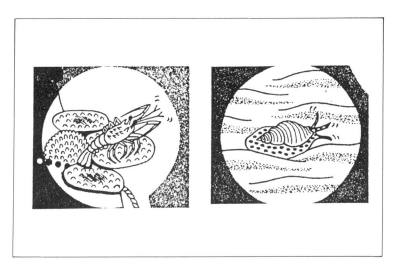

히 대상을 확인하고 나서 촬영에 임하는 편이 결과는 좋을 것이다. 그
정도로 새우, 게족은 어둠속에서는 의연히 준비하고 있다.

□패족의 재미(③)

패류도 역시 밝은 곳에서는 선반 바위 속 깊숙이 숨어 모래 속으로
기어들어가거나 해서 주간의 잠수에서는 그다지 그 모습을 볼 찬스가
없다. 그러나 새우, 게와 같은 야행족이기 때문에 밤의 해저에서는 우리
들의 상상을 초월해서 주위에 온통 조개 투성이라고 하는 광경조차 볼
수 있다.

주간은 언뜻 아무런 변철도 없는 사저라도 밤이 되면 여기 저기에서
패족이 기어 나와서 재미있는 생태를 보여 준다.

보통 패류는 그 껍질의 아름다움으로 사람들의 눈을 끌지만 다이버가
알고 있는 조개의 아름다움은 그 껍질을 감싸는 외투막의 색채나 모양의
훌륭함이다.

기고 있는 조개들은 그 대부분이 아름다운 외투막으로 전신을 장식하고 있다. 그것은 절호의 피사체로 보통의 조개 콜렉션과 다른 다이버가 아니면 불가능한 조개 외투막의 사진 콜렉션이 잠수의 즐거움을 증폭해 줄 것이다.

▲밤의 해저에서(물고기는 뿔돔)
롤라이 마린 플라나 80mm F3.5 ASA100 1 / 60 F8 수심 15m 스트로보

용어 해설

사진의 실기 시리즈라고 하는 이 책의 성격상, 촬영에 관한 용어에 중점을 두어야 하겠지만 잠수 없이는 성립하지 않는 수중 촬영이라고 하는 전제에 서서 이 난에서는 충분한 페이지를 피하지 않았던 잠수를 중심으로 조금이라도 이해에 도움이 되도록 용어 해설을 시도했다.

사진 용어에 관해서는 수중 사진에 관한 최소한에 그치고 말미에 실었다. 사진의 기초적인 실기에 관해서 필요한 사람은 이 책의 앞쪽에서부터 주의깊게 살펴가며 읽기를 권하는 바이다.

□아쿼랭(aqualung)

고압 공기를 충전한 봄베와 레귤레이터로 이루어지는 개방식 스쿠버의 상품명이지만, 역사가 가장 오래되고 성공한 것이었기 때문에 이 종류의 잠수기의 대명사가 되었다.

□물갈퀴(fin)

다이버의 다리에 끼는 고무제 지느러미. 이것을 잘 사용하면 추진력은 비약적으로 증대한다.

□웨이트 벨트

다이버의 부력을 수중에서 뜨지도 가라앉지도 않은 중성의 것으로 만들기 위해서 몸에 부착하는 납으로 만들어진 중추를 수 개 설치한 벨트.

□웨트 슈트(wet suit)

가는 독립 기포가 무수하게 있는 두께 3~6mm의 합성 고무 스폰지로 다이버의 신체에 딱 맞도록 만든 잠수복. 옷 안쪽에 물의 침입을 허락하고 있기 때문에 웨트 슈트라고 부른다. 독립 기포의 단열 효과로 보온을 유지한다.

□개방식 스쿠버(open-circuit SCUBA)

다이버가 호흡한 후의 기체를 모두 수중에 개방해 버리는(버려 버리는) 방식, 호흡한 후의 기체를 회수해서 다시 호흡하는 방식을 폐쇄식이라고 부른다.

□카디악 마사지(cardiac massage)

용수법 심장 마사지. 심장이 정지해 버리고 있는 사람의 흉골 중심부에 술자의 양손 손바닥의 부드러운 부분을 마주 겹쳐 얹고, 강하게 압박해서 심장을 움직여 준다.

□공기 전색 또는 공기 색전(air embolism)

물속에서 잠수기로부터 공급된 수압과 같은 압력에 기체를 호흡하고 있는 다이버가 숨을 멈춘 채 부상하면 부상함에 따라서 다이버의 폐를 바깥쪽에서 누르고 있는 수압이 감소하여 폐가 과도하게 팽창해서 상처를 입어 공기가 혈관 속으로 흘러 나와서 혈관을 막는다. 치명적인 결과가 되는 경우가 있다. 다이버에게 있어서는 무서운 사고이다.

□인공 호흡법

입에서 입으로의 인공 호흡법(mouth to mouth)이 일반적이다. 물에 빠진 사람을 똑바로 눕히듯이 턱을 잔뜩 끌어 올려서 기도를 열고 코를 막고 입으로 숨을 불어 넣어 준다. 1초를 다투어 수면상을 헤엄치면서라도 인공호흡을 개시해야 한다.

□수영 테스트

잠수의 강습 과정을 받는 데 필요한 수영 운동 능력 테스트.

□수심계

압력계에 흔히 이용되는 불던 관형, 수압에 의해 막이 안쪽으로 오그라드는 힘으로 바늘을 움직이는 다이아그램형, 가는 관이 물에

494

들어오는 모세관형이 흔히 사용된다. 정도는 ±1~5m로 그다지 정확한 것은 아니다.

□수중 노트
물에 젖어도 녹지 않는 종이(상품명 유포)로 만들어진 노트. 보통 연필로 쓸 수 있다.

□수중 라이트(underwater light)
수면상에서 전기를 보내는 유선 라이트와 다이버가 전원을 갖고 가는 밧데리 라이트가 있다.
유선 라이트는 대광량을 얻을 수 있다.

□수난 구급법
수난자를 해안 또는 배 위로 끌어 올리는 방법. 인공 호흡법, 심장 마사지법, 호흡 회복후의 응급 처치법 등을 조합해서 말한다.

□스쿠버(SCUBA)
Self contained underwater breathing apparatus의 약자. 다이버 자신이 자신의 호흡용 기체를 봄베에 충전해서 몸에 착용하는 자급기식 잠수기의 총칭. 일반적으로는 스쿠버 중의 하나인 개봉식(open circuit) 스쿠버를 가리킨다.

□슈노르헬(snorkel)
내경 10~25mm, 길이 350~500mm의 J형 파이프. 한끝을 입에 물고 한끝을 수면에 내보내고 수면하에 얼굴을 담근 채 호흡을 계속

한다.

□잠수 지도원(diving instructor)
초보자에게 잠수를 가르치기 위한 교육을 받고, 그것을 위한 자격을 갖고 있는 사람.

□잠수 적격자
생리적으로 건강한 상태에 있고 정신 발달이 충분하고 정서가 안정되어 있을 것. 충분한 수영 능력이 있을 것.

□잠수 이론
잠수는 합리적인 행동이어야 한다. 합리적인 행동이란 이론의 뒷받침이 있는 낭비없는 행동이다.

□맨 잠수(skin diving)
숨을 참고 자신의 폐속에 있는 공기량 만으로 잠수하는 것.

□익수(drowing)
수면에 떠서 호흡을 계속할 수 없게 된 상태.

□드라이 슈트(dry suit)
옷속에 물이 들어오지 않도록 만들어져 있는 잠수복. 옷속에 공간이 생기기 때문에 스퀴즈(슈트 스퀴즈)가 일어나므로 이것을 해소하기 위해서 공기를 옷속에 주입하는 장치를 갖추고 있는 것이 많다.

□바디 시스템(buddy system)
2인 1조가 되어 서로 구조할 수 있는 태세를 취하면서 행동하는
행동 시스템.

□패닉(panic)
불안감이 높아져서 냉정함을 잃어 버리는 상태.

□발라스트(ballast)
부력이 있는 물체, 예를 들면 수중 하우징 등을 가라앉히기 위해서
덧붙이는 중추.

□발란징 베스트
buoyancy control device, adjustable buoyancy life jacket(A.B.L.J.라고
줄인다) 등이라고도 불린다. 레귤레이터와 다이버의 흉부에 단 기낭
을 호스로 연결해서 항상 원하는 때에 기낭을 부풀려서 신체를 띄우
고 안전핀을 겸한 배기구로 공기를 빼서 가라앉고 다시 부풀려서
띄는 다이버의 부력을 컨트롤할 수 있는 기구.

□반복 잠수(repretitive diving)
되풀이 잠수라고도 한다.

□분압(partial pressure)
혼합 가스(예를 들면 공기)에 포함되어 있는 각 성분 기체가 용기
의 전 용적을 차지하고 있다고 가정했을 때의 압력.

□분압의 저하
잠수 중의 호기의 산소 분압의 저하는 사고를 부른다.

□마우스 피스(mouth pieth)
다이버가 호흡하는 공기의 공급구. 입속에 쑥 들어가도록 문다.
레귤레이터에 연접해 있다.

□레귤레이터(regulator)
다이버가 지는 봄베에 충전되어 있는 고압 공기(150kg / cm²)를
다이버가 호흡할 수 있는 압력(수압)과 같은 압력까지 감압해서 다이
버에게 공급하는 장치.

□1안 리플렉스 카메라
렌즈를 통한 화상을 미러와 펜타프리즘으로 항상 정상으로서 확인
하면서 초점을 맞출 수 있는 카메라. 35mm판이 주류이지만 브로니판
도 기종이 충실하다.

□색수차
렌즈의 수차.

□가이드 넘버(GN)
스트로보 플래시 밸브 등을 사용해서 섬광 촬영할 때 노출을 결정
하기 위한 지수. 필름 ASA의 감도에 따라 지수가 변하는 점에 주의.

□간접조명
발광체에서 발한 빛을 직접 대상에 비추지 않고 뭔가에 반사시켜서 조명하는 것으로 소프트한 조명 효과를 얻을 수 있다.

□허상
광학계를 거친 광선이 실제로 집합한 점을 실상이라고 하고 광학계를 거친 광선의 연장이 모이는 점을 허상이라고 한다.

□GN
가이드 넘버.

□사각
렌즈의 초점 거리와 사용하는 필름의 화면 크기에 의해 결정되는 찍히는 범위를 각도로 나타낸 것. 화각이라고도 한다.

□싱크로
싱크로나이저(synchronizer) 또는 싱크로나이즈의 약자. 셔터와 플래시(섬광)와의 동조를 전기적으로 하는 것을 말한다.→대낮 싱크로.

□스트로보
밧데리와 콘덴서에 의해 순간적으로 높은 전압을 섬광 발광관에 흘려서 기체 방전에 의해 순간적으로 발광을 일으키는 조명 장치.

□돔 포토(dome port)
동심구상의 유리를 사용한 포토.

□대낮 싱크로

자연광에서의 노출로 그림자 부분 등에 보조광을 비추기 위한 싱크로 촬영법.

□입자동

카메라의 렌즈에 입사한 빛을 한번 한점에 모이고 다시 퍼져서 필름 위에 상을 맺는다. 이 빛이 한점에 모이는 위치를 입사동이라고 부른다.

□하우징(housing)

카메라를 수용하는 용기. 소음용, 수일용 등이 있다. 브림프, 케이스 등이라고도 한다.

□플래시건

전지를 전원으로 한 플래시 밸브용의 발광 장치.

□플래시 밸브

플래시(섬광) 촬영용의 발광구→플래시건.

□플레인 포토(plane port)

평면 포토

□포토(port)

수중 카메라의 하우징 전면 유리 부분. 배의 둥근 뱃전 창문(port-hole)에서 딴 말이다.

□렌즈의 수차

광학적인 이유에 의해 렌즈를 지나는 빛이 맺는 화상이 흐린다. 색수차, 화면 수차, 비점 수차 등이 있다.

□6×6판 카메라

브로니 필름을 사용해서 6cm×6cm의 정방형 네가 사이즈의 사진을 촬영하는 카메라. 2안 리플렉스의 롤라이와 1안 리플렉스 브로니카가 수중 촬영에서는 사용되고 있다.

권 사 유
판 본 소

정통 **가메라** 교본

2019년 6월 20일 인쇄
2019년 6월 30일 발행

지은이 | 현대레저연구회
펴낸이 | 최 원 준

펴낸곳 | 태 을 출 판 사
서울특별시 중구 다산로38길 59(동아빌딩내)
등 록 | 1973. 1. 10(제1-10호)

■ **주문 및 연락처**
우편번호 ０４５８４
서울특별시 중구 다산로38길 59 (동아빌딩내)
전화 : (02)2237-5577   팩스 : (02)2233-6166

ISBN 978-89-493-0569-1   13690